如何爱孩子

古国治 —— 著

人民东方出版传媒
People's Oriental Publishing & Media
东方出版社
The Oriental Press

图书在版编目（CIP）数据

如何爱孩子 / 古国治 著. —北京：东方出版社，2022.4
ISBN 978-7-5207-2555-2

Ⅰ.①如… Ⅱ.①古… Ⅲ.①家庭教育 Ⅳ.①G78

中国版本图书馆 CIP 数据核字（2022）第 025851 号

如何爱孩子
（RUHE AI HAIZI）

作　　者：古国治
责任编辑：张莉娟
特约编辑：葛灿红
出　　版：东方出版社
发　　行：人民东方出版传媒有限公司
地　　址：北京市西城区北三环中路 6 号
邮　　编：100120
印　　刷：北京汇瑞嘉合文化发展有限公司
版　　次：2022 年 4 月第 1 版
印　　次：2022 年 7 月第 4 次印刷
开　　本：660 毫米×960 毫米　1/16
印　　张：22
字　　数：292 千字
书　　号：ISBN 978-7-5207-2555-2
定　　价：59.80 元
发行电话：(010) 85924663　85924644　85924641

序 言

我于 2008 年讲授了"如何爱我们的孩子"这一课程,《如何爱孩子》这本书是由课程录音整理而成的。十几年过去了,当年用这个课程理念培养出来的孩子,如今已经上初中、高中、大学了,我一直很关注这些孩子成长得如何,这个课程的效果如何。根据反馈,这些孩子都有共同的特性。第一是自信,个性开朗活泼,反应灵敏,人际关系良好,情商高,亲和力强,善解人意,有主见,敢于表达,善于沟通,还会调解同学之间的纠纷,深受同学和老师的喜爱。第二是自律,自己安排起床、睡觉、写作业的时间,不用父母操心。他们会不会打游戏?会,但是不会上瘾,不会抓着手机不放。第三是自主,他们会思考,有自己的主张和想法,自己做决定,自己承担责任,而且也很独立。至于许多家长关心的成绩如何,虽不是顶尖,但也不会差。

为什么会有这样的效果呢?关键在于了解人性,不要忘了孩子是人,是人就有人所共有的心理需求。人都需要被关爱,同时也需要被尊重,在关爱的过程中,没有尊重就会形成控制,因控制而导致叛逆。人也需要被了解,被信任,被肯定,被赞赏。大部分家长是不了解孩子的,只关注身体的健康,忽视心理需求,重视理性,忽视感性,经常忽略孩子内心的感受。一个孩子,其内心的苦痛一再被父母忽略,他因此也会忽略别人的苦痛,成为孤独冷漠的人——既然没有人在乎我的感受,我又为什么要在乎别人的感受呢?同时他也会屏蔽自己的感受,让自己好过一点,如此就变得无感、呆滞、冰冷。父母亲经常说"我所做的一切都是为你好",对的,天下父母亲都是爱孩子的!但是,孩子却呼喊"我被爱得要窒息了，宁可你不要爱我"。为什么会这样？因为父母不懂得如何爱，不懂得人的心理，于是爱得越深就伤得越重。其实，只要了解人的心理需求，给孩子以人性所要的，孩子就会健康快乐地成长。

在养育孩子的过程中，懂得人的心理是很重要的。人是需要被尊重的，这就是所谓的自尊心，通俗地说，就是"要面子"。人人都有自尊心。《礼记》中说："夫礼者，自卑而尊人，虽负贩者必有尊也，而况富贵乎？"不只富人或达官贵人有自尊心，要被尊重，贩夫走卒也有自尊心，也要被尊重。反正只要是人，无论贫富、贵贱、美丑、贤愚、长幼，都有自尊心。不要忘了，孩子也是人，也要被尊重。只要是人就有此需求，只要是人就要去尊重他，彼此满足被尊重的需求，人与人才能和谐共处，才会有幸福感。

人是需要被看见的，所以要打扮漂亮，求个回头率；人是需要被看见的，所以在网络上要博眼球，求个点击率。人为什么要显摆？需要被看见。懂了这个道理，人与人相处，就不可以视而不见、目中无人，不只对同事、同学、朋友如此，对自己的家人——配偶、父母、孩子更要如此。孩子表现好的时候需要被看见，例如孩子画了画，会喊"爸爸妈妈，看我画的"；考试得高分，比赛得奖，或哪方面有所突破……都要被看见。即使没得高分没得奖，努力的过程也要被看见。不只看到结果也要看到过程，甚至过程比结果更重要，所以人们常说"没有功劳也有苦劳"。人都有表现不好的时候，有失意的时候，有经受挫折的时候，有伤心难过的时候，这些更需要被看见。然而我们经常对此视而不见，不是吗？

再进一步讲，人是需要被知道被了解的。《论语》里说："不患人之不己知，患不知人也。"这是圣人孔老夫子的境界，我们普通人则是担心别人不知道自己，希望别人知道自己，看到自己，希望别人了解自己。我们是人，不是机器人，是人就会有伤心难过、情绪低落的时候，会哭，会愤怒，会担心、害怕、恐惧、紧张。当我们被批评、被指责、被冤枉、被误解、受委屈的时候，这些情绪就来了。然而我们的伤心、难过、愤怒往往被贬低、被否定，被认为是负面的，不是正能量，因而不被允许，这其实是在逃避问题而不是解决问题。殊不知情绪被压抑、漠视久了，就会发展成抑郁症等心理疾病，也会导致肝病、胃病、癌症等生理疾病。

人需要被了解。碰到别人伤心难过，我们常常劝人坚强，或者安慰对方"不要难过"，或者讲道理，或者表示同情，更严重的还会去训斥对方，这些对当事人或孩子有用吗？其实劝说、安慰、讲道理都没有看见对方内心的苦楚，而是在忽略他内心的痛苦，是对人的否定、不允许、不接纳。什么是真正的看见？真正的看见是感同身受，重点在于感觉到对方的感受，还要对他说出来，而且要说事实。"是的，碰到这种事（例如被误解）你一定很难过，很委屈，甚至很生气。你没有想到他会这么对你，是吗？"当你这么说的时候，对方就会觉得：你贴到我的内心了，我感受到温暖了，我的伤痛被看见了，我被了解了，你懂我！这才是真正的安慰——让我感受到关爱，让我不再孤寂。这样才有疗伤止痛的功效。

在养育孩子的过程中，培养孩子的自信心是最重要的。是否自信影响着人一生的幸福，包括工作、婚姻、人际关系和自我价值观等，自信的人容易成功。心理学家都知道，人的很多心理问题都来源于原生家庭，来源于自卑不自信。父母都是爱孩子的，因为爱孩子，所以对孩子的要求特别高，样样都要好；因为要求完美，看到的都是不完美，看到的都是缺点，看不到孩子的优点，于是就会开始批评、指责；孩子就会觉得我不够好，我很糟，甚至觉得没有人爱我，于是就产生了自卑感、无力感。人的心理机制是父母怎么看待我，我就怎么看待自己。父母看不到我的优点，总看到我的缺点，所以，我也只能看到我的缺点，要找到自己的优点很困难。甚至当别人说我有优点的时候，我会怀疑：我有那么好吗？遇到挫折不如意时，会批评指责自己，同时也会批评指责别人，怪罪别人。这样的心理怪圈，若不察觉，若不警醒，若不调整，若不疗愈，就会这样过一辈子，甚至也会这样对待自己的孩子，一代传一代。

懂心理学的人都知道，孩子有问题，父母一定也有问题。但吊诡的是，人很难承认自己有问题。当孩子出现问题的时候，父母总是带孩子去看精神科医生、心理医生。听说现在好的精神科医生、心理咨询师都忙得很。其实问题的根源在父母身上，只要父母调整好了，孩子自然就好了，这是我创办"如何爱孩子"课程十多年来的经验。养育孩子犹如种植物，首先要松土、施肥，要整土不要整苗，然而家长们大多都在整苗，甚至还要拔苗助长，给孩子造成沉重的心理负担，难怪孩子会厌学、得抑郁症。现在的时代，父母真的需要再学习、接受再教育，学会了如何爱，孩子才能轻松，自己才能轻松。

"如何爱孩子"这个课程原来是针对为人父母的，后来很多学员上完课回去，亲子关系改善了，夫妻关系也改善了，跟父母亲的感情更好了，自己的伤痛也得到了疗愈。其实这是必然的结果，为什么？都是人嘛！只要是人就有共同的心理需求、共同的心理反应，掌握了这个心理法则，许多人际问题和矛盾都可以解决，所以课程名称后来改为"如何爱"，不只限于亲子关系。2013年我退了休，我的儿子古峰继续讲授这个课。因为从小耳濡目染，加上他自己成长的经验，他讲课也很受欢迎。这个课程确实让很多家庭受益，能帮助很多人，他觉得这是很有意义的事，所以一直在全国各地开办，同时也研发出了二阶课程"探索自我"、三阶课程"静定修养"。

本书出版之际，首先要感谢我生命中的恩师南怀瑾先生。他让我打破生命的幻象，认识真正的生命，把我从人生的底谷拉上来，解决了生命中的哲学问题，令我不再彷徨，学会了尊重生命，欣赏生命。南老师对我恩同再造。还要感谢我的心理学老师陈怡安博士。他给了我很多启发，纠正了我只重理性忽视感性的错误观念，让我对人有了新的认识。两位老师都已过世，在此深切怀念他们。更要感谢我的妻子余惠贞，她一直支持、协助我，以她多年研习心理学的成果和自我成长的经验心得参与授课。我们夫妻之间也有矛盾，也会争吵，但也因此促进了彼此的成长。也要谢谢全国各地的主办方十几年来对我们一家人的支持以及对这个课程的坚持。推广这个课程有一定的难度，辛苦大家了。还要谢谢上过课的学员，不少学员还推荐家人、朋友来上课。我知道实践课程理念的过程会遭到家人或一些亲朋好友的反对和误解，主办方也好，学员也好，走在时代的前端是比较寂寞的。同时，要谢谢薛健教授和他的学生将课程录音整理成文字，谢谢东方出版社孙涵总编辑让此书能与读者见面，谢谢张莉娟编辑花了不少时间和精力删修书稿。

天底下没有完美的人，现实必然是不完美的，此书必有不完美之处，敬请读者给予指正，不吝赐教。

古国治序于 2022 年 2 月 23 日

目 录

Contents

开场白

古老师：大家上午好！在座的各位，今天都是为了你们的孩子而来，是吗？

学员：是的！

古老师：所以，在这里，我要对诸位伟大的父亲母亲致以深深的敬意（向大家深深地鞠躬），谢谢！（掌声）我发现来听课的也有没结婚或者还没有孩子的，感谢！

我相信大家都不会怀疑，做父母的都是爱自己的孩子的。但是我们也发现爱不是那么简单。我看了很多资料，自己也有很多亲身的经验，接触了很多人，听到了很多孩子的呼声。孩子的心声是什么呢？——哎呀！爸爸妈妈爱我，爱得我想去死。（众笑）这不是开玩笑，网络上也好，书上也好，各方面的资料显示都是如此。这到底是怎么回事？现在的父母亲都是望子成龙、望女成凤。孩子出生之后，我们给孩子挑最好的奶粉、用最好的尿片，什么都用最好的、最贵的，幼儿园也选最好的，对吧？

学员：是！

古老师：孩子是我们的宝贝，从小给他报各种班，有音乐班、美术班、舞蹈班，还有跆拳道班等。也就是说，孩子除了功课之外，还要上各种兴趣班。从孩子上小学开始，父母就拼命地省吃俭用，供孩子读书；为了孩子的升学，想尽一切办法。目的只有一个——希望孩子考上好大学。为了达到这个目的，父母便拼命用各种方式逼孩子做功课。等孩子进了重点小学、初中、高中，就不准孩子玩手机、看电视，除了学习，什么事情都不准，一切以考上大学为目标。几乎全国上下都是这样，是不是？

学员：是！

古老师：但很遗憾的是，仅仅是北京的大学生，竟然就有不少人得了抑郁症，甚至其中很多人想要自杀，那全国得抑郁症和想自杀的大学生得有多少！各位想想看，父母辛辛苦苦想尽一切办法让孩子考上好大学，结果孩子得了抑郁症，甚至想要自杀，我们当父母的情何以堪啊！

我前段时间就碰见这样一个真实事例：一个孩子被父母逼得没办法跳了楼，弄得下半身瘫痪。这真让人感慨！我们父母那么爱孩子，没想到爱的结果居然是这样的。前些日子我还接到一封信，来自四川一个二十多岁的年轻人。他写信来求助什么事情呢？大学毕业进入社会后，他不会跟同事相处，工作不会做。他跟我讲，他父亲在四川靠卖茶为生——四川有喝茶的风气，一杯茶卖一块钱。他父母很辛苦地赚钱供他上大学，在乡下供养一个大学生不是那么容易的事情，不知道要付出多少心血。省吃俭用，把他一步步从小学供养到大学，等到大学毕业了，父母总算熬出头了，应该很高兴才是，但结果并不是这样。

我先问大家一个现实问题：大学生是不是毕业了就等于能拿到金饭碗，找工作不成问题？肯定不是，对吧！第二个问题：找到了工作，是否就一定能做好？未必。给我写信的孩子就是这样，他不会跟同事相处，又不会做事情，好不容易找到一份工作，他竟在办公室里看他自己的书。唉！大家想想，如果你是老板，你会用他吗？只好走人，被炒鱿鱼了。然后他重新找工作，结果工作的时候，据他自己说啊，好像他管的事越界了，甚至越到老板该管的地盘了。手伸得太长，伸到老板那边去了，老板当然心里不舒服，结果他又被炒鱿鱼了。所以他很痛苦。上了四年大学，竟然不会做人，不会做事。我相信这不是一个偶然的现象，也不只是个别案例。

最近社会上有不少针对大学生的培训班，生意很好。培训什么呢？既不是专业的强化，也不是理论深造，是教他们怎样做人做事。比如怎么接电话，怎么跟人相处，等等。父母辛辛苦苦二十几年，付出很多心血让孩子上大学，结果已经上了大学的有些患了抑郁症，进入社会之后不会做人，不会做事。不晓得诸位对这个现象作何感想？这些都是问题啊！你们想想看，不仅父母亲很苦，孩子为了考大学苦不苦？

学员：苦。

古老师：父母望子成龙、望女成凤，希望孩子能上好大学。在这种压力下，不准孩子看电视、不准玩，甚至连做功课的时间、几点起床都规定好，有些家长甚至不许孩子看课外读物，凡此种种，一切为了考试，最终导致父母和孩子关系紧张。本来孩子跟爸爸妈妈是很亲热的，特别是两三岁的孩子，等上了小学，孩子看到爸爸妈妈回来了会不会高兴呢？很少有孩子会高兴的，甚至见到爸爸妈妈回来就很紧张，对吧？为什么呢？父母回来第一件事情会问什么？

学员 E：作业做了没？（众笑）

古老师：对！是这样。如果孩子作业做得不好呢？轻则批评一顿，重则不是打就是骂。那孩子当然就不像以前那样和父母那么亲近啦！而且越长大关系越疏远，到了 12 ~ 14 岁叛逆期，很多孩子甚至离家出走。这对家庭和社会都是很严重的事情。做功课这件事，本来是一个单纯的学习问题，但是我们过分强调成绩的好坏，导致学校和家庭，或者说老师和家长联合起来对孩子施压，已经演变成严重的社会问题。小孩子在学校功课不好，心里本来已经很难过了，然后在学校被老师批一顿，老师告了状，回到了家里，还要再被家长批一顿。你说孩子可怜不可怜？连个哭诉的地方都没有，连个躲的地方都没有。所以有的孩子只好离家出走，即使不出走也要逃避到电脑或手机上，成为网瘾少年。孩子是个宝，家长总是希望他好，希望他上好大学，于是就拼命地逼，把最亲密最可贵的父子关系、母子关系毁掉了，把孩子推出去了。最后教育没弄好，关系也破裂了，两者皆失。这是当前最严重的问题。

我曾被邀请去浙江讲课，主要讲如何做家长。课间有一位家长带孩子来找我，那孩子是个高中生，却像机器人一样，非常木讷，跟你讲话不敢抬眼看你。唉！为了读书就把孩子搞成这样。今天在座的大都是做家长的，我相信都不希望我们的孩子变成这样。如果你们的孩子变得不爱讲话，很内向，不愿意和别人交往，你们紧张不紧张？

女学员A：紧张。

古老师：刚才说的那个高中生的家长，她来咨询我。我就告诉她，你这孩子真可怜，你知道你的孩子为什么变得不爱讲话，不愿和别人交往吗？难道孩子天生就是如此吗？绝对不是，是被父母折腾的。我们以爱的名义把孩子折腾成这个样子，发现不对，出问题了，然后又想强行改变他。把孩子搞得很内向之后，家长接下来又会怎样折腾孩子呢？又嫌他内向，又要逼他多与人交往。大家说，孩子到底该怎么办？因为当时时间有限，只好简单告诉她，必须停止对孩子的打骂。孩子变成这样，是打骂的结果，是太过严厉的结果。

很多家长认为，做父母对孩子应该严厉，我们在座的家长也有人持这种看法。问他孩子该不该打——该打！还要严加管教，要求孩子做事情规规矩矩，这才是好孩子。甚至以自己为例：我当年就是这样被打出来的。于是，在这种观念的支配下，从小就开始责打孩子。这个现象很让我感慨！这也是我想开这个课程的原因。因为我是过来人，我过去也有这种观念，也认为对孩子应该严厉，但是后来我发现自己错了。

中国有句古语，"棍棒出孝子"。其实这话不一定对，因为时代不一样了，我们仍然用过去这种陈旧的观念来教育孩子的话，就会产生很多问题。另外，我们希望孩子功课好，就百般限制孩子的其他活动，想方设法要孩子专门搞学习，结果呢？孩子功课是好了，但亲子关系破坏掉了，感情破裂了。除了功课，还有前面说的各种各样的课外班，本来是为了全面培养我们的孩子，结果孩子看到父母就恐惧害怕、不敢讲话，甚至要逃开父母的管控离家出走。

我过去在浙江有个讲座，叫"如何做家长"。在那次两天的课程中，我并不是专门跟大家谈如何教育我们的孩子。我们这次的课程也一样。在座的有些父母可能会有点失望，心想："我们做父母的就是希望能好好教育自己的孩子啊！"可是我要告诉各位家长，这两天的课程我们并不是要谈这个。为什么这么说呢？我们经常为了教育自己的孩子，给自己戴个大帽子——"这一切都是为你好"，结果却把亲子关系破坏掉了，我认为这是得不偿失的。

所以先把教育放一边。关系不好的，先把关系修复好，这个比教育还重要。事实证明，只要你和孩子的关系好了，教育自然就好了。举个例子，我想在座的都有类似的经验，我们从小学一直到大学毕业，如果某个老师，你很喜欢他的话，他教的那门课，你一定学得很好，分数一定考得很高，对不对？

学员：对！

古老师：对，这个老师你很喜欢的话，这门功课你一定会很好。为什么？这里面已经出现一个信息，这就是人的因素啰。那就是说，只要这个老师和学生的关系好，学生喜欢，什么事情都好办。注意哦！同样的道理，只要你的孩子喜欢你，什么教育都好办；如果让孩子讨厌你，所有的教育都难办。这是一个大前提，要谈教育先把关系弄好，让孩子喜欢你，才有办法谈教育。孩子不喜欢你，你去教育他，他只会应付你。因为你们是他的父母，他没有办法，只好应付过去。然而等他年龄大一点，十三四岁的时候，可能出现两种情形（这跟个性有关）：要么直接和你对着干，跟你搞叛逆；要么表面上应付、敷衍你，背后还是我行我素做他那一套。这些情形，不要说小孩子有，我们自己身上有没有？

学员 A：有。

古老师：对呀，所以说这两天我们要把如何教育孩子暂时摆在一边，这个并不重要。而如何爱孩子、如何处理好跟孩子的关系，才是最重要的事情。好，我们先厘清了这样一个大原则、大方向，接下来我们来谈如何爱孩子。

家是什么？

理想中的家，现实中的家

古老师：爱孩子的问题，基本上属于家庭的问题。这个家是父母和孩子组成的。在这里我想请问，各位认为"家"是什么？

女学员B：家是一个港湾。

女学员A：获得动力的地方。

女学员C：完全放松的地方。

女学员B：温暖的地方。

女学员D：安全的地方。

古老师：可以放松的地方，温暖、安全的地方，还有没有？

小孩A：（脱口而出）家有时候也是不安全的！（众笑）

古老师：（向小孩）好！你说得对！我一会儿要说到这个，等一下，我们一步一步来。

小孩B：我就有不敢回家的时候。（众笑）

古老师：好！刚才大家说，家是一个温暖的地方，可以充电的地方，很轻松而没那么多规矩限制的地方，可是孩子有不同意见，对吧？

俩小孩：对！

古老师：孩子们先等一下，我们一步一步来。这是我们心目中希望拥有的家——一个放松的地方，一个安全的港湾、避风的港湾，没有那么多规矩限制、可以自由自在的地方。那事实上是不是这样呢？事实跟我们内心的期待有没有差距？有很大的差距！我们在外面工作累不累？

学员：累！

古老师：所以我们回到家很想放松一下。结果能不能放松呢？有些太太特别爱干净，丈夫回到家，地板不能弄脏，弄脏了太太就会大惊小怪。在座有没有很爱干净的太太？

女学员A：有。

古老师：一定有。太太把家里打扫得非常干净。好，一进家门要不要换拖鞋？

女学员C：要，还要换衣服。

古老师：噢，还要换衣服，哈哈！甚至有的到厕所都要换另一双拖鞋。（女学员们爆笑）还有，要是妻子把家里弄得很整洁，很干净，什么东西都摆好，这个时候丈夫能不能很轻松很自在？在家里本来应该是想怎么躺就怎么躺，甚至把腿翘在桌子上，那才轻松。结果行不行？不行。在家里我们有太多的规矩，一套一套的，是不是这样？

小孩B：（高声地）是！

古老师：家长会说：你这孩子！坐没坐相，站没站相，坐就要规规矩矩坐好。

小孩A：我爸妈就是这样要求我的！（众笑）

古老师：对呀！我们传统的教育都是这样的，我以前也是这样要求我的孩子，后来发现没有用。其实说到规矩，我发现这个东西不用在家里教，等孩子真置身某个场合中，只要反应足够灵敏，该规矩的地方他自然会规矩。我们在座的各位该规矩的地方会不会规矩？

众学员：会。

古老师：对！那是自然而然的，不用教。假如这种能力没有的话，那表明孩子真的是有问题了。要是孩子正常，不同场合该怎么样，什么场合该严肃，他自然而然会随着环境调整自身状态。但是我们一直认为这是教出来的，结果孩子受到了很多限制。家本身是一个轻松愉快的地方，结果变得让人很不自在，不像我们想象的那样。我们想象的家是个温暖的地方。什么是温暖？温暖就是当我们在外面遇到难过的事情，回到家能得到安慰。

男学员 X： 我想说的是，在单位里领导对你有误解，回到家里父母或妻子也很理性，不理解你，就是说在单位没有什么关爱，回到家也是如此。

古老师： 也没有关爱，感觉很痛苦。（笑声）

男学员 X： 是的。

古老师： 这个时候会感觉很孤独，没有人理解你、关爱你，心里会很难过，对吧？

男学员 X： 是。

古老师： 所以，家应该是温暖、疗伤的地方，我们做父母的却经常不懂得如何关爱孩子，孩子想要的温暖经常得不到，这是很遗憾的事。比如小孩子在学校功课不好，或者考试没有考好，那么这时候孩子心里难过不难过？

俩小孩： 难过哦！

古老师： 成绩不好，心里已经很难过了，对不对？回到家后会怎样？

男学员 B： 回家打一顿！

古老师： 各位再想想看，你心里很难过，比如被同学欺负了，或在外面打架打输了，被人家打了一顿，回到家最希望得到什么？安慰，安慰就是温暖。考试考不好，或被老师骂，或跟同学处不好，回到家希望得到温暖，（向众学员）结果往往我们回到家得到的是什么？

男学员 B： 被训一顿，有时是两顿。（众笑）

古老师： 被训一顿，对啊！父母会骂你：你看你，考的什么分数？成绩这么差！你这书是怎么读的？被老师骂已经很难过了，回家还要被父母骂。

小孩 A：是打！

古老师：哦！是打，还不只是骂。各位看，事情就是这样。

女学员 A：古老师，我孩子最近几次提出不想去上学了，我问他为什么不想去上学，他就说"上学老是这事那事的"，就是老师这样那样的要求很多。

古老师：什么样的要求？

女学员 A：就是上课不让说话，不让动。（众笑）他就是上课喜欢跟别的小朋友说话。我在家常跟他说，上课说话影响老师讲课，是对老师不尊重的表现，他慢慢地也有些改善，但是，现在还是没完全改掉这毛病。

古老师：上课的内容不好玩，不吸引孩子。

女学员 A：估计是这样。其实有的时候，孩子说的话，我也觉得无言以对。我觉得如果去反驳孩子，是不是违反了孩子正常的心理规律，但如果不去引导他，又怕他……

古老师：假如不引导他，会怎么样？

女学员 A：不引导，他还是会在课堂上找周围的孩子说话。（笑声）

古老师：拉着同学说话，那老师会怎么样？

女学员 A：老师会批评他的。

古老师：好，你先请坐。他上课时喜欢跟旁边孩子说话，因为他觉得说话有意思嘛，上课不好玩，对吧？

众学员：对。

古老师：他上课被老师批评了，心里好受不好受？

女学员 A：不好受。

古老师：他在学校挨了批评不好受，回来会跟妈妈说，对吧？

女学员 A：是的。

古老师：好，注意这个细节，学校老师批评他，他心里不好受。再说这样一个例子，一个小朋友，在和大家一起玩的时候，玩具被人家抢了，好受不好受？

学员：不好受。

古老师：好，这两件事一样不一样？都是心理受到挫折了，回来找妈妈，跟妈妈倾诉。请问这时候孩子要的是什么？

学员：安慰。

古老师：注意哦！他要的是安慰，这是他的心理需要。那这个时候，我们做妈妈的会不会给他安慰？

女学员：基本不会。

古老师：这个时候我们经常不给安慰，反而跟他说大道理，对吧？（向女学员A）就像你对孩子说的"上课说话影响老师讲课，是对老师不尊重的表现"。（众笑）

女学员：是的。

古老师：请问这个时候，他要的安慰得到了吗？

女学员：没有。

古老师：这时，我们给出的不是温暖，而是冷冰冰的教导、教训和批评，然后告诉他：你该怎么怎么做……（向女学员A）其实，孩子跟你说这样的事情，他只是跟你倾诉他受伤了，被老师批评了，心里很难受，这个才是最重要的。至于他的行为怎么样，不是最重要的，清楚吧？

女学员A：清楚了。

古老师：什么是家？家就是一个可以疗伤的地方，在外面受了伤害，回到家能够疗伤。夫妻相处也一样，有时先生在办公室被老板训一顿，回家了对老婆诉苦，希望得到一些安慰，结果得到的是什么？

男学员B：再被训一顿。

古老师：对，再被老婆训一顿。家是什么？家里最重要的是什么？不是装潢摆设，是人。家里人是怎样的人，这些才是问题的所在。我们都希望家是温暖的地方，家是避风的港湾，也是一个可以疗伤的地方，一个很安全、很自由、很舒适的地方，一个可以放松的地方。既然这样，我们今后至少要不断提醒自己，一不小心，我们很容易把家变成一个冰冷的地方，它不再是疗伤的地方，而是受伤的地方。所以，我希望从这节课开始，通过这两天的学习，让我们自己创造理想的家，让我们来营造这样一个环境——它温馨、舒适、宽松、自由、开放，它能让受伤的心得到安抚。各位希望不希望？

学员：希望！(掌声)

古老师：谢谢各位稀稀落落的掌声，谢谢各位同情的掌声。(众笑)

同样的道理，只要是有人的地方，我们都可以去设想怎样营造一个宽松、自由、舒适的环境。我们也可以把这两天上课的教室布置得有家的气氛，你们说好不好？

学员：好啊！

古老师：家到底是什么样的地方？家不仅是我们的生存居所，这里的生存主要是物质方面。家为我们挡风遮雨，让我们很舒适很安全，有了家，我们不用搬来搬去，身心能够安定下来，在这里我们能享受到丰盛温馨的餐饭。这些都是物质方面的，能够满足我们生理上的需求，但是人除了生理上的需求，有没有心理上的需求？

学员：有。

古老师：不要忘了，家，无论对于孩子还是父母来说，除了满足生理上的需求之外，还要满足心理上的需求。那么心理有什么样的需求？我们一步一步来探寻。首先，心理上的需求，不是单方面的父母要满足孩子的心理需求。要知道，父母本身是人不是神，他们不是万能的，和孩子一样，父母有没有很伤心很难过的时候？父母有没有很脆弱的时候？注意哦！父母会不会犯错？

学员 D：会！

古老师：会的。"父母不会犯错"这个观点要丢掉。是人就会犯错，了解这一点很重要。所以，父母有没有心理上的需求？满足心理需求是互相的，我满足你的需求，你也满足我的需求，有这样的互动就很幸福了。父母有自己的需求，满足需求的方式合理的话，孩子会给予满足的。假如你认为带孩子很痛苦，不快乐，对不起，你的方法出问题了。如果你的方法对，跟孩子相处将是一件愉快的事情，在孩子身上你也可以学到很多东西。不要以为只是孩子从你身上学东西，学习也是相互的。

所以，爱孩子、带孩子是一门学问、一门艺术。有一位家长跟我谈带孩子的经历，孩子才三四岁，就教孩子很多知识，碰到什么就跟他讲什么。这个小孩子也很聪明、灵巧，自然懂得很多，认识一些事物啰！但是有个现象这位家长没有注意，孩子不太搭理周围的人，活在自己的世界里。后来孩子的父母也来上我的课，我跟他们谈了一些问题之后，他们在与孩子的互动上做了一些调整。之前他们总是教孩子很多道理，讲许多知识；后来改变方式，和孩子一起玩，互相推一下、搡一下，甚至打成一团，做一些没有道理的事。慢慢地，孩子开始蹦蹦跳跳活泼起来了。从这个例子我们已经可以看出：假如父母亲心中有个期望——我要把我的孩子塑造成什么样子，小心，这已经出问题了！

家是建立自信的地方

古老师：另外，家也是建立自信的地方。我们在座的各位，年龄从二十多到四十多都有，我们都在社会上做事，有着各自的阅历。有没有发现，当我们处理事务或与人相处的时候，自信心很重要？

学员：重要。

古老师：那么你希不希望自己的孩子很有自信心？

女学员 D：希望。

古老师：好，注意哦，自信是很重要的，但是这里面问题很多啊！当孩子考试考了 100 分或考了第一名，他高兴不高兴？

学员：高兴！

古老师：那父母通常怎么回应？

男学员 E：别骄傲！

古老师：对了，别骄傲！"哎哟！尾巴都翘起来了，看你得意的，怎么那么骄傲？"家长会不会这样说？

男学员 A：多数会这样。

古老师：所以啊，在培养孩子的过程中，我们的家长经常在打击孩子的自信心，让孩子的自信心越来越低下。我们谈到家是什么？家是能够培养孩子自信心的地方，家是能够使他的自我价值感很高的地方。但事实往往相反，让他丧失自信心，让他价值感低落的根源，经常来自家庭。昨天我听说一件事情：有个孩子功课非常好，在学校非常优秀。可是孩子父母呢，怕孩子骄傲，把他转到另外一个学校。结果他的成绩全面退步，他父母还扬扬得意呢！

男学员 A：哎哟！这个我还没听说过，很极端。

古老师：其实，我也是听 W 女士说的，她是位教师。要不 W 女士来补充一下？

女学员 W：这是我碰到的一个案例。家长是温州人，在上海工作，他的孩子以前在吴江那边的一个学校。那是一个长得很漂亮的男孩，能唱，能跳，能写，学校里所有的活动，他的孩子都是排在第一位的。在班上是班长，在学校是大队长，凡是在小学能有的荣誉他都拿到了。可是这个家长就觉得老师把他孩子给宠坏了，孩子回到家总是得意扬扬的，那么开心，那么炫耀。家长担心这样下去孩子会被惯坏，于是把他换到另外一所学校，好让他在陌生的环境中冷静下来。结果他的成绩从此一落千丈，居然考不上重点初中。这个家长说：现在孩子已经上高中了，他肯定考不上二本，但是我把他变得冷静了，变得中规中矩了。他已经不再是那么开心、炫耀的状态，我终于把他变成一个中国式的男人了。

古老师：这都是真实的事情。

女学员 W：他想想把这个理念推销给我，当时他想到我们公司工作。我说我跟你讲半开玩笑半真的话，我觉得你是一个刽子手。（笑）他说你跟我的理念不同。我说你戕害了你的孩子。他不认同，他说只要看到他儿子那么开心就知道他的状态不对。我问你的孩子如果还在原来那个学校，你会不会担心他考不上重点高中；他说那是不可能的，一定会考上，而且能考上一本，因为拿学校的标准来衡量，他是很优秀的。这个案例让我心里痛。事实上，有很多人，看到自己的孩子或同伴或身边的其他人特别开心，脸上经常洋溢着那种喜悦的时候，心里就不舒服：看你那样我就想把你打进老鼠洞去。我想起一个成语——草菅人命（众笑），说重了一点。

古老师：那个温州家长在打压孩子的自信，他认为自信等于骄傲，然而自信和骄傲是有差别的。

在生活中、工作中，我们必须有自信，要不然我们没法面对生活中的人际关系，也没法很好地工作。

那么，在什么情况下孩子是有自信的，在什么情况下孩子是自卑的，我们怎样来培养孩子的自信心，这些我们必须弄清楚。

父母一味地批评指责只会导致孩子自卑。我们都希望有一个健康、和睦、自由自在、其乐融融的家。怎么样才能营造这样一个家呢？我想这两天我们就来探讨这个问题。我们先休息一下。（掌声）

男人和女人休息方式的不同

古老师：我们讲过，家是让我们可以充分放松、休息的地方。首先你要知道休息的方式是什么。举一个例子，有一个女人，她的丈夫是做培训工作的，一天到晚在外面演讲。一个礼拜回家一次，也就是一个月回家四趟，礼拜六、礼拜天回家。他们有一个孩子。一般做妻子的看到丈夫回来，内心的期待是什么？

学员：抱孩子。

古老师：哦！抱孩子，跟孩子一起玩。然后呢？跟他们聊聊天，和他们在一起，是不是这样？结果呢，这个爸爸、这个丈夫一回到家就关起房门，对着自己的电脑去了。请问，这个太太气不气？

女学员：气！

古老师：非常生气！对吧？即使不和我一起聊天，那也应该陪孩子玩玩。怎么一回来就把房门关起来看电脑？大家知道为什么会这样吗？在座的爸爸们有没有从外面一回来就看电视或者看报纸的？

男学员：有。

古老师：注意，你要知道背后的原因哦！丈夫在外面做培训，你要知道常在外面演讲、讲话太多的人，回到家他就什么都不想讲，想要休息，想要安静。此外，男人的休息跟女人的休息是不一样的。男人休息是喜欢安安静静的，即使不能安安静静的，他也不希望被打扰。所以男人在看电视看报纸的时候，那是在休息，玩电脑也是休息，他在疏解他精神的压力。那女人的休息是什么呢？

女学员：逛街。

古老师：对！逛街。还有找人聊天、讲讲话，以及吃吃零食。

男女大不同！男人一进家门就躲进房间弄电脑，你要了解他这是在休息。并不是讨厌你、不理你，他只是想休息。家是一个很温暖的地方，那什么是温暖？我们在外面工作很辛苦，有时还会被人家欺负，甚至碰到挫折。这个时候回到家希望得到什么？

女学员 E：安慰。

古老师：对！大人、小孩都一样，都希望得到安慰。比如说你在办公室跟某人吵了架，回来跟老公诉说，我被某人气死了，跟他吵了一架。老公却说：这事你怎么能够跟他吵呢？怎么能够跟他一般见识呢？还教育你应该怎么办。请问，这个时候你听了舒服不舒服？

学员：不舒服！

女学员：更气！

古老师：反而更气！这是个非常重要的问题，是我们经常碰到的问题。

问题复杂的家

古老师：家庭是一个系统，环环相扣，不是那么单纯的。夫妻双方本身有不同的家庭背景，对很多事情的看法肯定不完全一样。比如，孩子出生后要怎么带？首先小两口之间意见就不一致，带孩子涉及非常琐碎的事，意见一样那才怪了。夫妻俩的观念不一样，再加上孩子的想法和父母的想法又不一样。假如外公外婆带孩子，那他们的想法和女儿女婿又不一样了。诸多问题纠缠在一起，所以不要以为家庭是那么简单的。

我们的很多思想来自父母，但是我们自己觉察不到。对于这个问题，我们这两天的课程会一步步探讨。我刚才讲过，小时候被父母打过的，长大后也会打自己的孩子。虽然以前被打的时候很难过，不希望被打，但是，自己有了孩子以后，会不自觉走上打孩子这条路，其中有很多心理因素。

一个孩子在家里面临的问题很多，除了父母意见不一致外，父母感情如果不好的话，孩子知不知道？他肯定知道，他比大人更懂得察言观色，因为一般成年人的感觉都钝化了。你的情绪好坏，不用说话，小孩子看一眼就能感受到，连家里的狗都知道（笑声），那是自然的，天生的。小孩子的感觉是非常灵敏的。所以，夫妻之间的感情好还是不好，想法一样还是不一样，对孩子都会造成影响，造成压力。

还有情绪的问题。我们情绪不好的时候，看到什么都讨厌，是吧？情绪好的时候把孩子抱来玩一玩，情绪不好的时候就说：你走开，不要来烦我！这也难免，都是人嘛，情绪出来自己也控制不了。而父母本身的问题，情绪、心理状态，必然影响到小孩。所以家是一个系统，很复杂，现在心理学家就有所谓"家庭系统治疗"的理论。

在我的讲座上，我遇见的大部分父母都认为孩子有问题，而自己没问题，是不是这样？但当这个课程快结束的时候，我们也很高兴地看到很多父母会感叹：哎呀！原来我的孩子这么好！原来有问题的是我。假如这个声音出现的话，那要恭喜你，这个课程你可以毕业了。孩子的问题很多是父母造成的，孩子有问题绝对是父母有问题。

还有一点，夫妻意见不一样，必然会有矛盾冲突，有了矛盾，会不会吵架？

女学员A：会。

古老师：会不会影响孩子？

女学员A：会。

古老师：孩子希不希望父母吵架？

女学员：不希望。

古老师：对，夫妻经常吵架的话，孩子会用各种方式来平衡父母之间的关系。比如会利用功课不好，把父母的注意力移到他身上；或者利用生病，这样父母就顾不上吵架了。孩子通过这些方式来调整大人之间的关系，但是大人看不出来。夫妻之间的关系，父母跟孩子的关系，还有跟爷爷奶奶、外公外婆的关系，都交织在家庭里，使得家庭这个系统非常复杂。这些都会影响孩子的心理状况，影响孩子的成长。

整土还是整苗？

古老师：刚才谈到了孩子的生理需求和心理需求，除了满足这些需求外，我们还要为孩子提供一个成长的空间。孩子来到这个世界的时候，我们希望他快快长大，还希望他长得好。这也很有意思，我不知道在座的各位有没有种稻子或者种树的经验。种稻子也好，种其他植物也好，要怎么种？

男学员 C：要有土壤，要给肥料，要修剪。

古老师：哦，要土壤、肥料、阳光、水分，要修剪。所以，要稻子、果树好好生长，需要整树还是要整土壤？

男学员 A：整土壤。

小孩 A：（高声地）整树。（众笑）

女学员 B：整树整土壤都需要的。

学员：主要是整土壤。

古老师：主要是整土壤，对不对？但是我们父母经常是整土壤还是整苗？我们往往是整那个树苗，不是整土壤，对吗？

男学员 A：对，有时候还拔苗助长。

古老师：为了让他长成我们想要的样子，今天给他嫁个枝，明天又使个别的法儿弄他。

想想我们种植物的时候第一步要做什么。是否要松土？土壤很紧的话，苗则没办法生长。对于孩子来说，家就是他的土壤。讲到这里，我想问各位一个问题，假如各位有孩子的话，请问你为孩子提供的土壤是松的还是紧的？家里头是不是有很多规定，几点钟做作业，几点钟睡觉？或者规定什么事情能做，什么事情不能做？请大家想一想，你们家的泥土是松的还是紧的？

俩小孩：紧的。（众笑）

古老师：很有意思吧！我们给孩子的土壤经常是紧的。现在很多独生子女家庭，爸爸这边有爷爷奶奶，妈妈那边有外公外婆，再加上爸爸妈妈，六个人来管这个孩子，是不是这样？管太紧是不利于孩子成长的。然后呢，要有阳光、空气、水、肥料。给足这些东西的话，植物会怎么样？它自己长，还是你帮它长？

学员：自己长。

古老师：对。植物的生长需要阳光、空气、水，人的生长呢？孩子的阳光、空气、水是什么？

学员：关心。

古老师：阳光、空气、水，这些是物质上的养分，心理上是不是也需要养分？

学员：需要。

古老师：心理需要的阳光是什么？

学员：爱。

古老师：心理需要的空气是什么？是不是一个自由呼吸的空间？

学员：是。

古老师：心理需不需要尊重？把心限制得死死的行不行？这些都是问题啊！所以大家想想，怎样给孩子这种心理上的阳光、空气、水，还有养料。什么是养料？

男学员 A：支持、理解。

古老师：还有赞美，对吧？

学员：对，赞美。

古老师：这些东西你给他的话，他会自然地生长。养孩子跟种植物是一样的道理，只是我们忽略了，不整土壤，只整苗，结果苗的成长经常被干扰。这个道理不只是我在讲，儿童教育的专家也都有同样的看法。孩子的自然成长，是不需要你花那么多时间人为干涉的。

家庭模式会传下去

古老师：刚才我们用种植物来比喻养育孩子。还有一个问题，各位肯定都去过花鸟市场，买花的时候你会发现，有些花是被修剪或压条子了，人为地整理出一定的造型，有没有这种情况？

男学员 E：那个叫盆景。

古老师：对！盆景。很多家长也是像打理盆景一样来修整孩子，一定要把它按照自己的方式修剪成自己心目中的样子，还小心保护。有的甚至把孩子当成皇帝一样，毕恭毕敬，要什么就给他什么，怕他受到伤害，什么都保护得好好的，什么事情都为他做妥帖。这个叫温室的花朵，不能受到一点挫折。最新的名词叫"草莓族"，经不起风霜，不能跌，不能碰，不能摔跤，不能受欺负。

我过去为了研究和探讨这些问题，看了不少资料，其中有一本书叫《家庭会伤人》。乍一看，这个书名很奇怪。家怎么会伤人呢？后来看完这本书，又做了很多探索之后，再对照碰到的真实案例，我发现果真如此！家庭会伤人，爱会伤人，爱得越深，伤得越重。

我碰到的例子很多。前阵子就碰到一个男青年，他说每当他有个想法去做一件事情时，内心另外一个声音总告诉他不可以去做。他内心经常在矛盾、冲突中，这叫人格分裂。另外一个案例，一个小伙子每碰到自己喜欢的姑娘，交往一段时间，他就会放弃。为什么？我就问他父母的情况，他说父亲从小对他非常严厉。我说：你交往到一半的时候，你会觉得自己不如对方，你不是很自信，对不对？感觉自己配不上那个女孩子，对不对？他说对，所以就退缩了。这都跟家庭有关哦！

学员：自卑，不敢面对。

古老师：对啊！这背后的原因是什么呢？我就跟他分析说，这是他小时候父亲的严厉造成的结果。为什么呢？父亲爱孩子，对孩子要求很严，总是要指出孩子的不足或错误，希望他做到最好。在这种情况下，孩子接收的信息是什么？是我很糟，我不够好，不是这不好就是那不好。在父母严厉的批评下，孩子会感觉自己一无是处。

这个问题很严重哦！一碰到问题、一碰到事情就觉得是自己不好。请问这个人有没有办法去完成或做好一件事情？有没有办法面对困难、面对挫折？没有办法！爱会伤人，家庭会伤人，就是指的这个呀！父母对孩子很严厉是不是爱呢？要求越多、越严厉，越要求完美，孩子越觉得"我不行"，结果影响他一生的交友、婚姻、工作、事业，就有这么严重啊！

这是从大的方面来讲的，还有细微的东西哦！比如一个小小的动作、家长的一句话，都会种下一些思想，对孩子的影响是一辈子的。不要小看跟孩子的相处，谈到如何爱孩子，这里面涉及太多的问题，不像我们想象中那么简单、那么容易。

还有，我们谈到家庭的爱会伤人，我们很多伤害来自父母，但是不要忘了，我们的父母会这样，是因为他们的父母也是这样对待他们的，这种影响是一代一代传下来潜藏在观念里的。所以，如果小时候你的父母经常打骂你，到了你为人父母时，你也难免会打骂孩子，认为打骂就是爱。我小的时候曾经被家长打得很凶，吊起来打，那时候就很恨被别人打。成年后却发现我也打我儿子，我儿子前阵子买了一条狗，现在他打那条狗。（众笑）

心理学上认为，这种暴力倾向会种到信念里面去。我以前不相信，但是生活中很多事情都证明了这一点。最近就有好几个来找我咨询的家长，都是在问关于打孩子的问题。他们说明明知道不能打孩子，但是一碰到事情就忍不住动手；明明知道打得重，打过之后非常后悔，心里非常难过，但是碰到了事情又打，所以来找我咨询。其实原因就在于他们小时候被父母打，逃不出这个关卡，很无奈。假如小时候经常被肯定，被赞美，孩子就会乐观自信，对别人也能给出肯定和赞美。

自主与依赖

古老师：人活在世上，与身边的人都是互相依赖的。孩子是不是依赖父母？

女学员 B：是的。

古老师：这里面也很微妙啊！孩子既依赖父母，但是又不完全依赖父母。（向男学员 A）孩子完全依赖你吗？

男学员 A：No！

古老师：对！也不是。注意！孩子也不想百分之百依赖你。他有没有自主意识？有，孩子非常小就有自主意识。完全依赖会出问题，完全让他自主他也不愿意，他还希望依赖。所以，自主跟依赖之间如何找到一个平衡点，这是问题的关键。举一个很小的例子：一个小孩看见外面有人卖烤地瓜，就跟妈妈说"我要吃"，妈妈买了，但烤地瓜吃到嘴里之前要做什么事情？

学员：剥皮。

古老师：对！剥皮。妈妈爱孩子，买了地瓜就开始给他剥，剥好了孩子却不吃了，你说做父母的气不气？

学员：气！

古老师：对啊！气得要死。烤地瓜是他吵着要吃的，为什么剥好了以后他就不吃了呢？

女学员 B：他要自己剥皮。

古老师：对了！他要自己剥皮，这就是自主意识。记得以前，我孩子很小的时候，三四岁，我带他坐车，下车后要关车门，那时候我关车门他不高兴，他要自己关。孩子还很小，但是他那个自主意识已经出来了：我也能做，要和大人一样，大人能够自己吃饭，我也要自己吃！唉，不过我们大人经常把孩子的自主权给剥夺了。

另外，不知道大家注意了没有，我们人的内心世界是很有意思的。一般都认为小孩依赖父母，需要父母。各位可以仔细观察一下，其实很多父母也是依赖小孩的哦！

学员：嗯！是的。

古老师：表面上是孩子依赖他，实际上是他依赖孩子。其实，每个人内心里都有个小孩。小时候没有得到的，就希望孩子能拥有；小时候受过一些伤害，或碰到一些痛苦，就希望不要发生在孩子身上，这些都是自己内心的投射。

所以，自主跟依赖之间怎样识别、如何处理很重要，孩子想依赖的时候给他依赖，孩子想自主的时候让他自主。但是，我们经常是孩子想独立的时候不让他独立，孩子想依赖的时候又不让他依赖，把他推出去。

吃饭成了痛苦的事

古老师：现在很多小孩吃饭都是父母喂，奶奶喂，外婆喂。各位注意！如果你们认真去观察，会发现其实孩子是不希望大人喂的。小孩稍微有点自我意识后，他是希望自己动手的。但是他自己吃就会吃得乱七八糟的，是不是？他会把饭菜撒得到处都是。但是你要注意观察，即使撒得到处都是，他还是希望自己吃，不希望被喂。但是大人为什么要去喂呢？

男学员 C：怕弄脏了，搞得乱七八糟的。

古老师：因为他烦死人，干脆我喂你，这样比较省事。图省事，不用搞得乱七八糟，还要去收拾，是不是这样？

学员：是。

古老师：另外你们发现没有，在喂孩子的过程中，经常要追着孩子跑。我在义乌上课的时候，有一个妈妈在课堂上举手，提出一个问题，说她孩子现在十三岁了，还要人喂饭，问这是不是溺爱。这个问题不能简单地回答，我们需要追究它背后的原因。我问她什么时候开始给孩子喂饭的，她说从三岁开始喂，到现在十三岁。她问我是不是继续喂下去，（众笑）我问她为什么要喂下去，她说因为孩子很不健康，瘦瘦弱弱的，好像营养不良，胃口也不好，她怕不喂的话，孩子身体更差。

那么，她给孩子喂饭合理不合理？

学员：合理，理解。

古老师：孩子没胃口，吃得很少，要是不想办法让他多吃点，孩子的健康会成问题，所以要喂饭，合理吧？请问假如你是这孩子的父母，你怎么办？继续喂？喂到几岁？你说！（众笑）

男学员 A：那他为什么身体不好？

古老师：我们接下来就是要谈这个问题。孩子三岁的时候她开始给孩子喂饭，为什么要喂呢？她说希望通过喂孩子多吃饭，让孩子吸收足够的营养，能够更健康。我就问她，你希望如此，现在你已经喂了十年，你的目的达到了没有？

女学员 B：没有。

古老师：到现在孩子还是不健康。各位思考一下：为什么这种没有效果的事情，这个妈妈会一直做到现在？

女学员 C：因为她没有找出根本的原因。

古老师：对，没有找出根本的原因。那么，我们就要回过头来探讨这个喂饭的问题。我们经常看到这样的情景，爷爷奶奶喂孩子吃饭，孩子在前面跑，爷爷奶奶在后面追，追到的时候喂一口。（众笑）小孩子很不乐意，慢慢吞吞地嚼，然后又跑，老人还不断地哄孩子"来来来，再吃一口""再吃最后一口"。是不是这样？我还听过更离谱的，孩子上了小学，爷爷奶奶还要到学校里去喂饭，要不然他不吃，（众笑）真的！

为什么喂的时候要追着孩子跑？这是不了解孩子造成的。要知道，让人喂的饭，味道是不香的，食欲会降低，吃饭对他来说已经没意思了。因为吃饭变成了一种责任，非吃不可，成了一种压力，他当然不想吃。然后呢，大人一看不行，于是追着他，非让他吃下不可，结果变成恶性循环。我们小时候穷，没东西吃，后来有东西吃了，好高兴啊，就拼命地吃。现在已经反过来了，孩子不想吃了，饭不吃，肉也不吃，而父母拼命要他吃这个吃那个。我不晓得在座的各位，孩子吃饭你喂不喂。喂饭的请举手。好，（向女学员G）你为什么会喂孩子吃饭？

女学员G：他自己说要妈妈喂，我就喂他了。

古老师：哦，他要妈妈喂。

女学员G：对，是的。要我喂，我就喂一下好了。

古老师：还有哪位？

男学员C：小时候呢，太小了就喂。长大了之后就没有那么严重了。

古老师：没那么严重了？就是说现在还在喂？好几岁了还在喂？你为什么会喂他这么长时间？

女学员F（男C的妻子）：一开始不会，但是他没有耐心吃完食物。

古老师：等一下，他没有耐心吃完食物？

女学员F：我们给他一定的量，把饭菜给他夹好。基本上不会让他吃得太饱，就是比较适中的量。但是他吃着吃着会想去玩，动来动去就吃不完了，然后就跑去玩。

古老师：小孩子在吃饭的时候会跑来跑去？

女学员F：基本上不会跑来跑去，他有自己的座位，但是他会在椅子上动来动去，不是非常安稳。刚开始吃饭的时候比较饿，他才会比较安静地吃一些，到后来基本上要哄着吃。

古老师：你不许他动来动去？

女学员F：也不是，但是不管怎么说，他本身胃口并不是很大，一般到后来也就吃了一点点，我们认为他应该再吃一点。

古老师：对，你认为他应该再吃一点，你认为他吃得不够，问题就出在这里。他不想吃了，你还要他多吃一点，他不吃了，你就坚持喂他，是不是这个样子？

女学员F：嗯。

古老师：好，请坐。这个现象是不是很普遍？

部分学员：是，很普遍的。

古老师：吃饭应是一件很高兴、很愉快的事情，是不是？现在小孩子吃饭高不高兴，有没有热情呢？

学员：没有。

古老师：对，没有热情了。孩子吃饭成了一件很痛苦的事情，你说这里面是不是有问题？注意哦！小孩子是很喜欢自己吃的，而且吃得津津有味。但是大人不让他自己吃，偏要喂他吃的话，孩子喜不喜欢吃？

女学员C：不喜欢。

古老师：不喜欢吃的话，营养吸收会不会好？

学员：不好。

古老师：健康不健康？

众学员：不健康。

古老师：好，这个妈妈为了更健康，怎么办？强迫吃，越强迫他越不想吃，结果越不健康，恶性循环。

学员：是的。

古老师：怎么带孩子，问题很多，可别小看哦，衣、食、住、行，生活中处处都是问题。我刚才是从吃饭方面的"喂孩子"说起。喂还是不喂？怎么吃？这些都是问题。你认为营养不够、吃得不够，要小心！如果一直强迫的话，他会有厌食症的啊。其实人有一个本能，吃得够不够他自己知不知道？

学员：知道。

古老师：他的胃清楚得很，这是人的本能，不用教的。饿了，他一定会跟你要东西吃的；够了，他就不想吃，这是自然调节的，所以大人不要操这么多心。

男学员 D：但是，假如孩子不吃必需品怎么办？（旁笑）比如说他坚决不吃主食，或坚决不吃菜，那怎么办？那也得教育，可是教育孩子吃饭，本身又是问题。

女学员 C：那就证明他不饿嘛，饿了他会吃的。

男学员 D：我就认识不少这样的小孩，只要是青菜，他就坚决不吃，几个礼拜都不吃青菜，他也无所谓，没办法。

古老师：好，注意，问题来了！你要看背后的原因，孩子会一开始就不吃青菜吗？

男学员 D：他什么都不知道，他是张白纸。但那青菜并不好吃啊，就像您刚才说的，好吃他当然会多吃点。

女学员 C：那是你们煮得不好吃嘛！你煮得好吃点，他就会吃的。

古老师：大人经常会谈营养，要孩子吃有维生素的青菜，对吧？

女学员 D：对。

古老师：刚才讲，孩子吃东西是凭什么？

女学员 C：口感，味道。

古老师：对，凭感觉和味道。那大人给孩子吃东西是凭什么？

女学员 D：营养。

古老师：对，凭营养。这两个一样不一样？

女学员D：不一样。

古老师：好，现在问题来了。这个菜明明你觉得不好吃，但是大人跟你说它很有营养，硬是要你吃，你需要吃，结果你会怎么样？

男学员D：觉得大人强迫我。

古老师：对呀，大人强迫你吃，你会怎样？

男学员D：就不吃。

女学员C：反感。

古老师：对，所以以后碰到青菜，就怎么样？

女学员D：拒绝。

古老师：我就不吃！拒绝，对吧？

男学员D：那应该怎么教他？说青菜不是很漂亮，但你还是要吃。

女学员C：就放那里，看他自己要不要吃。

男学员E：大人拼命吃，小孩看着就会吃。

古老师：大家看，光吃饭这件事，问题就很多。第一个问题，吃饭的时候，大人是不是都很正式很专心地在家一起吃饭？大人很重视这个事情。第二，孩子吃饭的时候，你有没有把他当大人？注意！孩子有个心理哦，就是想要跟大人一样，想模仿大人，这就是小孩。你只要知道他的心理，很多问题都好办。在孩子的世界里，他不认为自己是小孩，他要跟大人一样。大人做什么我就怎么样？

女学员：模仿。

古老师：大人做什么，我也要做什么。那就很简单啰！你吃饭的时候正常地吃饭就好了，他也会自然地正常吃饭，可你偏要给他夹菜，你也用不着告诉他应该吃什么，你只要吃你自己的就行了。他要吃什么，让他自己去挑，问题就了结了。他不喜欢吃这个，没关系，总有喜欢的吧？不可能样样都不喜欢吃吧？

学员：不可能。

古老师：所以事情其实又很简单。

男学员 D：他总会饿嘛！

古老师：对，他总会饿，饿了就会吃。好，还有一个问题，假如孩子只喜欢吃肉，不喜欢吃青菜，怎么办？北方有些地区的人是不是很喜欢吃羊肉？他们是不是顿顿都有青菜？

部分女学员：不是。

古老师：有没有吃出问题？

女学员：没有。

男学员 D：还比我们强壮。（众笑）

古老师：对呀，他们比我们强壮啊！那他们有没有营养不均衡的问题？

学员：没有。

古老师：我说的是北方那些喜欢吃羊肉的，还有一些游牧民族，比如内蒙古、西藏那边的人，有没有营养不均衡的问题？

部分学员：基本没有。

女学员 C：没有那么糟糕。

古老师：所以，不要把偏食想得这么严重，偏食都是父母造成的。逼着孩子吃营养的东西、健康的东西，会造成孩子厌食。

女学员 E：可是他只吃菜不吃饭怎么办？

古老师：没关系，让他吃菜啊！

男学员 C：他只吃糖怎么办？

古老师：小孩子喜欢吃糖也很正常啊！大家想想，这时候，吃东西是生理需求还是心理需求？

众学员：心理需求。

古老师：大人经常重视生理，有没有重视孩子的心理？没有。这是吃饭方面的一个误区。其实穿衣也是一个道理，不仅仅是生理上需要穿暖和，还有心理需求。父母要学会重视孩子的心理需求。我们从讲

"吃"开始，还有很多问题，我们大人真的要好好反省，为什么会搞成这个样子。

我只是拿吃饭来举例。其实读书也一样，应该是很有意思的一件事情，结果搞成什么样？也变成痛苦的事。有书读，可以学到很多东西，这本是一件很美很让人高兴的事情，结果读书变成一种负担。所以，仔细想想，我们的时代在进步还是在退步？文明是在进步还是在退步？有时候觉得很可悲，心里会打个问号：人到底是怎么啦？像我过去的年代，谁要是有书读，那是多么幸福的一件事啊！没有书读是很痛苦的，很羡慕有书读的。现在呢？孩子们很羡慕那些没有书读的孩子，（众笑）是不是这样？

学员：是这样的。

古老师：所以，想想为什么会搞成这个样子？那么人生追求的是什么呢？

女学员 B：快乐！

古老师：快乐！快乐是我们人生的追求，但是结果，我们快乐不快乐？

学员：不快乐！

古老师：不只是自己不快乐，孩子也被搞得不快乐，所以这些都是问题啊！

合作与顺从有何差别

古老师：大家希不希望自己的孩子很乖，希不希望孩子听话？

学员：希望。

古老师：希望。那么，注意，从小很听话的孩子长大了也很听话！他没有自主意识，没有自己的想法，他很听话，你怎么说他就怎么做。

这个孩子长大之后就会变成什么样子？

女学员C：畏畏缩缩。

古老师：对，畏畏缩缩。能不能去创业？能不能去创新？能不能当个好主管？

学员：不能。

古老师：这是不是你要的？

学员：不是。

古老师：那你为什么要孩子乖，为什么要孩子听话？孩子不听话你要打他，是不是这样子？

男学员E：孩子乖，省心嘛！（众笑）

古老师：所以你看，我们是不是做了很多很矛盾又莫名其妙的事情！要孩子听话，最后弄得他一点主见都没有，我们又讨厌他，当他有点意见的时候又嫌他不听话。人真难办啊！那么大家想想，合作跟顺从一样不一样？

学员：不一样。

古老师：你希望孩子顺从你，还是与你合作？

学员：合作，合作。

女学员D：很多家长还是喜欢顺从的。

古老师：合作跟顺从有什么区别？

男学员C：合作是平等的，尊重。

男学员D：自愿的。

古老师：合作是我有自己的想法，而且是自愿的，对不对？

男学员D：顺从不是自愿，是被压制的。

古老师：对！合作是我可以和你配合，不是我没有想法，完全听从你。所以要注意，你是希望孩子跟你合作还是顺从你，这很重要！（问男学员D）你是希望孩子合作还是顺从？

男学员D：该顺从的时候顺从，该合作的时候合作。

古老师：你在内心还是很希望他顺从，顺从使自己很舒服，对不对？你看这就是人，别人顺从你是一件很舒服的事情，就像做帝王一样，是不是？

学员：是。

古老师：在外面我们没法做帝王，回家做帝王，（众笑）这就是人性，这也是我们做父母的要面临的问题。

请把孩子当人看

古老师：现在回到我们的主题。大家都是为了孩子而来的，我要问问，你们的孩子快乐吗？幸福吗？你们说的不算数，要问问你们的孩子，孩子的意见才是重要的。

昨天我看到一个心理导航节目，叫作《九岁演讲天才》。这个孩子才九岁，姑且不论他演讲的技巧和风格，他的确是一个很出众的孩子。他得了很多奖，父亲把他演讲的内容放在网络上，反响很大，又被称为"演讲帝"，这孩子很是风光啊！结果，那个心理导航的老师问他："你快乐吗？"他说："我不快乐。"为什么？第一，因为他得了很多奖，他在同学之中就鹤立鸡群了。你以为这些同学会喜欢他吗？并不是！你太出众了，你和我们有距离了，你是另类。第二，他演讲出色，在家里他有没有压力，父母有没有给他压力？

学员：有。他父亲还说希望把他培养成"小沈阳"。

古老师：所以，这个孩子并不快乐。关于这方面，有一个专家做过调查，他发现，读幼儿园的孩子，有些就已经感觉不快乐了，已经没有幸福感了，更不用说大孩子了。那么，对孩子来说，什么事情是最快乐的？

学员：玩。

古老师：对，玩对孩子是最重要的，玩的时候最快乐。但是大人肯不肯让他玩呢？

学员：不肯。

古老师：对啊，那他必然不快乐。不仅要问问你的孩子幸福吗，快乐吗，另外一个问题也很重要，你问问自己，作为父亲、母亲，你幸福吗，快乐吗。在带孩子的过程当中，你感到很快乐，还是觉得带孩子是一种责任、压力？带孩子觉得不舒服，还是说你跟孩子相处的过程中其乐融融？注意啊！假如你自己觉得不快乐、不幸福，孩子会觉得幸福吗？还有，你的心情如何孩子是清楚的，孩子非常懂得察言观色。你脸色不对，他知不知道？他清楚得很！所以，别说你情绪外露，你就是没有表情，孩子已经很不舒服了。你的孩子快乐不快乐，其实是你自己快乐与否在起作用。你本身有没有那种幸福感？假如你自己都没有的话，这就有问题了。

我们前面讲了，爱有时也会伤人。爱得越深，伤得越深。爱的方法不恰当的话，就会变成伤害，而且这个伤害会影响孩子的一生。会让他在将来求职甚至工作中遇到问题，以至于影响恋爱、婚姻关系等。

所以怎么去爱我们的孩子，让他健康成长，避免他们受到我们的伤害，这是很重要的一个问题。具体怎么做呢？其实很简单，只要把你的孩子当人看就可以了。

可是我们经常不把孩子当人看，而把他当成读书的机器，大人没法实现的愿望，都希望自己的孩子来实现。现在的孩子出生后，我们家长都希望把孩子塑造成我们想要的人。有的希望他成为科学家，有的希望他成为音乐家，希望他成为我们心目中理想的模型，于是用尽各种方法来整苗。

我插一个话题啊，现在有很多家长让自己的孩子学钢琴。在我看来，这在中国是一个很奇怪的现象。学钢琴本来无可厚非，但我发现有的家长让孩子学钢琴的目的不是学艺术学音乐。他让孩子学钢琴就感觉我的孩子比别人的孩子高一等，我这个家庭比别人家高一等，有没有？

学员：有。

古老师：买架钢琴，孩子学钢琴，无形之中父母的头就抬高了些，孩子钢琴弹得很好那就更不得了了。问题到此还没完，要知道很多小孩学一阵子就学不下去了，有没有？这时候家长说话了：学东西要有毅力，孩子你一定要坚持，就开始逼。其实有个东西放在心里不说的，什么东西呢？钢琴还蛮贵的。（笑声）钢琴现在多少钱？要两万多吧？

男学员 E：要的，有的要五六万。

古老师：贵的多少？

女学员：五六万，十几万。

男学员：二十几万的都有。

古老师：很贵的哦。

女学员：一般的都是两万到五万。

古老师：所以买这样的钢琴也不太容易。有些家庭经济条件不是很好，但是为了孩子还是会去给他买架钢琴。有没有这种家长？

男学员 A：几年前，我单位就有一位女士，家庭条件并不好，因为虚荣心竟然借一部分钱给孩子买钢琴，结果孩子学了几个月不学了，这事也成了周围人的笑柄。

古老师：这种情况很多啊！孩子学了一段时间之后没兴趣了，家长心里怎么想呢？我花了两万块钱买的，你就给我闲置了。心有不甘，于是告诉孩子：你一定要有毅力，好好学。搞得孩子痛苦不堪，对吧？

这已经不是在学音乐了！要搞清楚学音乐的目的是什么！我自己有学音乐的经验，记得是我上小学四年级的时候，有个老师很好，他教我们吹笛子，吹口琴。等我上了初中，自己觉得很无聊的时候（小孩、大人都有很烦闷的时候），有个笛子玩玩，口琴吹吹，烦闷的情绪就排解掉了，心情就舒畅了。这时我才发现，原来音乐可以用在这个地方啊！排解情绪，调节情绪，冠个好听的名字叫陶冶性情，（笑声）对吧？

　　大人也一样，有时候工作累了，自己弹奏一曲，或去唱唱卡拉 OK 排遣一下，乐一乐，调解一下情绪，主要的作用在这里，学音乐的目的应该在这里。那么要不要学音乐呢？要！但不一定要学钢琴，因为钢琴很贵，一般人买不起，这是很现实的。吹吹笛子、葫芦丝也不错啊，而且学中国传统的乐器有个好处，就是很多乐器相对便宜。玩玩这些东西也蛮好的，吹得好，还可以去表演。

　　所以，要搞清楚让孩子学音乐的目的何在。现在很多家长让孩子学音乐并不是为了好玩，人家学我也要去学，要不就输在起跑线上了。我曾经在电视上看到一个爸爸，他是懂音乐的，但是他自己很遗憾没有走上这条路，于是希望把孩子培养成音乐家，从小带她去拜师学钢琴。孩子学得还不错，考上音乐学院之后，这个爸爸还辞掉工作，在她所在的学院旁边租了房子陪孩子学习。这个父亲了不起吧？孩子的钢琴弹得很好，也得了许多奖。父亲与有荣焉，很高兴，很得意。但是孩子却在二十几岁的时候彻底放弃了钢琴，为什么会这样？有两个原因：一是她已经碰到瓶颈了，她没办法真正走入艺术。因为父母担心她分心，从小不允许她跟别人接触，她没有时间和小朋友交流，没有办法和人互动，每天面对的只有钢琴。真正进入艺术是要有感觉的，她的感觉，她的激情，就在父母的这种关爱中被扼杀了。二是她的内心也不是真的喜欢音乐，所以她最终选择了放弃。

　　这个父亲对孩子的爱不知道有多大，不晓得付出多少代价，结局却是如此，真是情何以堪！那么回到刚才说的一点，我们怎样爱我们的孩子？学会把他当人看。把孩子当人看，我们首先要了解什么是人，这是最基本的。可是我们经常都要把我们的孩子变成人才，甚至天才，是不是？

女学员 B：是。

古老师：但是不要忘了，人才首先是一个人吧？人都不是了，那怎么会变成人才呢？变成木材了吧！所以孩子会发出这个声音：拜托你不要把我培养成人才，你把我当人看就行。接下来我们来看看，人是什么？

认清人的真实面貌

古老师：好，我们来研究人，得把人弄清楚了。人有两大部分，一部分是物质部分，另一部分是精神部分。物质的部分就是指肉体，另外，还有非物质的部分，就是精神的部分。物质的部分，或者说我们的肉体包括什么呢？我们的器官，五官、肌肉、骨骼、血液，各种循环系统，在座的有学过医的，医学上有呼吸系统，还有骨骼系统、神经系统、内分泌系统，等等。那么，精神部分呢？

精神部分也就是心理部分，有哪些是属于心理部分？人会思想，除了思想还有没有别的？

女学员 C：感情。

古老师：对！有感情，人还会有情绪，喜怒哀乐这些情绪。好，从这个点来思考亲子关系和教育问题。

我们大部分人一般来讲都会重视物质而忽略精神。对孩子也好，对家人也好，都把精力放在衣食住行的物质方面了。你看我们照顾孩子，通常只照顾他吃饱穿暖，关心他身体健不健康、壮不壮实，但是经常忽略他到底快乐不快乐。

有一本书叫《谁拿走了孩子的幸福》，重点谈的就是这方面的问题。孩子的幸福感如何？吃饱了、穿暖了不一定幸福，不一定快乐啊！我们大人有了车、有了房也不一定快乐，孩子也一样。想一想我们小时候物质很匮乏，生活很艰苦，但是小时候我们的空间是很宽广的。孩子们一起玩，一起去山上捉捉虫啊，到小溪捉捉鱼啊，那是很快乐的！所以幸福感不一定非要物质才能满足，精神上的快乐和幸福感也是很重要的。

所以，我们的第一个误区，只注重物质方面，经常忽略了心理的部分。

心理部分我们又大致可以分为理性部分和感性部分。关于理性部分，西方新名词简称IQ，就是智商；感性的部分叫EQ，又称情商。像思维、推理、演绎、综合、总结、想象、记忆、理解等，都属于理性的部分。感性又称非理性，凡是人都会有情绪，会有喜怒哀乐等各种感受。注意！在理性与感性之间，我们又有所偏失，经常进入第二个误区，重视理性的部分而忽略感性的部分。

比如与人争论的时候，我们经常会说：你这个人讲不讲理！我们希望成人讲理，也希望孩子讲理，即使两三岁也跟他讲道理哦！不讲理就是不对的，是不是这样？注重IQ，忽略EQ，让他看很多书，让他懂很多知识，不太顾及他的情绪、他的感觉、与人交流的部分。重视理性体现在教育上，就是我们希望孩子功课好，不管孩子快乐不快乐，只要他好好学习。

古老师：IQ重要？还是EQ重要？

部分学员：EQ。

古老师：你们觉得IQ跟EQ，哪个偏向于先天？

学员：IQ。

古老师：对，IQ是先天的，后天的部分是EQ。一个人的智商想改变是很难的哦，这是先天的，但是EQ是可以培养的。

当过老师的都有这个经验。在座的有当老师的请举手（女学员W、Z举手）。

古老师：（向女学员W和Z）你们在教学的过程中，学生的智商有没有高低？

女学员W、Z：有。

古老师：要提高他们的智商是很困难的！是不是？

女学员W、Z：不错。

古老师：因为孩子生下来，智商那个部分就已经基本确定了。聪明的孩子就很聪明，学得很快。但是我们教育孩子的时候经常整孩子的哪一块？整他的 IQ，忽略他的 EQ，而真正可以培养的恰恰是 EQ。所以我们做家长的要好好想想，自己有没有这种偏失。

进入社会之后有两个能力很重要：一个是应变的能力；还有一个是自信心，也叫自我价值的认定。

当老板的都知道，对工作而言，EQ 越来越重要，从这个角度你就可以看清楚，应该怎样培养孩子。但是我们经常会走入误区，有人炫耀我的孩子懂得很多，比如电脑方面的知识等。其实这个并不是最重要的。记住！知识这个部分是属于 IQ，这不是最重要的。EQ 是情绪的，在人与人相处中，这个感性的、感觉的部分，才是最重要的。这个感觉的部分，不是靠推理判断的哦！是自然反应的。这个直觉，直观的感觉，才是可贵的。可是我们经常把感性的这个宝贵部分抹杀了，动不动就跟孩子讲道理，不讲道理就不对，这是我们中国的传统，几千年下来都是这样。我以前也是这样的，很讲道理，而且排斥感性。但是后来发现越讲道理，离真实越远，越是灰心，问题越难解决，家也没有温暖的感觉。讲理是冷冰冰的。还有，人和人的沟通、企业的管理，都跟如何处理理性和感性的关系相关。我们再看看历史，那些帝王的领导艺术，看看刘邦或者刘备，比如桃园三结义重的是理性还是感性？

学员：感性。

古老师：我们常说的忠心，指的是感性还是理性？还有，过去军队中那些真懂得带兵的，重理性还是感性？讲情还是讲理？所以当领导也好，处理夫妻关系、亲子关系也好，道理是一样的，家庭、公司、社会也是这样，都要去重视人的感觉，重视感性的东西。

接下来还有，不允许有情绪，不可以生气，甚至不可以伤心、难过，难过是懦弱的表现，难过不是男子汉，跌倒了不可以叫，不可以哭。这些都是违反人性的啊！想想看，皮肤被刀子割伤会流血，心被割伤会不会掉眼泪？

当然，那是自然的反应啊！可是我们怎么教育我们的孩子？跌倒了不可以哭，要坚强，这些都是没有把孩子当人看。小孩一般生气生多久？大概几分钟而已！其实小孩在刚出生的时候，都是正常人，长大了之后都不正常了。什么是正常人？就是难过的时候会伤心掉眼泪，但是马上就过去了，没一会儿他又会笑，这是正常的。大人生气会怎么样？会憋在心里，不让它过去，甚至还要把它抓回来。有时候生气过后其实心里知道已经没有气了，但是假如我现在生完气就笑的话，人家会觉得这不正常，不对劲，最后还要装着生气。各位有没有这样的经验？

男学员 B、C：有。

古老师：大人一气可以气多久？一个月不和你说话。难过起来，严重的话可以难过一辈子哦！小孩却不会。

小孩 A：难过一两分钟。

古老师：小孩子才是真正的正常人，大人已经变得不真实。

各位有没有看过道家或是儒家、佛家的东西？都讲修养。修养到最高境界是什么？是返老还童，童心未泯，年纪大了跟小孩一样，说明修养很高。这很有意思，你看，人生来有童心，如果一直保持的话，该有多好。结果人长大了，最原始最天真最真实的东西没有了，扭曲了，只能再经过修养回到原来的样子，做到了才被尊崇为圣人、真人。所以怎样回到人，怎样看待人，怎样把人当人看，才是最重要的问题。我们经常忽略了孩子最真实最宝贵的东西，扭曲他，打压他，告诉他不可以这样，不可以那样，把他整成病态，认为这样反倒是正常的人了。

认识情绪这玩意儿

古老师：我们在谈心理问题、感性问题的时候，曾经提到人都会有情绪。一个正常的人，都会有喜怒哀乐。此外，人还有好恶，这些是健康的人都会有的。但是，在日常生活中一谈到情绪，人们就望而生畏，避之唯恐不及。其实情绪并不可怕，下面我们就来看看情绪这玩意儿。

——情绪与道德无关，无是非、对错、善恶。

——情绪是自己制造的，虽然是对外在人、事、物的反应，但是没有绝对的标准，同样的话、同样的事，有人会生气，有人不会生气，问题的来源、起因是自己，这一切都是自己的问题。

——每一种情绪都是自我真实的流露，接受自己的情绪，允许自己生气，同样也接受别人的情绪，允许别人生气。

——忍耐是情绪被压抑，并不是被消除，也不是被制服，它还是会从潜意识以外的地方出击，同时阻碍我们的成长。

——情绪受到压抑，人便会陷入偏见以及心理防卫机制的迷魂阵里，而找不到真实的自己。情绪被压抑会造成生理上的病痛。

——愤怒是其他情绪的假象，背后所隐藏的是挫败感、恐惧、担心、害怕，是被打击、被伤害、被冤屈、被欺骗、被误解。

——情绪是非理性的，当情绪被重视，被接纳，被处理，理性才会出现。

——伤心、难过、流泪并不是软弱、懦弱，那是伤痛。

——人一旦明白自己的情绪及其产生的根源，便会进步。

——情绪本身没有危险，真正的危险是：情绪被漠视，被否认，被拒绝。压抑和不表明情绪都会造成整个人格的畸形发展及痛苦。

下面我们想想，情绪是自己制造的，还是别人或环境给你的？

男学员 A：双向的。

女学员 B、 C：自己给的。

古老师：情绪虽然是对外在人、事、物的反应，但是没有绝对的标准。面对同样的话、同样的事，有人会生气，有人不会生气，所以，从这个角度看，情绪的真正原因是在于自己还是别人？

学员：自己。

古老师：问题的来源、起因是自己，这一切都是自己的问题。但是往往我们生气的时候，都在怪罪别人，"都是你让我很生气"，是不是这样？

男学员 A：有种说法是双向的，有环境因素，但不是导致你生气的理由。

古老师：（向男学员 A）对啊，都会有关系，问题就在这里！我们来体验一下情绪，好不好？在这个课程中我们要做感觉体验。我们来玩一个游戏吧！

请各位站起来，（大家准备着）两个人一组，你们相互不认识也没关系，两个人一组，面对面。两个人猜拳，剪刀、石头、布，看谁输谁赢。

学员：几次分胜负？

古老师：一次就可以了。（众大笑）哈哈！再来！再来！之前的不算啊，一次分胜负啊！好！一、二、三，开始！（大家猜拳）

赢的人请举手。好，每组的两人还是面对面。赢的人说 No，一直说 No。输的人只能说 Yes，一直说 Yes，说到什么程度呢？说到对方也说 Yes，就是要对方点头为止。我示范给大家看哦！Yes、Yes、Yes！一直说 Yes，说到对方点头说 Yes 为止，听懂了吧？

学员：输的人说 Yes，赢的人摇头说 No？

古老师：对！一直到让赢的人不再说 No，点头说 Yes 为止，清楚吧？输的人只能说 Yes，不能说其他的。记得不能触碰对方的身体，不能伸手打他。（众笑）这是规则，好，开始！

眼睛要看着对方！好！完成的可以坐下。其他人继续！

（游戏告一段落）好，现在角色互换，继续进行，有恩报恩，有仇报仇。

女学员 E：我发现大家越来越坚决了！呵呵！

古老师：好！请问大家在刚才游戏的过程中，有没有感觉到自己有情绪？有什么样的感觉？说说看。

男学员 E：绝望！

男学员 G：古老师出这个题，我就想啊，我肯定很难克服这个，但我又必须说这个。他不答应我就一直说，总之一定要他答应，什么方法都使用，结果对方喜欢说理。

古老师：怎么说理？你说！

男学员 G：他总说这个怎么样，那个怎么样。

古老师：大家注意哦！各位有没有发现我们还是习惯性地停留在理性里。这个游戏就是不让你讲道理，只能让你说 Yes，这是无道理可讲的！

男学员 F：那讲道理有用吗？

古老师：只能让你说 Yes，这个游戏规则就是不让你讲道理，只要讲道理就违反规则了。

道理常常是不能解决问题的，我们总是习惯性地想用道理来解决问题哦！在游戏过程中有没有感受到情绪的起伏变化？

女学员 D：会激动。（笑声）还会失落，因为感觉被修理，呵呵！

古老师：对，失落感！

女学员 D：从有激情到很失落、很绝望，但是这里面有一部分是应付，因为我想大家都不想让对方站得太久。（笑声）

古老师：刚才大家还没有真正投入，可能彼此也不是很熟。真正投入的话，内心的愤怒会出来。感觉到自己愤怒了、生气的，请举手。（一部分人举手）

愤怒是正常的，自己想要的东西得不到，会不会愤怒？所以有愤怒也表明你还是投入的。刚才没有真正投入的同学，都很客气，不好意思。这个游戏是让你去体会一下自己内心那个情绪的部分，要分辨内心的感觉是什么。我内心是兴奋、失落、无奈、难过的，甚至是愤怒的。我们中国人太偏向于理性了，已经不知道感觉了，不知道我现在在生气，还是失落、痛苦，这会造成精神上的分离、剥离。

学员：那我们再体验一次。

古老师：哦！还想再体验一次！之所以让大家来体验，是因为我们经常忽略了感觉。假如我们都靠理性、靠思维来解决问题的话，有时候会走偏，反而不能解决问题。在跟人讲道理的时候，认为自己没理的有没有？

学员：没有。

古老师：几乎没有！讲道理的时候都认为自己有理，你有理，我比你更有理。所以那个理是争不完的，是没有办法解决问题的。以为讲道理就能解决问题，这是一个误区。那么反过来，你懂得如何表达情绪反而容易解决问题。后面的课程会讲这个问题。

我们再来看，我们最讨厌的情绪是生气，最难处理的是生气。大家有没有这样的体验：当你看到对方生气的时候，你会比他更生气，心想你有什么好气的，然后呢？对方看你居然也生气，他更气，两个人越来越气，是不是这样？

学员：是！

情绪是一个坏东西吗？

情绪是自我真实的流露

古老师：前面讲到我们经常走入一个误区，重视 IQ，忽略 EQ。我们经常注意理性而忽视感性，尤其在中国社会，过去一直这样，都认为人要讲理，我过去也是如此。尤其是在生活中，在管理领域，我们认为人必须讲道理，必须理性，情绪是不好的，生气、难过是不好的，甚至快乐、高兴也不能表现出来，要做到喜怒不形于色，这才是好的主管，后来我发现这些都不对。

男学员：都不对？

古老师：是，有的主管甚至还要刻意跟底下的人保持距离，觉得这样才有办法好好领导他们。后来我把这些都丢掉了，我就是这么一路走过来的。

我们认为情绪是不好的，但是不要忘了，人不可能没有情绪啊！问题是我们如何看待情绪，又如何看待理性。不管是管理工作，或是与人相处，我过去认为人应该理性，人怎么可以不讲道理呢？于是，我妻子就跟我抗议：怎么跟一个木头在一起，跟一个石头在一起，没有情调，一点都不浪漫，没有感觉，生活很乏味。(笑声)

女性比较重视情调，比较感性。但是男性经常会排斥感性，比较重视理性，没错吧？但过于重视理性，人会变得没有情调，死板，让人感觉乏味。

我们再看一个事实。夫妻结婚之后难免会吵架。吵架是正常的，可是这吵架里面是有学问的。关系一般的人不会吵架，亲密到某种程度才会吵架。我们经常看到小孩子跟父母吵啊闹啊，吵架是好事啊，表示你们的感情很亲密。你跟老板敢不敢吵架？（众笑）你跟同事敢不敢吵架？一般不敢，为什么不敢？

学员：因为不亲密。

男学员 E：缺少安全感。

古老师：对！能吵说明他们有一定的感情基础，相互有一定的安全感。对外人你是不敢吵的，因为没有安全感。吵都不愿意吵了，那问题可就大了，夫妻到后来不吵了，两人相见如"冰"了，那就很严重了。

那我们再来看，夫妻在吵架的时候，吵什么？他们都在讲理，公说公有理，婆说婆有理。两个人讲不清，再找第三个人来评评理，我们经常干这种事，对吧？那结婚之前，谈恋爱的时候，我们讲什么？

女学员 D：讲情。

古老师：讲情，对啦！讲感觉，如果讲理，恋爱就谈不起来啦！所以注意了，讲道理、重视理的话，人与人之间的距离就拉开了。越讲道理，感情越淡哦！道理多了之后会变冷。假如讲情的话，就会温暖，距离就会拉近。所以我们很容易走入一个误区，认为讲理就是对的，应该讲理，不应该考虑那些情绪性的东西，喜怒哀乐不要它。但是不要忘了，喜怒哀乐这些情绪都是自然流露的；理性、道理可以骗人，但是感觉不会骗人，难过就是难过，生气就是生气。理性和感性要有一个平衡，既要有理性也要有感性，这才是健全的人。

看看我们的孩子，年纪越小喜怒哀乐越明显。他们高兴了就笑，难过了就哭，喜怒哀乐表现得都很正常，而不会执着在一点上。往往哭闹时，你一逗，他们马上就破涕为笑。孩子是很灵动的，这是最正常的，也是最原始、最天真的。我们成人已经脱离人最原始、最真实的状态了,已经慢慢变得不是人了,(笑声)真的!你看大人,该生气的时候不可以生气,硬往下压,要么一气几天或几周;小孩子可不这样,小孩子哭过闹过很快就丢掉了。

忍耐和压抑都不能使情绪消除

古老师:前面我们讲的是生气。伤心、难过,也是一样的道理哦!当一个人心里很难过的时候,要允许他伤心难过。这个时候你劝他不要伤心难过,难道他就不伤心不难过了吗?劝告是无效的。伤心难过是人的正常情绪,并不代表懦弱。它就像皮肤被刀子割了,会流血一样。

假如心受伤了,不会掉眼泪,那已经被扭曲了。各位有没有发现,当你伤心难过的时候,哭一场就很舒畅了,有没有这种经验?

学员:有。

古老师:当你伤心难过时,哭是很好的发泄方式,就怕那个时候哭不出来,如果一直憋着哭不出来,或被压抑,那一定会压出病来的。情绪压下去,久而久之,心理和生理都会发生疾病,癌症、胃病、肝病、心脏病就出来了。很多疾病都是这样来的,科学已经研究证实了,中国《黄帝内经》和西方心理学都是这么讲的。情绪一直被压抑,最终会从另一个地方,以另一种形式爆发出来了,而且爆发得更严重。我们总是认为情绪要压下去,错了!

所以要允许别人伤心难过,然后,问他什么原因、什么事情让他这么伤心难过,并对他说"这个事情真是让人很伤心很难过",与他产生共情。最好的处理方式是不给意见、不批评、不劝告。你劝告他或者告诉他应该怎么做,他会有什么感觉呢?他会觉得自己很不好,会更加难过。假如我们用激励的方式对他说,"你看某人碰到问题多坚强,碰到事情一点点都不难过"，你以为这是鼓励他，殊不知他下意识会觉得自己被比下去了，不如别人。

所以，注意哦！当一个人因困难挫折或者病痛而悲伤的时候，你如果懂得人性，就懂得如何去抚慰他的情绪，如何去关爱他。对待孩子也是一样。如果孩子不小心碰到桌子了，痛得哭了，作为父母你会怎么做？通常是打桌子，"桌子坏坏"！（众笑）对不对？

学员：好像都这样说。

古老师：然后跟小孩子说，宝宝不哭！不哭！要勇敢！（笑声）这里面有很多问题哦！打桌子意味着什么？怪罪别人。假如你经常这样做，孩子接收到的信息是什么呢？

学员：（师生一起说）一切都是别人的错！

古老师：对！大家注意哦！虽然表面上看这是小事，但是却隐含着不肯为自己行为负责任的心理暗示。碰到桌子对孩子来说是很痛的，对于他来说这是很严重的事情，你却告诉他没关系，明明很痛，你却告诉他不痛，这已经违反了事实，会让孩子混乱。

讲个发生在我身边的例子给各位听。有一次，我的小姨子带着小孩来我家玩，孩子三岁左右，刚好我的同事也带了个孩子来我家，两个孩子年纪差不多。他们玩着玩着，突然我小姨子的孩子哇哇哭起来了，跑过来哭诉说：他咬我！如果你是我，请问你怎么处理这个事情？我把他抱起来说：哦！你被咬了！哎哟！一定很疼吧！嗯！嗯！吹吹他的小手指，（众笑）你们猜怎样？

学员：不哭啦！

古老师：对！他马上就不哭了。小孩子是不会掩饰的，只要你做对了，你做的符合人性，马上见效。

上面谈到人的情绪问题，关键是我们怎么去看待、处理这些问题。大家一定要清楚，忍耐是情绪被压抑，并不是被消除，也不是被制服，它还是会从另外的地方出击，阻碍我们的成长。情绪受到压抑，人便会陷入偏见以及心理防卫的迷魂阵，而找不到真实的自己，还可能造成生理上的病痛。

情绪与道德无关

古老师：前面在谈什么是情绪的时候讲过：我们都会有情绪，有喜怒哀乐，但有一点我们要弄清楚，情绪与道德无关，无关是非、对错、善恶。过去我们的教育经常把情绪跟道德扯在一起，认为一个人该生气的时候不生气，碰到难过的事情他也不难过，表示他的道德修养高；要是一个人经常生气，人们就说他小心眼，没有修养。

中国传统社会对感性经常是排斥、压抑的，往往把喜怒哀乐等情绪的外露，斥责为没修养，甚至跟道德挂钩。所以很多人，尤其是做领导的，讲究喜怒不形于色。假如一个领导感情很丰富，有时候会掉眼泪，大家就会认为他懦弱无能，不够坚强，是不是这样？假如这个领导经常会发脾气，大家会说这个领导怎么样？

男学员 A：没有涵养，没有修养。

古老师：对。过去我一直在琢磨这个问题：道德修养让一个人变成没有情绪的人，该生气的时候不生气，这样对吗？当然道德修养高到一定境界可以做到，问题是我们绝大部分是普通人，很难做到啊！那么人为什么讨厌情绪？因为人有强烈的负面情绪的时候经常容易伤人，生气的时候会骂人，甚至会打人，对不对？

男学员 A：即使不打，气氛也被破坏掉了。

古老师：对！假如我们可以生气，但是不骂人，那不是很好吗？

女学员 C：那如何发泄出去呢？

古老师：所以问题来了：是不是把情绪压下去就对了呢？

女学员 C：这不对！这不是解决问题的办法。

古老师：对，我们有情绪，压下去或者逃避都不是办法。所以不如去面对它，了解情绪到底是怎么一回事。生活中，遇到让人生气、愤怒的事情往往是我看到你生气，我也生气，我跟着你生气，是不是这样？

男学员 A：是这样的。如果我生气的程度是 1，你就是 2，我就升级为 3，你就变成 4，就这么往上加，各自的火气越来越大。

古老师：对啊！通常都是这样，你生气，我比你更生气。

男学员 A：那如果我是 1，你是 0，往下减，就没有了。

部分学员：气就化掉了。

古老师：对，至少要做一个切割，像防火墙一样：你生气是你的事情，与我无关；你再怎么骂，那是你的问题，与我无关。我们经常没有这个切割，经常是把生气等情绪跟道德、是非扯在一起，认为生气就是不讲理，结果怎么样？是气上加气。

允许别人有情绪

古老师：谈到情绪，我们有个误区，我们往往不允许别人有情绪，不允许别人生气，"你怎么可以生气？你不可以生气！"这时候对方的气就上来了，可反过来你倒是可以生气？

举个例子，我有个妹妹，去年来到上海，因为我妹夫在上海工作。有一次，妹妹跑到我家来，等于回娘家一样，到我这儿来诉苦。她说她那个先生，怎么这么不讲理，动不动就摔东西。我听了感觉很心酸，替她难过。站在我的角度我当然想帮她了，她有个动不动就生气的丈夫，很痛苦的。

我先跟她一起骂，骂完之后，她气消了，我就问她：你的先生生气了，你是不是更生气？

我就告诉她一个方法。我说以后他生气，你就不要跟着他生气，你在旁边看着他是怎么生气的，看他怎么跳脚，反正气是他的事情，我教你一个"咒语"：气死活该，气死他！我才不理你呢！不能说出来，在心里默念，我们不要跟着他生气。她听了很高兴，总算有办法对付他了。（众笑）后来她真的做到了。她先生生气，她真的做到了不跟着生气，不跟着他的情绪转，她就是不理他，看着他生气。后来她又跑到我家来，向我报告情况。我说："你俩怎么样？"她说："哎呀，好玩！"怎么好玩呢？她说，他生气就让他气，就让他跳脚，气了一段时间看到我不生气，他觉得很无趣，很没意思，就不理我了。

我就跟妹妹说，人是可以生气的。让他生气，结果问题终于有所改善了。虽然不可以说一下完全没有问题了，至少双方做了一个情绪切割。当然这种办法是暂时性的，暂时缓解一下，不是绝对的。你允许对方生气的话，发泄完之后，他就没事了。我们经常在别人生气的时候做什么事情？做添柴的工作，结果火越烧越旺。他气就让他气，不添柴，木头烧完会怎么样？会自然熄掉的。所以如何面对生气？请记住，人是可以生气的，允许别人生气，给予生气的权利和空间。

我们自己生气也是一样，不要给自己添柴。我们生气的时候经常是越想越气，越气越想，对不对？气是火，想是柴，所以当我们生气的时候，你就看着自己愤怒的情绪，把思想停掉，不要想，与愤怒在一起，不要再添柴，火气慢慢就消下去了。

生气是人很正常的一件事情，是人就会生气。你看一两岁的小孩子都会生气。每一个情绪都是自我真实的表露，每一个喜怒哀乐都是自我的表述，这里面没有是非对错，也无关道德。我们先要接受这个事实，再去探索情绪背后的原因。这就需要我们认识自己的情绪。

情绪真正的危险是被漠视、被否认、被拒绝

古老师：我们为什么要谈情绪？因为要搞清楚人是什么。我们要认

识人就要了解情绪，理性跟感性都要平等对待，二者都属于人的心理，都有各自的价值和用处。

很多时候为什么理性没法出现，就是因为被情绪盖住了。当情绪被重视，被接受，被宣泄之后，理性才会出现。所以当一个人有情绪的时候，你不要说他不讲道理，情绪本身就是非理性。人有理性的部分和非理性的部分，两个部分合成一个健康正常的人。你跟一个非常理性、完全理性的人在一起会感觉非常乏味，（笑声）对吧？

男学员 A： 是啊，没激情！

古老师： 对！生活中就是如此。理性有它的优点，过分理性就变成缺点了。所以理性、感性都要有，这两个都很重要！人要明白自己的情绪及其发生的理由，这也很重要！要清楚地知道我现在是一个什么样的状况，我现在的情绪如何，心情如何，不要糊里糊涂的。

当一个人很生气了，你视而不见，他就被漠视；你又认为他不可以生气，他就是被否认；人如果总是陷在情绪里，他就会迷离。压抑情绪或不表明情绪都会造成人格发展的畸形，痛苦都是由此而来的。情绪本身没有危险，真正的危险是——情绪被漠视，被否认，被拒绝。

再举个例子。当我们把一件事情做得很好，或在某一方面表现很优秀时，自己一定很高兴，但是我们一高兴，别人会说什么？

学员： 骄傲！

古老师： 然后领导、父母就开始批评我们。我们都经历过。为什么会这样呢？这跟过去我们传统中很多违反人性的东西有关。本来一件事情做好了是很令人高兴的，这是人之常情，这个时候还不能高兴，那就会很压抑，会感觉人生乏味。（笑声）例如拿个奥运奖牌还不能高兴，那要怎么个活法？

男学员 J： 古老师，我有一个问题，比如孩子生病了，必须吃药打针，但是他觉得药很苦，打针很痛，他就是不愿意，遇到这种状况该怎么办？

古老师：遇到这种状况一般大人会怎么办？要不要告诉他实话？

男学员 J：你总不能说，吃药很苦，打针很痛，那他就……

女学员 C：我们一般是利诱他。你把这个药吃了，我给你一块巧克力。

女学员 F：强灌！

男学员 J：生病了，他不舒服，然后你用这个方法，他会……

古老师：他会想：这不是亲生爸妈，亲生爸妈不会这么干的。（众笑）好，小孩子生了病带去打针，大人会怎么说？

女学员 H：不痛不痛，一下子就好了。

古老师：他哭了，你还要说"勇敢一点"，是不是？这个时候孩子听到这话，感觉会是什么？打针一定很痛，要不然爸爸妈妈不会这样说，（众笑）所以，你叫他不哭，他哭得更厉害，甚至还没见到医生就哭起来了。本来没有那么痛，结果被大人强化了，打针变成了很恐怖的事情，所以小孩子还没到医院就开始紧张了，看到医生更紧张，那个针一拿出来，整个屁股就已经僵硬了，（众笑）针还没有下去，孩子已经哇哇大哭了，医生下针的时候肌肉就会绷得很紧。注意哦！这就是问题啊！打针痛不痛？打针真的痛，你不能否认。孩子惧怕打针的情绪是真实的，也是正常的。

正确的方法是跟孩子讲真话，对他说：打针有一点痛，但不是很痛，你可以忍受一下。什么时候最痛呢？针刚一下去的时候是最痛的，但是下去之后就没那么痛了，对吧？大家都有这个经验。然后对孩子说，孩子，你能忍就忍，不能忍就哭，要不要哭随便你。（笑声）这样说的话，孩子的感觉会好一些，没那么紧张，但是很多大人不这么做。所以，当孩子吃药打针的时候，哄啊骗啊都不对，必须跟孩子说实话、讲真话，只有这样，才能真正缓解他的恐惧，几次下来，他就不当一回事啦。

情绪属于非理性，但是当情绪被重视、被宣泄时，理性才能出现。

你要是压制它、排斥它，那么理性就出不来，它就会跟你无理取闹，胡搅蛮缠。所以情绪问题不能用理性的说理来处理，那是无效的。然而现实生活中，我们经常使用说理的方式来处理非理性的情绪问题。可是当一个人伤心难过的时候，他需要的是什么？安慰、理解、认同，这些是人性所需。所以这时候讲道理、教训、给方法、给意见、劝告，那是无效的。伤心难过流泪并不是软弱、懦弱，那是伤痛。所以认识自己的情绪很重要哦！当我们陷入情绪中时，一定要明白它发生的理由，清楚自己的状况，那么就能够很快走出来，就能有进步。

生气，不可怕

生气的背后隐藏了什么？

古老师：我们为什么讨厌别人生气？因为人生气的时候都会骂人，严重的甚至会打人。那么，假如我们生气了，既不骂人，也不打人，那可不可以生气？

男学员 H：是自己憋在心里的吧？

古老师：不憋哦。我就是很生气，但是不骂人，这样好不好？

女学员 H：可以。

古老师：要记得我们是凡人，读了圣贤书，不要以为自己就真的变成圣贤了。没有，还差得远，我们还是普通人。普通人就有喜怒哀乐，我们不要高估自己，而是要面对现实——我们就是会生气。在这种情况之下，我们要诚实地面对自己，生气的时候，可以表达我的气愤，但需要做到不去骂人，不要伤害人，同时也不要伤害自己。我可以很难过，我也可以有难过的表情，难过的时候就会掉眼泪，但不要伤害自己。

女学员 J：这个时候其实你已经伤害了……

古老师：我的意思是说，难过的时候不要去自杀，不要去割腕。(笑声)

男学员 L：古老师，我说一下我的体会啊，从我喜欢生气说起。(笑声) 有时候我都觉得没有资格学佛，但是……

古老师：等一下，爱生气的人是可以学佛的。(师生大笑)

男学员 L：我是说，生气的时候，什么观心啊，念佛啊都……

古老师：都无效！（师生大笑）

男学员 L：对，无效，还是生气！你说"应无所住"嘛！那"气"就搁那儿，住下来了，你就是气，它就是去不掉。必须等很久，可能是等它自己消了以后，就不气了。回头睡一晚上就好了，但是当时不管你用什么办法都无效！我们很冤的。

古老师：没错，所以别小瞧生气，那个力量是很大的，念咒语都无效的。（师生持续大笑）生气本身就是咒！（大笑持续）

古老师：既然生气那么讨厌，那么麻烦，我们来看看生气的背后是什么。人在什么情况之下会生气？

女学员 B：需求没有得到满足。

女学员 E：不被了解的时候。

女学员 B：想做什么事情却不被允许的时候。

古老师：对！还有吗？

女学员 E：受到伤害的时候。

男学员 A：不被理解。

女学员 F：被冤枉的时候。

女学员 G：受委屈了。

女学员 D：违背他的意愿。

女学员 H：贬损他的价值。

女学员 I：被别人控制。

古老师：对！以上这些情况都会让人生气。所以，我们要注意，人不可能无缘无故生气，生气背后一定有原因。当一个人生气了，你要去了解什么事情让他那么气，这才是最重要的。不要马上说生气是不对的。

我们来看看生气的背后隐藏着什么。愤怒只是其他情绪的表象，背后所隐藏的可能是挫败感、恐惧、担心、害怕；他可能是因为被打击、被伤害、被冤屈、被欺骗、被误解了。这时他生气是合理的吧。

我们应当正确看待别人生气，也要正确看待自己生气。要清楚我为什么要生气？生气的背后是什么？什么事情会让我生气？生气的时候会做什么？生气过后心情如何？生气的时候我希望别人如何对待我？各位有没有想过这些问题？

女学员 C：古老师，我有一个问题。我孩子现在三岁了，他生气的时候就说，"妈妈我要杀掉你"。（笑声）

女学员 D：我们也会碰到。

古老师：好，第一，他说"我要杀掉你"，不要当真，他那么小，杀不掉你，你放心好了。不过，等他二十岁说这句话时，你就要小心了。（众笑）另外，这句话背后的意思是什么？

部分女学员：生气。

古老师：他生气了，那我们要不要探索生气背后的原因？了解他生气的原因比盯住他说的这句话更重要。这孩子为什么会生气？

学员：要求没有得到满足，受委屈，不被理解，失望。

男学员 B：劳累。

古老师：小孩子劳累，也会影响情绪。大部分是需求没有被满足。

女学员 C：嗯！那也得看情况。他要什么我都得满足他？

古老师：孩子的需求大人不一定都要满足的，这比较复杂，要看情况而定。

生气的时候会做什么？

古老师：前面我们讲了什么情况让我们生气，再问各位，我们生气的时候会做什么事情？

女学员 B：骂人！

男学员 E：睡觉。

女学员 E：吃东西。

男学员 F：飙车，摔东西。

女学员 J：会逃离这种环境。

女学员 E：我会踢他。

古老师：你能够讲出来，很好！会不会摔东西？

女学员 E：不会。

古老师：还有吗？

女学员 G：我会把自己关起来。

女学员 H：不说话。

女学员 I：让自己冷静下来。

女学员 J：我看对象来决定是否发泄自己。

男学员 G：找人喝酒。

女学员 K：如果生气的对象是孩子，我会发脾气骂他；是丈夫的话就生闷气，有时找别人说说话。

女学员 L：出去逛街买东西。

男学员 K：想发泄就发泄一下。

古老师：（向男学员 K）你怎么发泄？

男学员 K：小孩子倒霉了。（众笑）

古老师：这倒是实话，小孩子真的很倒霉。

古老师：你呢，W 女士？

女学员 W：我是分阶段的。前些年我是摔东西，我会摔碗，听碗碎的声音，为此我买了很廉价的碗。不过后来我也不摔了，感觉摔也解决不了问题。从去年跟古老师上课后，我开始用老师教我的分割法。老公发脾气我就旁观，任凭他在那里跳，我就看他演戏吧。发现我不生气，他会变本加厉。我就这样冷冷地看着，就是一定不能笑，（众笑）不然他会觉得你是在讽刺他，那样他的愤怒会像火山一样爆发。有时面对他生气我也会哭，后来有一次我哭不了，因为我左眼的角膜出血，很痛不能再流泪。该怎么办呢？我就假装我受伤了，这时他觉得把我整得差不多了就会收手。他收手之后，我如果心里还有气，我就出去走。

前段时间我生气了，跑到商场里乱走乱逛，事后才知道，我在商场里不停地走了九个小时，什么都没买着，身体很疲惫，不过心里已经没有气了，这是一种方法。还有一种方法，就是躲在宾馆里，远离这个硝烟之地。我把手机关掉，他找不到我，就会反省。同时我也能暂时忘记自我，这样也好。以前他生气了，我会跟他较劲，让他喘不过气来，我会把他整得更惨。现在即便我心里受了伤，我也不会去伤害他。我会买包烟抽抽，听听音乐，最近一两年我又开始唱京剧了，这个蛮好，不会造成伤害。因为我还带学生，要是我再跟他对着干，受伤的就不只是我们两个，孩子、学生都会受伤。所以他生气时我会逃离，不跟他对着干，过几天再打电话试一下，看他消气没有，消了我再回来，没消气我再躲一躲，免得针尖对麦芒。现在是稍学聪明了一点，他一生气，我这个防火墙一设立，然后再找个灭火器就差不多了。但是还是会受伤，泪水还是会有的。

古老师：（向女学员 W）不过已经进步很多了。

女学员 W：是的。

古老师：（问女学员 B）你们最近怎么样？

女学员 B：有时候会跟着对方一起生气，有时候也会沉默。我发现沉默的时候会比较理智，所以，一般是他生气了，我先走开一会儿，等他冷静下来，再去跟他说道理。

古老师：不错！

古老师：（问女学员 M）你呢？

女学员 M：孩子让我生气的时候，我还是会忍不住打他骂他，不过现在也学会了尽量不用这种粗暴的方式对他。

古老师：（问女学员 N）你呢？

女学员 N：会骂孩子，甚至会撕孩子的作业本。

古老师：（问男学员 A）你生气的时候在做什么？

男学员 A：我生气了就得发泄，要是不能对人发泄，我就找其他的方式，反正我要发泄出来，发泄出来马上就没有了。

生气过后的心情如何？

古老师：刚才我们听了很多学员讲生气时会做什么，这是第一个要弄清楚的问题。我再问各位几个问题：各位生完气会干什么？发完脾气之后，你的心情如何？有没有后悔？

学员：（笑着逗趣地）不后悔，很爽，很舒服。

古老师：很舒服？你生气骂过人打完人之后，后悔不后悔？

学员：肯定后悔。

古老师：为什么生气的时候打孩子骂孩子，过后你会后悔呢？因为你知道这样伤害他了，是不是？

这又是人性，这是人性的良知，人的良知是与生俱来的。

男学员 A：是的，宣泄过了，会歉疚，甚至会陪对方流泪。

古老师：对呀！这些都是很重要的讯息，让我们看到人性。人性是善还是恶？都是善呀！当一个人生气时打骂了对方，过后他是很痛苦的，这就是人性可贵的部分，你身上有，别人身上也有，人人都有。我们这门课程就是要大家学会将心比心，了解自己，了解别人。注意！当一个人很生气的时候，他的内心其实是很虚弱的，是不舒服的，而且人生气的时候是很痛苦的，那一刻是已经掉进地狱境界了！所以我们要去了解生气这件事，当你对它了解得越多，就会学会如何对待生气的人，内心会产生怜悯，同时也会知道如何对待生气的自己。生气的时候怎么面对自己，这是问题的关键。

其实，生气的人自己也不愿这个样子，这就是我们对人性的了解。

有了这样的了解，我们就会对生气有一个正确的认识，不把生气跟道德挂钩，不再加批判。从这个角度去看，我们就知道人生气很正常，从而允许自己生气，允许别人生气，只是下一步我们要学会如何生气不会伤害到别人，这是我们的目标。

我生气时，希望别人如何对待我？

古老师： 我们来探讨另外一个问题。当对方在生气的时候，如何对待他，如何回应他？比如夫妻吵架，太太很生气，先生就不理她。大家想一想，这个时候太太会怎么样？会更气。你忽视我！当一个人生气的时候你不理他，这对他是很严重的伤害。你很清高，以为不跟他计较，不理不睬就行了，错了！对方会更生气。正因如此，我们感觉好像他自己生气也非要弄得我也生气不可，是不是这样？他生气的时候你不理他，不回应他，他会更生气，为什么？他感觉不被重视，得不到关心，感觉你心目中没有他，这个时候他会更生气。所以，他真正想要的是你来关心他，重视他。

女学员O： 我有问题。我先生发脾气的时候，看到我不生气不发脾气，这件事好像就不能结束。他非要看到我很受伤……（笑声）他才停止，才满意。感觉我受伤了，他就不生气了。所以以前他发脾气的时候，我经常会哭，一哭，他就心软了。但是后来这种情况下哭得多了，我一哭他就烦。不知道该怎么办，想请教一下老师。

古老师： 你刚才说要是你也很受伤，他气就消了，为什么？就是因为你受伤让他感受到你是重视他的，这样他气就消了。他生气的目的不是要惹你生气，不是因为看到你受伤他就高兴，在这个过程中，牵动他情绪的是你重不重视他。你受伤在他看来是他受到重视了，你重视他的问题，所以气就消了。

好，现在我们了解了这种心理，他需要你重视他、关心他，那假如他现在很生气，你知道该怎么办吗？你该怎样去回应他呢？

女学员C：唉！这里有个问题啊！我自己的情绪都没调整过来，我怎么回应？我回应了，但我说话可能就带情绪了，可能伤害更大。

古老师：对，所以我们要一步一步来，先作切割再回应，前面不是讲切割了嘛！跟着他一起生气的话，那就一团糟了，只会火上浇油，那是两败俱伤的回应，所以我们要先学会切割。他是可以生气的，你允许他生气的话，你就不会跟着他生气了。为什么你会跟着他生气？那是因为你不允许他生气，是不是这样？

男学员A：对，我们看到对方生气经常会说："干吗生气啊？有事好说，干吗生气？"这话本身就是否定对方，不给他生气的权利。

古老师：对啦！非常好！大家给他一点掌声好不好？（众人鼓掌）好，你作完切割，下一步如何回应他？

第一，你要问自己，你知不知道他为什么那么生气？有两种情况，一个是你知道，一个是不知道。

第一种是你知道原因，把你知道的说出来，你可以这样说：哦，是某某事情让你很生气吧？各位回去试试看，当你帮他把原因说出来，他的火气马上会往下降，怒火马上就消了一大半，心里头舒服多了。

这时你要认同他，赞同他，而不是否定他。你要是否定他，说"你怎么能这样生气呢"，那他那个气又来了，人是不喜欢被否定的。你要专心听哦！千万不要劝他别生气，不要对他说"这有什么好气的"，那是无效的。

当你生气难过的时候，旁边的朋友劝你不要难过了，你就不难过了吗？只会更难过！别人在哭的时候，旁边的人往往劝他不要难过，跟他讲道理，要求他理智，这就是我们经常走的误区。比方说夫妻吵架，一方生气了，另一方通常会怎么说？

女学员H：气什么气！

古老师：你有什么好气的？你怎能生气呢？意思就是说你不应该生气，你气得没有道理。然后对方怎么样？

学员：更加生气了。

女学员 H：是的，像我被人家劝了以后，反而更沮丧！

古老师：对，越劝越沮丧。劝你的人不只让你不要难过，她还会现身说法：我以前也像你这样，但当时我是怎么怎么样……（众大笑）

女学员 H："干吗生气呢，生气还伤身体，不要生气"，让你本来想宣泄出来的情绪，无处宣泄。

古老师：没错，又给堵回去了。另外，情绪如果被压制，它会从其他的地方冒出来。当它再冒出来的时候，就会连本带利地还给你了。

好，我们前面讲过，人们想要的东西没有得到，被误解，所以会生气。当你真正了解了原因，你要对他说："哦，原来你被误解了，被冤屈了，难怪你那么生气，对，这个事情摊谁身上都会生气的。"他本来很生气的，但是听你这样一说，他感觉怎么样？舒服不舒服？

男学员 A：肯定舒服。

女学员 B：我觉得要修炼到这个程度很难耶！（笑声）

古老师：所以我们要学习啊！（众笑）要不你付出金钱、时间的代价何在呢？我们要学的就是这个。为什么难？第一要看你们双方的感情基础够不够，第二要看你个人修养够不够，定静功夫够不够。"四书"中的《大学》不是讲诚意、正心、修身、齐家、治国、平天下吗？要修身，要学习呀！

女学员 C：要认同是比较难。

女学员 B：最起码你自己要站得高一点，不然你是做不到那样的。

男学员 A：我们都是凡人，所以才来这里学习。如果我们都是孔子，能做到温、良、恭、俭、让，那就不用来学习了。（笑声）

古老师：对！我们有可能一下子做不到，但是没关系，至少我们摸索了一条可以走的路。以前都不晓得怎么办，很无助，面对问题的时候慌乱急躁，结果双方都卷进去了，现在至少给你一个方向，你可以去做试验，试试这样做结果如何。很有意思哦！我相信效果马上就会出现，不信你试试看。

还有一件很重要的事，千万记住，对方指责你的时候，不要多做解释，你越解释，他越气。此时不能再讲理了，讲理不能解决问题。唯一的方法是道歉，说句"对不起，都是我的错"。前面说的是如果你知道他生气的原因，你该怎么回应，这是第一种情况。

第二种情况，如果你真的不知道他为什么生气，这时你要这么说：我看你很生气，你可不可以告诉我你为什么生气？我真的不知道你生气的原因，可不可以告诉我？注意，这时生气的一方往往会说，你应该知道我在气什么，还用我来说？（众笑）

学员：是的，不讲理，呵呵！

古老师：这个时候你要表现得很委屈。

男学员 A：很难做到。

古老师：是不容易做到，慢慢来嘛！"你说得对啊！照理说，我应该知道的呀，但是我很笨，我就是不知道，那你说该怎么办？"（笑声）必须承认自己应该知道的，这是关键。你试着说："很对不起，这个事情你气什么我应该知道的，但是，对不起！我真的不知道，都是我的错。你能不能告诉我，你为什么那么生气？我真的很想知道。"如果你能做到这样，问题也快解决啦！人跟人相处是很难的，最难处理、最害怕处理的就是生气的问题，要慢慢学会处理这个问题。

生气的误区

古老师：说到这里，我们讲一讲生气的误区。生气有几个误区。第一个误区，生气的人最大；第二呢，用生气来控制我们的小孩，控制我们的爱人。我们经常把生气变成了控制别人的手段，不要走上这条路。小孩子是很会看我们大人脸色的，大人一生气，孩子就乖乖地听话。是不是这样？

男学员 A：对，表面上他听话了，可是他的情绪，他的内心是很紧张的。

古老师：对，看到爸爸妈妈生气的第一反应是错乱混乱："哇！怎么会这样？"搞不清楚，其实内心是恐惧害怕的。下一步就会探索，怎样做爸爸妈妈才不会生气。再下一步就是如何讨好爸爸妈妈。你希不希望你的孩子变成这样？假如用生气控制孩子的话，就会变成这样，不要走上这条路。

那么，除了利用生气控制人，"一哭二闹三上吊"，眼泪也是一个很有效的控制人的办法。但喜欢用眼泪控制先生的太太，这招用多了就无效了，然后她会抱怨说我在哭的时候，我的先生都不理我，让我很伤心！为什么哭的时候先生不理她呢？

男学员：先生烦了！

古老师：因为她的丈夫已经识破了她的计谋。（大家笑）注意啊！人的感觉都是很灵敏的，你用哭来控制他，他当然会感觉到。

我们前面探讨情绪的时候谈到过，真正的愤怒其实很快就过去了，但是我们一生气，往往不让它过去，这是为什么呢？因为假如你气过之后又没达到目的，自己会觉得很没有面子，（笑声）为了面子，我们要假装还在生气。我要是不生气的话，他就不听我的了，所以要继续生气，气到对方服输、认错为止。如果我很快就消气了，好像我就认输了、理亏了。另外，要注意，小孩也会用哭闹控制父母哟！

生气而不说原因

古老师：人们还有这样一个误区，生气时不说原因，不说事实。为什么生气？我就是不说，你应该知道。让对方丈二金刚——摸不着头脑。其实对方又不是你肚子里的蛔虫，（笑声）他怎么会知道呢？何况我们自己也经常不知道爱人为什么生气，对吧？要将心比心，你不能了解别人为什么生气，同样也不能要求别人必须了解你为什么生气。此外，自己心里要清楚是什么事情让我生气，要说出原因，讲出事实。我们经常碰到的状况是什么呢？太太在生气，不讲话，先生就会问：喂！你气什么？太太却不讲为何生气，她会怎么说？

男学员 A： 不讲话，让你猜。

古老师： "我气什么，你应该知道。"（众笑）"你连我气什么都不知道？"一生气，对方就得知道原因，这个要求高不高？

女学员 C： 高。

部分学员： 太高了。

古老师： 哦！太高了，终于有共鸣了，生活中经常是这样。（众笑）

男学员 E： 莫名其妙。

古老师： 对，莫名其妙。要记得，我们没有任何理由要求别人必须时时知道我们气愤的原因。因为对方没有神功，没有神通，因为人的心思都是很复杂的。让我们学会自己说原因、说事实，学会如何表达情绪。

我们再举个例子：太太一个人在家，晚上十二点了，先生还没回家，又没有打电话回来。这个时候，你是那位太太的话，睡不睡得着？睡不着，对吧？

女学员： 对。

女学员 E： 我睡得着。（众笑）

古老师：（笑着向女学员 E）你睡得着？有一种人可能是爱人经常如此，习惯了。（众笑）这个时候很多太太可能睡不着，而且内心还会生气。

古老师： 生气背后的原因是什么？

学员：担心、恐惧、怀疑。

古老师：还有期盼、失望，对吧？担心老公没回来，会不会出了什么事情？另外可能会想是不是有个什么"狐狸精"？（众大笑）这样造成的结果是什么？愤怒！

男学员 A：还有猜忌。

古老师：这个时候就开始幻想、猜测了，然后把猜测的事情当作真的，是不是这样？

男学员 A：是，很普遍。

古老师：哦！很普遍。（笑）把幻想、猜测的事情当成真实，很多人都会这样子哦！然后越猜越气，越气越猜。好，等到十二点半了，有个男人偷偷摸摸地进来了。（笑声）这个时候，请问会发生什么事情？

女学员 F：死哪儿去了？

男学员 A：算账的时候到了。

古老师：你死哪儿去了？看看现在几点了？（大笑）那么晚也不打个电话回来！一开始还比较冷静，慢慢地就争吵起来了，噼里啪啦怒斥一顿。这时候男的什么反应呢——气什么气？你以为我高兴这么晚回来啊？我在外面应酬有多辛苦，你知不知道？一大堆理由。于是两个人越吵越厉害，是不是这样？电视剧本都是这样写的，也是我们一般的状况，对不对？

现在我们要学会表达了。第一，先生十二点半才回来，这是不是事实？说出具体事实：你十二点半才回来，也不打个电话，我非常担心，这让我很生气，气得睡不着觉。请问，这样有没有骂人？

学员：没有。

古老师：先说事实，再表达自己很生气，很担心，睡不着觉。没有骂人哦！假如你是先生，太太在你面前这么说，你有何感想？会不会有一点不好意思？

男学员 A：会，有点歉意，为了等我没睡觉。

古老师：如果用指责的方式说："你怎么现在才回来，你怎么老是这样子!"这个时候对方的反应是什么？

学员：反感。

古老师：对。我没有"老是"啊，你以为我喜欢这么晚回来吗？我怎么样，你又怎么样……就吵起来了。所以，我们有不同的处理方式：一是噼里啪啦骂一顿；二是说事实，说我内心真实的感受，说我内心非常生气。请问，在座的男同志们，你们喜欢哪种方式？选择一还是二？

男学员：选择二。

古老师：对了，男同胞一定是选择二。好，下面说另外一种状况。先生十二点半回来，门一开，看见太太坐着不讲话，她也不骂人，就是很生气，给你脸色看，请问这个时候先生怎么办？

男学员 A：去哄!（笑声）

古老师：这个时候不讲话比骂人更厉害哦。第一还是说事实：我那么晚回来你一定很生气。假如这个时候作为先生的你没有情绪的话，还可以往深层次说一个事实：我知道你为何生气，你很担心我在外面跟其他女人鬼混，我回来晚了，又没有打电话告诉你，让你生气、担心，我觉得很对不起你，很抱歉。假如你是女同志，听先生这么一说，你感觉如何？

女学员：好多了。

古老师：心里还是有火，但是好多了。所以要记得当她生气的时候，不要讲理由，要说对不起，她的气就消了。说理由的话会伤感情的，会让对方更生气。

注意哦! 我这些东西都是花了很大代价学来的，不是随便搬来的。

男学员 G：就是因为经常晚归。（众笑）

古老师：喂! 老兄，你不要揭我的底嘛!（众笑）所以怎么沟通，怎么表达，很重要。这些方法其实很简单，就是说事实，说感觉。

男学员 P：老师，今晚回去是不是这么执行？（大家狂笑不停）

古老师：要问她（男学员 P 的妻子）。

女学员 L：好好表现，这也需要经验。

古老师：好，我们休息一下吧。

翻旧账

古老师：我们讲的例子是不是太多了？

女学员 L：不多，从真实的事例中去学，比条条框框更有意思！

男学员 A：更生动！

女学员 L：印象更深刻，能解决问题，案例说法，很好！

古老师：案例说法，好啊！谈到生气的误区，我们知道人是可以生气的，当我们生气的时候要说原因、说事实，不要去控制别人。要清楚，生气就是生气。问题是人生气的时候往往会去翻旧账，把以往不愉快的事都翻出来，甚至迁怒转嫁，把事态扩大。假如你真彻底允许别人、允许自己生气，气过就算了，而不允许生气会怎么样？还要继续气。要是气过就完了的话，那就气得没道理啦，要气得理所应当，所以必须气下去，对吧！只有你真的做到允许人生气，问题才好办。

一个人如果有不可以生气的观念，但是又知道自己在生气，这个时候就感觉很没有面子，人要面子，自尊心就来了，为了尊严就让自己继续生气，而且还要找到生气理由。近处找不到理由就来翻旧账，殊不知翻旧账或转嫁、迁怒更不能解决问题。比如爸爸工作时被老板吼了，在办公室受了气，回到家里却发泄到孩子身上。有时候孩子的气又会发泄到妈妈身上，形成一个传递的三角关系。

人生的三个角色

古老师：一般来讲，人生有三个角色：迫害者、受害者和救援者。你看看很好玩哦！我们看电影、电视的时候，不知大家注意了没有，故事里的人物都是围绕这三个角色在转换。我们通常讲的好人，指的是救援者，坏人指的是迫害者。当一个受害者出现时，就一定会有一个迫害者，而当电影中救援者出现的时候，哇！就是好人出现了。（笑声）

我儿子大概13岁的时候，有一次在我们看电视时，他中间插进来看，问我一个问题："爸爸，哪个是好人？哪个是坏人？"我告诉他没有好人也没有坏人，他蒙了，（众笑）怎么会是这样呢？过了两三年后，他才领悟我的话，原来真的没有好人跟坏人之分。

如果大家还疑惑，那我问各位，到现在没有干过一件坏事的请举手。没有吧！认为自己是百分之百好人的请举手。没有，对不对？有没有百分之百的坏人？也没有。所以，执意要给人贴上好人坏人的标签，是不对的，也是不公平的，人就是人。所以我们一般讲的"好人"，他在扮演救援者的角色。扮演迫害者角色的我们就称之为"坏人"。

同样地，我们在家庭中，父亲有可能是迫害者，孩子有可能是受害者，那妈妈则可能是什么？是救援者。有没有可能孩子变成迫害者，妈妈是受害者，这个时候要爸爸来救援？肯定有！所以这三个角色轮来转去，常常是互换的哦！

学校的老师有时可能是迫害者，孩子就是受害者，例如你的孩子考试成绩不好，被老师批评，这个时候家长是不是应该要扮演救援者？可是，这时候家长经常不扮演一个救援者，却扮演一个迫害者，再责骂他一顿，在孩子伤口上撒盐巴。孩子很可怜！所以你要懂得什么时候该出手当个救援者。当小孩子受到迫害的时候，他需要一位救援者，这个时候做父母的你要扮演一个救援者，你不要再扮演迫害者，使孩子被两面夹击，很重要！这三个角色是换来换去的。不要以为孩子只是受害者啊！孩子也会变成迫害者。

心理学有一个概念，一个人经常受害，经常得不到救援的话，会形成心理疾病，他会一直以受害者自居。时间久了形成这样一个信念之后，形成角色认定之后，等他到单位工作，他会认为所有的人都对他不好，严重的话就是心理疾病。有些精神病、精神分裂症患者就是出现幻想、幻觉，把想象当成真实，认为有人来害他，这是以受害者自居的后果。注意哦！我们一不小心也会这样啊！我们有时也会认为自己是受害者，只是受害程度不同而已。严重的话，就会觉得人生很苦，为什么每个人对我都这样？公公对我不好，婆婆对我不好，丈夫对我不好，孩子对我也不好，我好可怜！（笑声）

以前有个心理学老师跟我讲，有一天他发现他妈妈跟一个七八十岁的老人聊天：唉！我这一生真命苦啊！另外一个老人说：哪里？我比你更苦啊！（众笑）两个人比谁更苦更可怜！我们经常也会这样比来比去啊！觉得自己很可怜。这就是我们形成了受害者的角色，严重的话就会变成心理疾病。因为人在三个角色上转来转去，所以人生很精彩！说穿了，看穿了，也就是这么回事，我们就在轮番扮演这三个角色。

迁怒、转嫁、压抑

我们再来讲迁怒、转嫁的问题。当我们受到迫害的时候，我们经常会用转嫁的方式，把怒气发泄在孩子或配偶身上。当我们处在这种情形下的时候，要很清楚地知道自己是受害者，一定要时刻提醒自己，不要这么做。

另外一个情形就是压抑，"我不可以生气，生气是不道德的"，压抑太久的话，会生病的。癌症、肝病都跟情绪压抑有关系哦！所以，我们前面讲过，处理情绪先要给他生气的权利和空间。告诉自己：我是可以生气的。给予别人生气难过的空间而不批评指责。知道他生气背后的原因，让他渡过这个情绪期。如果你不让他生气的话，压抑在心里的气就会从别的地方冒出来，或者会在里面发酵腐烂。

还有就是要学会独自发泄情绪。有一个方法，把自己关在房间里面，想到很生气的事情，可以把发泄的动作做出来，这也是很有效的。（向余老师）余老师来，你来示范一下。（大家鼓掌，余老师走上台）

古老师：把灯关小一点……再关小一点。

余老师：第一个步骤：找一个安全而且独立的空间，不被打扰。第二步：说出是什么原因让我很生气，说出我所害怕的自己愤怒中可能产生的行为或难以说出口的话。

古老师：灯光再暗一点。

余老师：关掉都没关系。

古老师：好！这样就行，不要讲话。

余老师：（开始示范，愤怒的表情，跺脚）……让他不说！让他不舒服！让他不舒服！让他不舒服……（累了，喘着粗气）……就不让你告诉我，就不让，让你生气！生气！生气！我要说出来（大声长调）……说给所有的人都听到……我很生气（大声且缓慢地）！我真想踹你一脚（跺脚）……我什么都不想做，（喃喃自语，喘着粗气）……大坏蛋，大坏蛋，大坏蛋，讨厌你！讨厌你！不想改，听不到，没感觉！……（自己告诉自己）不要急，慢慢平静下来，感受你感知的，把以前的事都丢掉（沉默、冷静、平和的表情）……（掌声，示范完毕，用时约8分钟）

古老师： 独自一个人把自己的气愤等情绪排解掉，多做的话有益于身心健康，会让自己变得越来越年轻。（指向余老师）大家有没有觉得她显得年轻？（掌声）

其实，我们每个人身上都背了很多包袱，这包袱很重，压得自己心里很难受，所以用这种方式把自己的包袱放下，让自己过得轻松、愉快。放下包袱之后，身边的人自然而然也会轻松。

我们经常把自己弄得很苦，身边的人也跟着我们受苦受累。所以怎样放下自己沉重的包袱才是最重要的。如果你快乐，身边的人也会跟着你快乐！

这是一个很有效的方法。大家有情绪时要学会独自宣泄和排解，这很重要。

如何表达情绪？

古老师： 中国传统文化也没有否认人的情绪，我们中国人讲七情六欲，但是我们中国人读书都读错了，以为喜怒哀乐不能发，要掩饰、压抑。其实《中庸》讲："喜怒哀乐之未发，谓之中；发而皆中节，谓之和。中也者，天下之大本也；和也者，天下之达道也。致中和，天地位焉，万物育焉。"《中庸》没有告诉你情绪不要发啊！可是我们传统文化搞到几千年之后，喜怒哀乐都不可以发，都搞错了。但是虽然可以发，狂发就不对了，就没有修养了。《中庸》告诉你要发而中节，不是叫你不要发，问题是应该怎么发出来？发了之后，不要伤害别人，也不要伤害自己。我们通常一发出去就伤害别人，一生气就骂人，摔东西，甚至伤害自己。所以如何做到发了之后不伤害别人，也不伤害自己，才是问题的关键。其实最好的方式是学会独自发泄。现在日本已经有最新的行业，就是提供独自发泄情绪的环境和设施，你付钱，那个房间里有很多的盘子，让你随便摔，做个假人让你随便打。

好，记住情绪不是不能发，而是要注意发的方式，生气了可以说原因，说事实，表达情绪，但一定要学会表达情绪时不骂人。

女学员 J：老师，有时候自己并不想生气，可是别人让你生气啊，比如家人……

古老师：什么事情让你生气？

女学员 J：就是有时候莫名其妙的，事情就出来了，比如说我丈夫，我无法忍耐他有些说话和行为方式，但我又不知道如何表达。

古老师：等一下，说说你们家里发生什么了事情吧，一定有个事件，对吧？

女学员 J：我先说我的孩子吧。他现在已经上高中了。他用过卫生间，冲马桶还得让人提醒。有好几次，孩子忘了冲马桶，我丈夫就发火骂他。小孩就不吭气。因为我有时候感觉到有些事是大人做得有欠缺，孩子这么大了，也不能动不动就指责他，是吧？我丈夫就会当面发火。我感觉孩子的压力很大，于是我就会很生气：你这样对孩子有用吗？怎么能这样呢？

古老师：好，你生气原因是……

女学员 J：他莫名其妙，他用这种办法想来改变孩子的缺点，其实这是不对的。

古老师：用生气的方式来改正对方的缺点。

女学员 J：对，对。更多的时候，他即使不骂、不发火，但他总是带着抗议的情绪，你能从表情上感觉到他不高兴。

古老师：现在有两个人生气，一个是你的先生，另外一个是你，没错吧？

女学员 J：是的。

古老师：好，我们先说你先生。他为什么会生气？是看到孩子上完厕所没有冲马桶，很生气。这个时候我们第一个要做的是，说原因，说事实，说感觉：孩子你上完厕所，没有冲马桶。这是不是事实？这个事情让我怎么样？

学员：很生气。

古老师：让我很生气！请问这样有没有骂人？

学员：没有。

古老师：有没有表达生气？上完厕所没有冲掉，这让我很生气。可不可以生气？

男学员 A：可以。

古老师：（向女学员 J）好，现在轮到你啦。听到他这样说，你如何表达？（女学员 J 在思考）

如果像你刚才那样的心态，"莫名其妙""怎么能这个样子呢？""你这样做是不对的""你用这样的方式对待孩子……"，其实你是在用责备的方式给他讲道理。你埋怨丈夫用责备、发火的方式对待孩子，那么，你是不是也在用同样的方式对待他呢？包括你说先生这个做法是没用的，这也是在讲道理哦！人在情绪中，一讲道理，是非就来了，就会变成吵架。所以不能讲道理，要讲感受，清楚吧？

好，我们来说说你先生责骂孩子。这是一个事实，你看到先生骂孩子，你的感受是什么？

女学员 J：很生气。

古老师：你为什么生气？

女学员 J：我看到这样的他很气。（众笑）因为他这样一下子弄得全家人的情绪都起来了，都不开心，所以我很不喜欢他这样，我不希望看到这样的紧张气氛，所以就很生气嘛。

古老师：你希望怎样？

女学员 J：有些事情是经常发生的，他老是用这种方式来表达他的生气，让我也很生气，就是说不出来的不愉快，可我想不出解决的办法。

男学员 A：气氛破坏了。

古老师：所以，你内心不希望家里气氛不好，对吧？

女学员 J：对，是的。

古老师：所以你生气的原因是他生气了，他生气使家里的气氛不好。那么，一样地，你也要学会表达。过去你是不是常用说理的方式跟他讲？

女学员 J：对，我是这样跟他讲：你这样是没有用的，搞得大家都不开心。

古老师：好，注意！第一句："你这样是没有用的。"各位听后的感觉是什么？

学员：否定。

古老师：第二句话是"搞得大家都不开心"，这句话是什么？

学员：指责。

古老师：这很有意思，我们把他们夫妇心理对峙、讲理的过程提炼出来，其中是不是有否定、责备？

女学员 J：有。

古老师：这是人性中想要的还是不想要的东西？

部分学员：不想要的。

古老师：当你给人家这些东西的时候，他会产生什么反应？他也会反击。这种方式解决不了问题。

女学员 J：他解决不了孩子的问题，我也解决不了他的问题。（笑

声)

古老师：对！

男学员 A：恶性循环。

古老师：好，（向女学员 J）现在问你，（停顿片刻）此时此刻你的想法，以后你先生可不可以生气？

女学员 J：他可以生气，我不会理他。

古老师：真的？

女学员 J：最多会让他打住。

古老师：等等，我先问你，他可不可以生气？（连续追问）

女学员 J：可以。

古老师：好，这个时候他又生气了，你会怎么办？

女学员 J：我不睬他！（众大笑）

古老师：进步了一点啊！还有个情况前面讲过，当一个人很生气的时候，你不睬他的话，这对他是很严重的伤害。这个时候怎么办？第一，现在你已经允许他生气了，先说出你看到的事情，说事实，孩子没有冲马桶，这个事情让他很生气。好，假如今天你们是她的先生的话，听她这么说，你们的感觉是什么？

男学员 H：气还是有。

古老师：有没有被认可的感觉？

学员：有。

古老师：心里舒服不舒服？

学员：舒服点。

女学员 J：是不是顺着他？

古老师：不是顺着他。

女学员 J：是把这个事情尽快讲出来。

古老师：我只是在描述事实。既没有肯定，也没有否定，没有批评和赞扬，什么都没有，只是描述事实。孩子不冲马桶，这个事情让你很

生气哟！（尾音加重延长，众大笑）

女学员 E：感觉不错。

古老师：对呀，有个大前提，你必须允许他生气。如果你不允许他生气，这种话是说不出来的。（笑声）

众学员：是的。

古老师：好，假如他还没有被打动的话，那怎么办？没有关系。描述了事实，我们就深入一步，再说自己的心情：我看到你很生气，我心里也不舒服。

我们演示一下，（向男学员 E）你扮演他先生，小孩子不冲马桶你很生气。好，（向女学员 J）你再对他说一遍。

女学员 J：小孩子没有冲马桶，让你生气了。

古老师：然后呢，看到你生气……

女学员 J：看到你生气，我心里也不舒服。

男学员 E：那你说这要怎么办？（师生大笑）

古老师：假如你丈夫这样说，你会怎么办？你会不会说出你的期望：我希望……

女学员 J：我希望他慢慢地自己改掉，希望他自己会……

古老师：不，不，你希望的不是这个，你希望家庭气氛轻松一点，不要那么紧张，对吧？

女学员 J：对的。

古老师："因为你生气的时候，我会怎么样……"（稍停）"我会很紧张"，这样讲，各位听了舒服不舒服？（笑声）感觉怎么样？

女学员 J：这个确实感觉比较柔和了些。

古老师：比较柔和了吧，这是不是说事实？你这样生气让我感觉很紧张。

女学员 J：感觉比较好，踏踏实实就是这种感觉。

古老师：对，你如果这样讲话，感觉舒服不舒服？

女学员 J：感觉表达出来了。

古老师：好，这个过程有没有讲道理？没有。讲感受，讲事实。这样会不会想吵架？

女学员 J：不会。

古老师：假如讲道理的话，马上就会吵架。

男学员 L：家里本来就不是讲道理的地方。

女学员 J：问题是我们不明白啊，经常会不明白，不知不觉就会讲道理。

古老师：对，都以为应该讲道理。

学员：对，对。

古老师：我们很容易去讲道理，一讲道理就吵架了。这也是生气的误区之一，所以，大家要特别注意！作为人，我们过去都偏重理性的部分，忽略掉情绪的部分，所以这个课程理性的部分我们就不多讲了。经常被我们遗忘的、忽略的，应该重视的情绪，我们花点时间把它弄清楚。而且，我们生活中经常要面对的问题就是这些情绪性的问题。我们的喜怒哀乐、忧虑苦恼，这些都是情绪。还有，我们的内心是否平静，也是情绪。我们要清楚什么是情绪，如何对待情绪。

给予生气的空间与权利

古老师：如何处理情绪的问题，首先要给予他生气的空间和权利，要不加指责地让他平稳度过情绪期。然后可以说原因、说事实，让其充分表达情绪，很好地宣泄出来。

女学员 W：老师，我觉得好多人生气都是有周期性的。

古老师：（向女学员 W）有啊，这跟生理有关系。

女学员 W：我在观察几个八十多岁的老人，我就问他们的老伴，他们都说这个周期性多年都不更改。

古老师：对呀，跟着阴历走，跟月亮有关。

女学员 W：对呀！跟初一和十五有很大的关系。我们也在研究情绪周期，女性的周期跟月经周期有关，男性的周期跟初一、十五有关系。几年下来，我们发现情绪不仅受生理周期影响，而且情绪周期性的波动，跟生理周期的曲线是很相似的。如果人一生都在跟着这个生理周期折腾的话，我就觉得特别无聊。（众笑）这是生命的内耗，是没有意义的。

古老师：好！第一，你自己本身知不知道你的情绪有这样一个状况？

学员：不知道。

古老师：很多人都不知道。假如自己知道的话那还好办，最怕的是不知道周期性地要发脾气。情绪与生理周期是有关系的，时间一到，就发脾气，尤其是女性，第一应注意的是要自觉。如果是周期性的生理因素引发的话，她的情绪是没有理由的，就觉得烦，就觉得闷，就觉得不对劲，看什么都不顺眼，是莫名其妙的！

女学员 B：是不是跟青春期、月经期和更年期有关系？

古老师：对，这些生理因素都会影响情绪，更年期的时候更严重！所以至少我们要自觉，要知道自己有这个状况。

女学员 N：我好像每天都会有那种莫名其妙的情绪，有时自己心里冒出一个想法，就生气了，好像每天都这样。

古老师：我了解，这个问题就比较严重了，跟你的思想有关，跟你的价值观、人生观有关系。这个问题我们暂时摆一边，因为它需要一步一步来，不可能一下子马上解决，好吧？

女学员 N：好的。

古老师：那我们再来看，当我们生气的时候，希望别人怎么对待我们？注意啊！当你看见有人生气却什么都不肯说的时候，那是很严重的，比生气骂人还要严重。因为真生气的时候是讲不出话来的，会骂人已经算是不错的了！

男学员 A：对！老师，我有个体会。

古老师：好，请讲。

男学员 A：我父亲八十几了，他生病不舒服的时候，不好意思麻烦我们，觉得子女很忙，就不跟我们说。但是呢，他又觉得我有病你们都不知道，就郁闷了。过去我姐脾气不好，周末去父亲家见他板着个脸，就说："唉，你有什么事情你说。"父亲不作声，我姐就冲着他喊："你别板着脸，有什么事情，你说！"我姐越是这态度，他越不说。后来我发现问题了。我问：老爷子是不是哪里不舒服了？他就肯说了：昨天夜里哪里哪里痛。我说我带你去医院看医生吧，马上就好了。其实他需要的是关心。（众笑）

古老师：完全正确。说了多没面子——你看这就是人的心理，始终把尊严和面子放在第一位！

男学员 A：他希望你安慰，但他不说。

古老师：我们讲人性的需求，人需要被关爱，但是为了尊严不能说，说了多没尊严。所以要了解人的心理，其实不是哪里不舒服，是需要关爱，但是你还不能点破，人性就是这样奥妙。那么，一个人生气不讲话你会怎么办？或者，当我们生气不想讲话的时候，你需要别人做什么？

女学员 B：理解。

女学员 E：默默地关爱。

古老师：怎么做叫默默地关爱？

女学员 E：不露声色，让他感觉你在关心他、担心他。

古老师：对！不能说，知道他生气了，但是不能说出来，也不能问。越问越生气！对！男士注意啊！（众笑）这些你们都要学啊，因为搞不好火药库要爆炸的。

男学员 F：爆就爆，爆发出来就好了。

女学员 L：爆发出来也不行的，爆发出来问题也没有解决，心里也会后悔的。

古老师：哦！爆发出来也不行？

余老师：不爆发宣泄出来，会生病的。

女学员 L：不是爆发，是疏导。爆发的方式是对双方的伤害。

古老师：对！要疏导。这很重要的哦！你就想想你自己生气的时候需要别人怎么对你。这些都是课题啊！

学会道歉，不做解释

古老师：各位还有没有生气的经验？大家来分享一下。生气的时候，你希望别人怎么对你？

女学员 N：我生气的时候，希望他给我道歉，我先生经常这样做。

古老师：先让对方道歉是不是？你会想"谁叫你把我惹生气的"，对不对？

女学员 N：是的。

古老师：可是我们把对方惹生气的时候，经常在做什么事情？解释，拼命地解释。注意！解释是无效的，结果是越解释，他越生气。为什么呢？因为越解释表示你越有理，他会想：你做错了，你还认为有理呢！所以会更气。要让风波平息的话，就要了解人性，这个时候唯一有效的办法就是道歉，跟他说"对不起，一切都是我的错"。(笑声) 即使你有错，也是我的错，一切都是我的错。(众大笑)

余老师：之所以我们会解释，就是担心如果道歉的话，会助长对方的威风。我觉得先向他道歉，这样做更明智，可以先止住他的气，然后在适当的时间，再把你担心的事情跟他讲清楚。看到别人生气了，一般比较理性的人都会解释，只是在他生气的时候不能着急解释。"允许别人生气"。家是可以生气的地方。家作为一个放松的空间，家的氛围是允许宣泄的，所以，我们要给对方一个充足的空间，使家里的氛围变得亲切、温暖。又比如特别爱干净的人，其实爱干净没有错。问题是打扫得干干净净后，如果不允许别人弄脏，就会给别人造成很大压力。搞了卫生以后是很累，累得做不动了，可以不做，也可以请求帮忙，不累时再去清理嘛！

生气也一样，当我们给他这个空间生气的时候，他因此得到释放，自然就会回到平和的状态。所以他生气的时候不要急于判断，而是允许他生气，这样后面衍发的东西自然会跟进来。你不要担心，只要我们一步一步来就能把问题解决好。如果我们连这个问题都解决不了，这才是真正的问题所在。

男学员P：（向余老师）那夫妻两人同时生气呢？谁先来道歉？（众笑）

余老师：我觉得健康的人要主动。要先道歉，不要一看到对方生气就着急。假如一个人看到别人生气难过的时候，心里感到不安，却表现得不急不躁，那他是一个君子，女孩子也要有这种风度。先道个歉，这样的话后面就好办了。一般我们都在逞强，我们要学会适当地示弱，向对方说我需要你来安慰，我需要你来帮助，这样情绪发出来才不会是对峙。所以要认为生气是很正常的状态，这是必然的，只要是人都会有，这是第一步。第二步就是要有一个健康的开始，说声对不起，让你生气，我感到抱歉。再往后秩序就慢慢地都出来了。（掌声）

男学员A：我有一个问题。我在外边一般不生气。我在外边能忍让，但是在家里忍不了。在家里特别是和自己在乎的人，特别容易生气闹情绪。而且误解特别多，在外边很简单的事情，一到家里怎么全搅和在一起了？在家里对很微小的事情都很敏感，特别是夫妻之间，哪怕是一点点事情都特别容易误会，所以气来得也特别频繁。

余老师：那恭喜你！因为证明你是安全的。我们人一定是在感觉安全的状态下才能把最真实的一面表现出来。第一就是我们不要生气。"他怎么在外面这么彬彬有礼，在家怎么这么容易生气？是不是对我不好？"其实不是，他是在一个有安全感的氛围里，而且安全到一定程度，安全到我们怎么打怎么吵，都不会分开。所以才敢这么打，这么吵。

古老师：一般夫妻关系很好才会这样。

余老师：假如一吵就分开，那谁会吵？谁还敢吵！（众笑）一方闹情绪，另一方一定要明白这个道理。不要太在意，尤其是女孩子特别要注意！适当地反应就可以了，不要没完没了。发生这种状况，表明你们的关系比较好，要清楚你们的关系是安全的，你要感激这一点。这是首先要明白的。

另外，生活中，人喜欢对方用行动来证明对我好，多关爱我。尤其女孩子喜欢讨爱，她要验证你是不是真心的，假如你这么轻易地就被击垮，是不值得她信任的。为什么很多女孩很"作"（无理取闹地放纵撒娇），目的就是要证明你是不是爱她，她越"作"的话，你能不离不弃，她越信任你。另外，即使夫妻关系是安全的，也不能经常闹不愉快，经常吵架。那样会把家里的气氛搞复杂，损害家人的关系和安全性。家里虽然是能生气的，但你必须了解对方是脆弱的，你生气时，怎么能不伤人，如何使你们良好的关系不受影响，怎样正确宣泄自己的情绪，这就是我们现在正在学习的问题。

女学员 B：我有一个问题。这些道理听起来容易，但是真正做起来就比较难。比如说吵架的时候，有时候能保持理性，真正在对方面前说"对不起，都是我的错"。就像古老师说的那样，其实心里很清楚，但是那一刻却很难表达出来。

余老师：我觉得这跟自己的观念有关。

男学员 A：她的意思是心里知道自己错了，但是要认这个错比较难。"对不起，很抱歉"很难说出口。

余老师：我觉得这跟自己有很大的关系，其实自觉就是治疗的开始。我们有很多事情知道该怎么做，就是面子拉不下来。可是至少我心里已经知道自己犯错了，所以心理上知道要比不知道好。当我在做这件事的时候，我知道我自己仍然在犯错，这已经跟以前不一样了。

第二就是我现在能否平静下来，比如我现在讲话，别人打断我，虽然话还没讲完，我们的习惯是要讲完，但是现在我能做到平静地坐下来，没讲完也没关系，（众笑）这是第二个进步。

第三就是当你慢慢静下来，知道自己生气了，看看自己为什么生气，然后回头去看对方，看他为什么生气。你试着当一个观众，而且如果你能够不生气地说出对方的状态，可能对方就不会那么生气了，因为有机会商量了嘛！我觉得家里也应该是允许商量的，对孩子也是这样，不能什么事都父母说了算。我们确立一个可商量的状态，对方就不会用生气来回应你。对孩子、对爱人，还有对我们的父母都是如此。

我们与父母的关系也是一样。父母的爱我们没感觉到，我们没读懂，所以当父母在诉说时，我们常常不爱听或不理，所以父母会继续"唠叨"、生气或用其他种种方式，为的就是让我们听到。所以我们只要回应"听到了""爸爸我听到了，你很关心我，谢谢"就行了，但是，我们往往没有这样做。注意！你只要回应他，他的关心能到我们的心里，他的唠叨就会渐渐减少。我觉得很多事情都是明白了的人主动，由懂的人开始，由健康的人开始。你回应得越好，对方生气越少。还有，当对方生气的时候，对他说"我担心你身体受不了"。你能这样关怀的话，会让对方情绪顿消，甚至内疚得要崩溃了。（众笑）

我们一时之间生起的愤怒肯定是在筑墙，把我的防卫增强，对方就攻不到我，所以战争就开始了。你来我往，箭来盾挡。我把这个盾牌撒开，让你的箭射到我心里最柔软的部分，尽管它让我变得容易受伤害。这有什么好处呢？就是把我们的心扉打开，敞开的目的是接纳。我们开始会害怕，是不是？其实不用害怕，当这个防卫撒开的时候，才是沟通的开始，才是人跟人交流的开始。

刚刚我们讲的防卫啊，自大啊，沮丧啊，愤怒啊，这些状态经过打开心扉，会转化成另外一个状态。其实可以说心扉打开后，我们的心灵会变得美好，慢慢能够理解人，接纳人。敞开心扉就是互动的开始，就是沟通和接纳；当我们筑起城墙的时候就是防卫，是对抗。我们真正悟出这个道理，心就会软下来，这就是示弱。所以我觉得，要从示弱开始。这里面还有，我慢慢再讲。（掌声）

古老师：好！示弱。有问题问吗？尽量问她。（众笑）

女学员 O：在我的家庭环境当中，有时候也允许生气，好像每允许发一次脾气以后，就感觉跟对方的关系和感情更深了。但是呢，这种事情周而复始地发生，有时候感觉很伤神，很累。碰到自己心情好的时候，可能还能够接纳，但有时会觉得很累，尽管双方和解后，自我感觉感情更好了，但是每次发作的过程就是受不了。

余老师：我们每个人的家庭，它是有舞步的。两个人相爱组成一个家庭，家庭本身就是一个系统，这个系统有它的舞步。比如说，家里有几个孩子，我们过去常常是要大的让着小的，对不对？假如家长有这样一个观念，大的就应该让小的，其实这个时候就已经埋下了下一次冲突的因。所以这就需要我们去看，家庭的舞步需要怎么走，你退我进，我退你进，这就要检查自己，对事情有没有偏见，发生了不愉快，是不是跟我们的模式有关系？能觉察我们的模式是什么吗？就是担心，对不对？比如说今天不吵了，其实这时的关系已经轻松了，可是我们并不去享受不争吵时轻松的感觉，忽略当下那种好的感觉，总希望要享受到比这个更好的，是不是？或者担心我不怎么做，他就会怎么样……所以，问题大部分都出在这里。

我们要很自觉地，细细地体会和他对峙的那种辛苦，体会放下时的轻松感，这样我们就能把"不再争执"当成一种享受。再往前进一步，假如你还担心这背后有什么，那就是我们能不能很简单地去享受快乐。

我们不能简单地去享受快乐，因为我们都在预设一个快乐的情境，这个预设让我们离开了快乐。我们处心积虑，却对简单的快乐视而不见。那么这样处心积虑能不能得到轻松、愉快的家庭幸福？我觉得远远不能。因为我们起心动念已经离它很远，所以我们才得不到快乐。

所以，刚刚我们讲到情绪是从哪里来的，如果是自己制造的，我们会不会从自己开始调整？如何获得快乐呢？学会从身边开始，在简单的经验中获取快乐，当我们快乐了，那孩子在我们身边就会快乐，先生就会在我们的放松下得到解放。假如我们来经营家庭的话，我觉得这就是我们可以做的事情。我们每个人做自己该做的事，而不要设计别人应该怎么做，否则，家庭关系是难以处理好的。假如我们从自己身边开始，我快乐，你们就快乐，这样幸福是不是来得简单点？

男学员 L：刚才您所说的我是这样理解的：作为家庭的一员，她是不是对这个幸福有一个预盼呢？或者期望对方应该怎么去做？可能她认为一家人围着烛光或者开怀大笑才叫幸福，平平常常的不叫幸福。

余老师：对！

男学员 L：所以忽略了当下的体验。

古老师：为什么会这样？因为你心里有一个预设，当你的生活没有达到预设，就觉得自己受冷落了，在自我评价系统中，你的痛苦可能就是：我比不上谁谁谁。

男学员 L：那这样的话，无形当中把压力加到家庭其他成员身上去了，可能是她的先生甚至是她的孩子。

余老师：今天在座的各位以夫妻为题材，拍一个短剧大家都来看看，我觉得会很好。我真的很赞赏一对夫妇的家庭，实在太美了！然后我就征求他们的意见，我说：可不可以先把这个拍下来，然后再放出来给你们看，你们自己就会有这种感觉了。往往一件很美的事情，我们常常把它变得很紧张。他的孩子真的好优秀，旁观的人觉得很欣赏，也确实有值得欣赏的地方，但由于他们自己是局内人，他们为了回应他们彼此间的关爱，节奏越来越短，引发的那种紧张，导致他们看不到美丽。

其实很多事情没有我们想象的那样差，当你放下这个执着的时候，大家都会松一口气。短片拍出来，旁观的人会觉得实在是美，美的实质就在那里。当我们没有注意到这个美丽，就会变得紧张，那我们能不能常回头看看，反观一下呢？这到底是怎么回事？爱得久了就容易变得越来越紧张，这种让人紧张的爱会让我们疲惫，因为越拉越紧，弹力无法复原。所以我们真正需要的是松动。当我们能够放松，让爱在平凡和平淡中滋生出来，我们就能很轻松地享受它。(掌声)

洞察人性的需求

了解人性的需求

古老师：我们首先来了解一下人性的需求是什么，人的心理需求是什么。比如我们经常碰到这样的事情，小孩子跌倒了，或者被人家打了，从外面哭着回来，我们经常发现大人们会说，"宝宝不哭不哭"，（众笑）"没关系，不痛不痛，要勇敢，要坚强"。假如经常是这样的话，孩子会混乱，为什么呢？首先，他真的很痛，你跟他说不痛，他觉得很奇怪！其次，他被人欺负了，明明很委屈，对小孩子来说是很重要的事，你跟他说没关系。然后告诉他要勇敢，他就更混乱了。在这个家里他有没有得到关爱和温暖？没有。这个时候他最想要的是什么？是安慰。我们给他内心真正想要的东西，这才是最重要的。

女学员О：古老师，我儿子现在上幼儿园，今年四岁半。有一天睡觉前他很委屈地哭了，跟我说："妈妈，在幼儿园有小朋友打我。"他不停地哭，我当时就不知道怎么回答他。我是说"他要是再打你，你就打回去"，还是……（众大笑）我是想说，"谁打你，你就打他"，但这样跟孩子说，可能……

古老师：不，这个不重要。我们的孩子会和同伴打架，小朋友在一起玩是不可避免的，有时候被打得很痛，很委屈，然后跑到家长面前告状。碰到这种状况，你怎么办？

女学员O：这个事情是白天发生的，已经过去了，只是睡觉前孩子觉得委屈才说的。

古老师：一样的。

女学员O：那我应当问问他打到哪里了？

古老师：疼不疼？妈妈来看看你哪里被打疼了，一定很疼吧？妈妈给你揉揉。来，妈妈抱抱你。

女学员O：也就是说，这个时候需要安慰他一下，是吧？

古老师：对，他需要的是这个。

女学员O：不是一定要给他什么方法，比如说去告诉老师或是去找打他的孩子。

古老师：不需要方法，他不是要方法，他不是要家长出主意下次怎么对付别人。（笑声）人是有感情、有感觉的，他在外边受到了伤害，回到家，他要什么？

学员：安慰，关怀。

古老师：对，安慰，而不是要方法应付打架。

女学员O：清楚了。

古老师：这是感觉，就必须用感性的方式来处理。我们经常用理性的方式来处理感性的事情，那就错位了。伤心、难过是感觉，所以就要去抚慰，抚慰就是给温暖、给关爱。被别人打是很疼的，心里是不好受的。你只要说"哪里受伤了？哪里疼了？妈妈看看"就足够了，他心理上要的是这个东西。只要你真的做到了，他那个伤痛就抚平了。假如他跟你提问：下次再发生的时候怎么办？你再回答他，可以跟他讨论。假如他没有问题，这个事情就过去了。大人不需要告诉他，你要怎样怎样，那是多余的，那不过是大人的想法。根据我的经验，只要小孩内心的伤口抚平了，他就没事了。

接下来我来问各位，人有哪些心理上的需求？

女学员：被关爱、被赞美、被尊重、被认同、被肯定。

古老师：还有呢？

男学员：被信任、被公平对待、安全感、自由、被欣赏。

古老师：好，这是人性所需要的，（不断有发言的）等会儿我们一个个来，不急啊！

我们看答案跟各位说的一样不一样，看看答案如何。（放幻灯片）

人要被尊重、被关爱、被了解、被接纳、被肯定、被公平对待，有安全感、有自由。有没有人反对，有没有人说我不要这些？只要是人，不管大人还是小孩都要这些东西，这是重点，这就是人性的需求，是人内心的需求。

人不要的是什么？

古老师：前面几个事例很能说明人需要被关爱、被赞美、被尊重、被认同、被肯定。如果这些需求没有被满足的话，肯定会出问题，这是人性需要的部分。那人性不要的部分呢？不要的是什么？

学员：否定、漠视、抱怨、拒绝、误解。

学员：被控制、被忽视、被厌恶、被讨厌。

男学员 A：就是上述需要部分的反面。

古老师：好！我们看看答案。人喜不喜欢被命令、被教训、被责备、被讥笑、被误解、被恐吓、被冷落、被否定、被批评、被轻视、被控制、被欺骗？

俩小孩：不喜欢！（高声地，众笑）

古老师：好！我们都是受害者，（看着孩子）像他们这样子，是不是？但是我们看看哦，我们一天给孩子多少命令？

女学员 C：我们是迫害者。

古老师：对啊！我们给孩子无数的命令，你要这样你要那样，是不是？多不多？

男学员 A：唉！不知不觉就扮演这个角色啦！

女学员 C：不仅仅是孩子，夫妻、朋友、师生都是这样。

古老师：但是我们经常这样教育孩子哦！给他讲长篇大道理，动不动就教训、训斥。我们从小就听很多教训，我们爱不爱听？不爱听！这都是人共同的心理啊！我们自己不喜欢被责备，但是却经常责备别人，经常讥笑、误解、恐吓、冷落、否定、批评、轻视、控制别人。还有比较，我们经常拿孩子与别人比较！我们小时候经常被比较，舒服不舒服啊？

俩小孩：不舒服。

古老师：对！这都是人性不要的东西。有没有哪个人说自己喜欢被命令，喜欢被责备？肯定没有。任何人碰到这些东西都是抗拒的，而且会引起负面情绪。为什么？它是自然的心理反应，这种反应是不用脑子考虑的，所谓"人性的"就是不用考虑，自然而然出来的。

我们来看看人一旦碰到这些人性不要的东西会产生什么样的反应——会伤心，会愤怒，会抱怨，严重的话就会叛逆，给你捣乱，跟你对着干，或者跟你消极地抵抗，这是一面；另外一面就是自责，认为自己不好，甚至因此悲伤哭泣，是不是这样？

女学员 C：我家里的情况就是这样。

古老师：如果这样的事情多了的话，就形成自卑心理，认为自己不好。以后碰到困难、挫折，都认为是自己不好。碰到困难就逃避，那么人生中的失败就多了。接下来就会感到很痛苦。所以，这是会影响他一辈子的，是会影响他的人际关系的。为什么说家庭会伤人、爱会伤人呢？过去传统的观念认为我打你、骂你、批评你、教训你，甚至指责你，是爱你、为你好，这个帽子很大，但是无形中造成孩子自卑的心理。注意哦！越是自卑的人，越是维护自己的面子；越自信的人，他就越无所谓。不管是个人还是群体，都是这样。过去经常感觉到中国人特别爱面子，甚至到现在还是特别爱面子，为什么呢？因为过去教育是权威的，家庭氛围也是权威的，权威大就造成挫折，自卑感就越重，所以人就特别爱面子，维护尊严的力量特别强。

女学员C：古老师，我说一下。

古老师：好的。

女学员C：我女儿刚才给我打电话，她在电话里哭着说"妈妈你回来"，她感觉很委屈。（哽咽）

古老师：她怎么样委屈？

女学员C：我想肯定是因为爷爷奶奶，她很反感她爷爷奶奶，奶奶经常唠叨她，要求她这样那样。我一听到她这个样子，我心里也生气了，生我公公婆婆的气，我不知道我这样子对不对。她跟我说她很害怕，她偷偷摸摸地跑到五楼去给我打的电话。她爸爸规定她今天下午要在家做作业。但是她觉得有点孤单，想叫哥哥过来，又害怕爸爸不允许，希望我帮她。我说，那你要不要先跟哥哥聊会儿天，然后你自己再做作业，或者是你请哥哥过来，妈妈会跟爸爸说的。后来，她又说想到对面那个姐姐家去。我说，可以啊，那个姐姐也很爱看书的，你可以跟她一起看书。但是她又怕爷爷奶奶唠叨她，所以又不敢去。（开始抽泣）

古老师：慢慢说。

女学员C：我说：好吧，妈妈来跟你聊会儿。我对公公婆婆有很多看法。我觉得每次我外出，他们好像总是对这个孩子没有耐心，老是指责她，老是说她，我和女儿也就越反感。我想，指责他们也不是办法，想先打个电话了解一下情况。没想到电话一接通，我就感觉我公公很生气，他在电话里说了一大筐，我在这边也一直"嗯嗯嗯""可能的、可能的"。后来我跟他说，我觉得那小家伙她还是很委屈的，总该有一个地方让她发泄一下吧？然后我就跟他说她想到对面姐姐家去，他说我不管，后来就生气地把电话直接挂掉了。我不知道该怎么做，因为我对我

公公婆婆的成见也很深。我觉得当时就算是我说我可以去接孩子，即使不指责他，好像也不能处理好这件事。(C哭泣)

古老师：现在我们把这件事分成两个部分处理，第一是你孩子受委屈的问题，第二是你自己对公公婆婆有意见的问题，好吗？当你女儿给你打电话的时候，你的内心是什么感觉？

女学员C：我很担心，我觉得她受委屈了。

古老师：你心情是怎么样？

女学员C：我当时是很生气，生我公公婆婆的气。

古老师：好，第一，感觉孩子受委屈了；第二，因为孩子在受委屈，所以你感到很生气，对吗？

女学员C：嗯，是的。

古老师：还有吗？

女学员C：很担心。

古老师：担心什么？

女学员C：我觉得孩子好像被公公婆婆压制着，她又不敢表达。

古老师：担心孩子被压制。

女学员C：其实一直是这样。我感觉他们不重视孩子的心理。

古老师：他们不注重孩子的心理需求。我们分成两部分处理，现在第一是你看到孩子受了委屈，你心里很不忍，心疼孩子，对吧？

女学员C：嗯！(低头抽泣)

古老师：心疼你的孩子，所以内心有愤怒，心想公公婆婆怎么这样对待我的孩子。

女学员C：对，我觉得他们的爱不该是这样。

古老师：你现在的心情如何，现在？

女学员C：现在，好像也不是很生气，可是一想这个事情，我还是觉得生气。

古老师：现在气消了一点没有？

女学员 C：气消一点了。

古老师：你的气为什么会消一点呢？

女学员 C：过去了，生气的状态好像已经过去了。

古老师：好，这件事情我们分两部分处理。第一，你如何回应你的孩子？孩子受到委屈的时候，你怎么办？

女学员 C：我当时对孩子说：妈妈知道你觉得很委屈，所以你哭吧！

古老师：你做得很好。

女学员 C：我很体谅她，我觉得现在问题在于我对孩子可以真正做到尊重她的需求，但是我对成人就做不到。

古老师：至少你有一半做得很好。孩子在你身边可以得到什么？

女学员 C：她需要的。

古老师：很好！所以孩子在你这儿可以得到安慰，得到她需要的东西，这是最重要的，你同意吗？

女学员 C：同意。

古老师：孩子在爷爷那儿受了伤害对不对？受了伤害之后，到妈妈这边来需要得到什么？

女学员 C：安慰。

古老师：好，这孩子有没有得到安慰？

学员：得到了。

古老师：孩子的伤口有没有被抚平？

女学员 F：没有。

古老师：（向女学员 C）你觉得孩子的伤口有没有被抚平？

女学员 C：我觉得我抚慰她了，我说要马上给哥哥打电话，或者是给姑姑打电话，因为姑姑也在上海，我说姑姑一个人也很孤单，我想分散她的注意力嘛，然后她也就慢慢平静下来，我还答应她打电话说服爷爷同意她去，所以她后来情绪没有那么激动了。

古老师：很好，孩子的感觉是什么？假如你们是他的孩子，感觉是怎样？有没有满足？

学员：得到满足。

古老师：得到满足的情绪是怎样？

学员：释放，平稳。

古老师：（向女学员 C）孩子的情绪平稳下来了，这是最重要的一点，清楚吧？

女学员 C：清楚。

古老师：这个最重要的部分，你处理得非常好，让孩子感觉妈妈是站在她这一边的。一般父母都会教训：你不可以对爷爷这样。你没有教训她。有教训的话会出现什么后果，这在以后我们的课程中将会讲到。没有教训，让孩子能够完全感受到妈妈对她的那种关怀。以我个人的看法，你做到了这一点，问题就已经解决一大半了，孩子这边已经没什么大问题了。这是孩子的心理哦，假如得到妈妈的支持和安慰的话，即使爷爷奶奶那边受到伤害也不要紧。爷爷奶奶那边的问题还重要不重要？

女学员 C：那种伤害非常小了。

古老师：对，已经变得不重要了，同意吗？（C 笑着点头）

男学员 A：（向女学员 C）她已经笑了。（众笑）刚才她哭得我都很伤心。

女学员 C：同意。

古老师：好！所以公公的态度已经不重要了。假如大家碰到类似问题，完全可以不处理。

学员：公公那边是无法改变的。

古老师：对，你只要听着他们的声音就可以了。

女学员 C：我还有点担心，怕以后还会碰到这样的事情。

古老师：那没关系的，只要你这边……

女学员 C：我这边守护好我的孩子。

男学员 A：对，关键在你这边。

古老师：只要你这根柱子很稳定，那边受到伤害也没有关系。你们想想，人生会不会有挫折？会的！碰到挫折的时候有妈妈的支持，这样的挫折孩子敢不敢面对？

女学员 C：敢。

古老师：她的承受力会加强。你公公婆婆的问题，你说要不要处理？

女学员 C：需要处理啊！

古老师：假如处理不了怎么办？

女学员 C：其实，我觉得不能只针对眼前这个问题来处理，双方肯定需要交流如何带孩子。

古老师：万一他们不改变，那你怎么办？

女学员 C：万一他们不改变，我只能说我尽量避免伤害到孩子。

古老师：公公婆婆有可能改变不了，这个时候你怎么办？

女学员 C：那我问一下，古老师，要是从我丈夫的角度处理我公公婆婆这个事情，我怎么处理？

古老师：好！现在就牵扯到你丈夫的问题了。我问你，你丈夫的想法跟你的想法一样不一样？

女学员 C：不一样。

古老师：所以家庭是很复杂的啊！你丈夫对这个问题的看法是站在你公公婆婆那边的，对吧？

女学员 C：对。

男学员 A：她丈夫得维护他父母。

古老师：好，那你能不能说你公公婆婆不对？

学员：不能。

女学员 C：我是觉得公公婆婆肯定不对的，我自己的想法很坚定，但我改变不了他们的观念。

古老师：等一下，等一下。我们一步一步来，这里面还有很多问题。第一，爷爷爱不爱孙女，疼不疼孙女？

学员：肯定疼的。

古老师：他还是爱你孩子的，这点你同不同意？

女学员C：这个我承认，这个我没意见。

古老师：所以记住，一定不要否定你公公对孩子的爱，你把这个抹杀掉就不对了，而且对你的公公要不断地赞美：我看您很疼我的孩子。这点你是不能否认的，而且这点也要跟你老公强调出来。

女学员C：古老师，我觉得这点我做不到，因为我觉得……

古老师：好，等一下，一步一步来。对怎么疼孩子，你有你的不同的意见，你也可以说出你自己的意见，不需要委屈自己，懂我的意思吧？第一，先跟你的先生谈这个问题，记住不要否定你公公对你孩子的爱，要先说公公是很爱孩子的。然后说有些地方有问题，公公疼爱孩子的方式有些问题，什么问题呢？接着你可以表达你的想法，说"我的看法是这样的"，可不可以表达？

女学员C：（低头哽咽）可……以。

古老师：表达的时候，请记住，不能批评指责，有批评指责就会出问题。所以在这里就要练习一下，在沟通的过程中，怎样把话说出来而又不带批评指责，好吗？我们继续，在这方面，要多学一点。不可能一下子就学会了。其实我觉得你已经进步很多了。你有没有感觉到自己在进步？

女学员C：是，有。

古老师：对呀，你对孩子问题处理得非常好。刚才就是回答你那个问题，孩子受委屈了如何回应，这样清楚吗？这是问题的关键。

女学员C：清楚了。

为了达到目的我们经常采用的方法

古老师：听完 C 女士的讲述，我们接着谈人性的需求。大家想一想，我们为了达到目的经常采用什么样的方法？我们是不是喜欢用命令和威胁，还有责备来达到目的，或者是批评、教训、否定、欺骗、比较？当然还有奖励、利诱、说服、冷落、讥笑、恐吓、威胁、利用，等等，对孩子是不是这样的？手段多不多？

俩小孩：多！

女学员 E：还用激将法。

古老师：对啊！激将。好，我们来做个游戏体验一下孩子被"迫害"时的感受。十岁以下的学员请站起来，曾经对孩子批评、指责、打骂的请到前面来，曾经对自己的孩子很凶的请到前面来。

古老师：接下来我们先请余老师来示范。

（余老师示范）

古老师：（给男学员 A 递去纸巾后，向学员说）各位的心情如何？不太好受吧，看他这样你们内心被触动了吧！（向男学员 A）你有话要说吗？

男学员 A：（哭泣）我被两种感受挤压着，我看到余老师的怒目，听到居高临下的训斥声，我想到我的孩子当初被我怒斥时的压抑和恐惧。这一刻我才亲身体会到孩子当时心里一定很害怕，很无助，心里非常难受，我很内疚。但是刚才我听到余老师动情地说妈妈多爱你，多为你操心时，我想起小时候我母亲对我的爱，我对她……我心里也有愧疚。我八九岁的时候，夜里起来撒尿，半夜两三点，醒来看见我母亲正在给我缝棉裤。那时候生活很困难，没钱去商店买，家里六个孩子的衣服都是母亲一针一线缝出来的。那时候我还小，啥也不懂，撒完尿就钻到被子里去了，后来才知道是天气预报说第二天大降温，很冷。那天晚上，母亲为了给我赶制棉裤，一宿没睡，一直缝到天亮。小的时候，我只顾顽皮，那时父爱母爱都没感觉到。我父亲经常拿棍子打我，当时我很恨，我曾指着他的名字和他对骂，然后跑掉了。有时我母亲骂我，我还跟她顽皮，甚至顶撞气她。虽然父母的这种方式也有问题，但我也太不懂事了，太顽皮了，一点也不知道父母的艰辛。后来大了，特别是自己做父亲了，才知道小的时候父母为我操了不少心，特别是我母亲，她多疼我！可是等我明白这些，母亲却不在了，（哽咽）母亲走了，每次到母亲节的时候，我都特别想她。刚才余老师和我对视的时候，我似乎感觉她是我的母亲，我好像又回到童年了，真想呀，但是再也回不去了……（伤心哭泣）

古老师：还有谁要说？

女学员 L：我刚才扮演母亲这个角色的时候，像在家里那样发脾气。我以为骂完以后应该是很解气的，可是没有一次是这样的感觉，而且还很后悔。当我扮演母亲向对方无情地说：不要你啦！我看到那个小孩眼睛里真的是……（哽咽）很恐惧！然后我蹲下来当小孩的时候，（向男学员 P）那个先生他骂我，我从来没有这样蹲着，没有抬头仰视别人的那种经历，有种深深地压迫的感觉。因为我的父母平时不太骂我，他（指男学员 P）就没有扮演成我父母的角色，而是扮演我的上级，他真的是在恐吓我。我当时觉得很可怕，真的！然后我就逃回座位来了，太可怕了！（向男学员 P）你这个人太可怕了。

古老师：是的！我们经常扮演那个可怕的人，还有谁要说吗？

女学员 C：（开始哭泣。C 女士触碰了当年可怕的记忆，她母亲在外遇到烦恼的事，又恰逢孩子考试没考好老师告状，于是开始迁怒于孩子）我到现在都很恨我母亲，我带着这个情绪过了很多年。记得小时候有一次，我很高兴地在大门口接我的母亲，可是她回来了，跟以前一样，生气的时候把门一甩，然后用狠狠的眼光看着我，并大声吼我：如果你九点去接，我会杀了你！（伤心大哭）后来，即使我成年以后，我也怕她，不愿见到她。在没听古老师的课之前，我对我的孩子其实也是沿袭我母亲的那种方式，我好像没有爱，不知道怎么爱。虽然我听了古老师好几堂课，但是我的情绪仍然很低落，整天闷闷不乐。我母亲给我造成的阴影，我到现在都没有走出来。另一方面，我觉得我回家的时候不开心会影响家人，人没有个笑容也不行，所以我夹在这两种矛盾中。

古老师：（沉寂片刻后）没有被爱的经验，去爱别人确实是很困难的。所以 C 女士今天能这样面对这个问题，我是很敬佩她的。不会爱我们的孩子是因为我们没有被爱的经验，所以也不懂得如何去爱别人。假如我们的父母不懂得爱我们，要原谅他们，因为我们的祖父母也不懂得如何爱他们。过去我们的老一辈经常认为打骂责备也是爱，这都是一代一代地传下来的。所以爱也是需要学习的。真正的爱是要让孩子感受到你在爱他，而不是用前面提到的那些方式使他感到恐惧害怕，那不是爱。小孩子在恐惧、害怕的情绪之下，能够感受到父母的爱吗？感受不到。如果父母再说我这样是爱你的，更会让孩子感到混乱、错愕和欺骗，他会搞不清楚是怎么回事。要知道孩子的感觉是很直接的，但他感受到的和你告诉他的对应不上。

好，还有谁有话要说？

女学员 P：我女儿现在两岁半。有一次她跟我闹着玩时咬了我一口，我疼得大叫，然后对她吼：怎么回事啊你？可能是我反应过火了，或是我生气的样子把她吓着了，她马上"哇"的一声哭了。然后她就不要我了，哭着要她爸爸。我老公也很生气，认为我不应该这样。我也意识到过火了，想到孩子当时眼睛里流露出的委屈，我觉得自己做错了。到了晚上，我真诚地给她道歉，我说："对不起，妈妈做错了。"然后我看到孩子的表情，她明显感觉到了，露出之前很委屈想要哭的表情，但是她没有哭出来，然后她就紧紧地抱住我（抽泣）。我问她："你能原谅妈妈吗？"她眼睛里面还有那种想要哭的神情，过了一会儿就好了，但是我觉得我对她的伤害也是挺大的，因为确实我做得太过分了。

古老师：（向女学员 P）非常好！我要告诉你的就是，小孩容易受伤，还有孩子的复原能力比大人要强、要快。你处理得非常好，跟孩子道歉，她很快就复原了。所以孩子会受伤，孩子也会复原。

女学员 P：但是我很内疚。

古老师：内疚可以放掉了，因为你的孩子已经复原了。你觉得你的孩子复原了吗？

女学员 P：我觉得她对我的感觉已经和以前一样啦。

古老师：看到了吧？你和孩子的感情都在，所以孩子有没有复原你就应该知道了。虽然曾经受到伤害，但是你及时道歉了，你一道歉，她心里的伤口就马上愈合了。你是一个很好的妈妈。在这个过程中，大家是否感受到孩子比大人伟大？孩子会很快原谅父母的。

学员：很宽容的。

古老师：对！很宽容的，你有没有感受到孩子已经原谅你了？

女学员 P：感受到了。

古老师：所以，你不需要再内疚啦。

女学员 P：嗯！

女学员 Q：刚才讲到孩子特别宽容，其实我感受特别深。我唯一的一次打孩子，具体是因为什么事我记不清了，只记得当时真的很生气。当时孩子只有三岁，我就把孩子拽到一个屋子里，门一关，然后呢，我就拿苍蝇拍和塑料棍子打他的屁股。孩子当时就疼啊，他就喊叫，我母亲听不下去了，她就冲进来把孩子带到楼上去了。打完以后我特别后悔，就自己悄悄地上楼，想去看看孩子怎么样了。刚到门口时，听见孩子对姥姥说：姥姥，妈妈下次再打我的时候，我就给她一个纸棍子，那样我就不疼了。而且他说完还跟着姥姥一块儿笑，他很快就没事了，唉！我听完心里真不是个滋味！孩子太伟大、太了不起了。所以，以后我再也不会用那样的方式对待他了。（哭泣）

古老师：好啊！都是好妈妈。

女学员 W：我刚才听好多妈妈都说过一句话"我不要你了"。我在北京做几个幼儿园学前情况的调查，问了几个幼儿教师，什么话语能让孩子很快安静下来。他们说：你再闹，妈妈就不要你啦！这句话对患自闭症、多动症的非正常孩子，都十分有效，强制力非常大，使他们非常恐惧。有很多孩子听到这句话之后，很快就会静下来，有的会主动站到墙边罚站。——我要很听话，要不然妈妈就不要我了。这种话做父亲的一般说得比较少。做母亲的一定要注意，在孩子叛逆的年龄之前千万不要说这句话。但是孩子到了青春期，你说这句话的时候，他会非常开心，刚好可以离家出走。（众笑）幼龄的孩子，特别是非正常儿童都非常恐惧这句话，恐惧妈妈会抛弃他，听了会造成终生的阴影。所以做父母的不要再说了，不论什么时候都不要再讲这句话，不要让孩子害怕了，好不好？（掌声）拜托了！（抽泣）

女学员 L：我就说过一次"我不要你了"。看到孩子很恐惧的眼神我就知道对她的杀伤力很强，我以后再也没有说过。当时我没有给她道歉，只是过了一会儿我抱着她，"爸爸！我要爸爸！"她却叫爸爸。我心都碎啦！（哽咽，掩面哭泣）

女学员 F：我发现，孩子在听别人伤心故事的时候她也会有代入感。比如我女儿听到别的孩子说自己妈妈不要她了，也会很紧张。她会问我为什么她妈妈不要她了，她觉得这是不可以的。其实，所有孩子听说别的孩子类似的事情也都会紧张的。

古老师：对！小孩子对妈妈所说的"不要你了"是非常非常敏感的。此外，我还要强调一点。你们在座的有没有把孩子从小交给爷爷奶奶带，或给外公外婆带，孩子从小不在你身边的？假如有的话，你的孩子离开爸爸妈妈到爷爷奶奶家住，或到外婆外公家住，你知道孩子的内心是怎么想的吗？

女学员 F：抛弃。

古老师：对！他的感觉是——爸爸妈妈不要我了。大人觉得好像无所谓，反正就由爷爷奶奶照顾，小孩子的心灵世界却感觉敏锐，这对孩子来说是非常严重的一件事情，那是他人生中非常重要的一件大事。

男学员 A：只是说说也不行。

古老师：对！说都不能说，清楚吗？讲到这里，（沉默片刻）我从小也是被父母亲抛弃的孩子啊！两三岁就被送出去了。我养母跟生母是两姐妹，养母有时候也会带我去看看我的生母。每次要离开的时候，唉！那是我最痛苦的时候，孩子依恋生母那是天性，只要一说要走，无论大人怎么劝说我都会又哭又闹，大人都是趁我睡着的时候，偷偷把我从妈妈怀里换过来。养母抱着我去坐车，其实稍微一动我就知道，然后从上车一直哭闹到家，这是我非常痛苦的一个经验。

后来，我反省自己，我以为妈妈一直对我很好，她抛弃我是出于无奈，所以我对我妈妈一直也很好。我妈妈对我也很内疚，这就使我一直以为我对妈妈不会怀恨。后来有一次在做心理疗愈活动的时候，我才意识到小时候我对妈妈是有恨的，哭里满是愤怒和恨，只是潜藏在内心深处一直压着没有发泄而已。所以，不要以为事情过去了就没事了，它可以影响我们一生。在座的爸爸妈妈面对孩子，千万要小心。

从开始上课到现在，我感觉到在座的都是好爸爸好妈妈，为什么你们愿意上亲子教育课呢？来听这个课的父母，改变自己的动力比上管理课程的要大，这是出于父母对孩子的爱，这个力量是很强的。所以，天下最伟大的是父母的爱。当然，父母也有缺点，也会犯错误。在日常生活中，有时候我们难免会抱怨父母，但是，根据我的观察，父母为孩子做的事情永远比孩子为父母做的事情多上几百倍，甚至上千倍。

女学员 C：我想问一下，古老师，在您发现自己对亲生母亲那种恨意之后，您是怎么消除的啊？

古老师：第一要承认它，不要漠视它、压制它，压制自己这种情绪是没有用的。承认它：我就是恨，我非常恨，我愤怒。你压制这种情绪，它就会老跟着你。释放你的恨，释放完了，你就减轻了！

男学员 A：我有个很要好的朋友，他有四个孩子。生活在农村，当时实在没法养活，他就把第四个女孩送给了别人。他妻子对此一直内疚，现在想去找认这个孩子。我就告诉他说：孩子经过转手，不知道在哪儿，别找，随缘吧。她该来的话，你不找她都会来。你硬去认她，她会不会恨你都很难说。

古老师：孩子不会恨的，孩子绝对不会恨他。

男学员 A：因为当初他是真的抛弃。

古老师：那也不会恨，放心好了。根据我自己的体验和观察到的事例，内心虽然有恨，但是那个爱是天生的，爱的力量超过那个恨不知道多少倍，这个东西很妙！人就是这样。由于有更大的爱在，所以不必回避恨。像这种离开亲生父母的事例，我以自己的经验观察了很多，发现被遗弃的孩子到了十几岁的时候，只要他知道自己的身世，一定会想尽办法去找亲生父母。想要见到自己的亲生父母，这是人的天性。

女学员 M：有的被遗弃的孩子知道他的亲生父母是谁，但他就没有去认。我老公姑姑家的小孩，他现在快 20 岁了，他知道自己的亲生父母是谁，就是不去认，我看出他对亲生父母很反感。

古老师：好！我们刚才谈到恨的问题，那么大家再来看看爱是什么。爱的反面是什么？爱的反面不是恨，而是冷漠，爱跟恨是同一个性质，所以恨得很厉害只是爱的不同表现形式。表面上是恨，但是骨子里是深深的爱。视而不见，冷漠，那才是爱的反义词。（有人低声抽泣，气氛沉寂）我们好像蛮沉重的哦！我们来转换一下情绪吧！不过，人生就是这样，有沉重，有愉悦，都是很好的体验啊！还有谁有话要说？余老师来说一下吧。

余老师：谢谢各位，我看大家都很沉重啊！我要跟大家分享的是，沉重只是生活的一面，但是我们常常忽略积极向上的一面，去强化消极负面的东西，这就使我们让自己变得容易受伤害。不知大家发现没有，当一些事情让我们很痛苦的时候，我们潜意识里会不断强调这个事情给我们带来痛苦，因而加剧了伤痛。由于我们沉浸在痛苦中，事情本身到底是什么样，我们可能没有真正关注过。假如我们能够知道消极负面的东西来自哪里的话，我们修正、改变起来就比较容易。

我举一个例子。有一个小女孩，六岁，心里十分孤独、愤怒，她说她觉得没有人关心她，所以她就踢路边的罐子。路上碰到一个老太太，老太太对她说："孩子，你不要被生活弄得麻木不仁。"这里说的麻木不仁，其实就是对事情不能清楚地感知。这样的话，我们永远发现不了真相，也得不到智慧。

生活虽然有时很沉痛，有苦难，虽然有很多解不开的结，但是如果我们能够放下，如果我们愿意从这里去问自己到底怎么回事，我们愿意从生活的现状来看一些问题的话，转变已经开始了。我们从生活中发现了各种含义，这些发现诱导着我们，去转换最顽固、最偏执的头脑。要转换的正是我们的头脑。我们要从生活中去感知，去发现，不仅通过个人自身的经历体验，也可以借助别人的经历。当一个人很痛苦的时候，试着耐心地陪在他身边，听他的倾诉，感知他的痛苦，不要置身事外。假如我们能学会去体会、去探究不管是自己还是别人的经历，我们的收获一点不会比课堂上学到的少。

当我们能放下偏执，随时随处去感知的时候，我们的生命肯定会很丰富，对人的感知也会很精准，对不对？那个敏感度就是这样训练出来的。但是我们发现在现实生活中，很难进入别人的内心深处，因为人人都戴着防卫的面具，都把真实隐藏在面具后，甚至连我们自己也在面具之下迷失了。焦虑和恐惧让我们穿上了自卫的盔甲，并且越来越厚。我们有时会表现出狂妄自大、冷漠，甚至严厉无情。其实，当我们愿意把盔甲脱下的时候，狂妄自大就会变成谦卑素朴；我们由昏聩而觉醒，就能够穿透冷漠；当我们觉知到自身的严厉无情，并愿意放掉它的时候，心就柔软了。这时我们会因为别人痛苦而悲伤，这就叫仁慈的哀伤。

所以，首先我们要放下自己的面具，回归真实的自己，这样我们就能清楚感知自己，靠近自己的心灵，渐渐地我们也越来越能感知别人。当我们内心柔软到具有仁慈的哀伤，我们甚至能将别人的悲，感同自己的苦，这是真正的感同身受。所以要很好地感知的话，我们就要放下防卫的面具，让真实的自己表露出来。这样也能让别人更好地感知我们，我们就不会被误会。

举例说吧，男人其实也有很细腻的一面，男人的心柔软起来，也是很能爱的。但是他们往往把心里的这种东西隐藏起来，因为社会给男人赋予的使命是光宗耀祖、保家卫国之类的，这些信条让男人不可以接近自己的内心深处。特别是杰出的男人，为了不失态，可能会装出威严的样子，甚至是冷漠的样子。但是男人也有细腻的感情，也有为感情纠结的时候。所以我呼吁，特别是优秀的男士，放下你们的矜持，放下你们的威严，把你们温柔的心袒露出来，把你们的爱散发出去，让你们的爱被感知。为什么你要去救助别人，为什么有能力拉人一把，就是因为你有很善良很纯洁的心，那就宁可把它散发出来，不要隐藏，不用担心别人的误解。因为这样对别人是非常有帮助的，人越有这种爱心，越能帮助那些徘徊不安的人。假如我们有这种能力，我们就多尽一份力量去多拉一个人，去告诉别人：有我在，一切都没问题！好，谢谢！(掌声)

古老师： 谢谢余老师的分享。

男学员 A： 讲得好，很好，我就感觉是在听一个母亲或大姐分享，我们好像不是在上课。

男学员 P： 我们这种互动的方式很好，把那种纯粹说教的讲课形式拿掉。

古老师： 哦！那我们就多用这种互动的方式。

强制力的后果

古老师：我们继续往下进行。在生活中，大家经常会命令、威胁，或者被别人命令、威胁。我们用的这些方式和手段，其实就是强制力。短期来看是很有效，但假如经常用的话，会有副作用。什么副作用？没有命令就没有行动，被命令的一方会变得非常被动。我们来看看强制力的后果。

——效果立竿见影、迅速解决问题。

——受迫者失去自主的能力，一切等待命令；没有命令，则没有行动。

——抱怨、愤怒、不满、对抗、冷漠、消极或暗中捣毁破坏。

——死气沉沉。

——没有凝聚力、向心力，想逃离。

不管是在家庭中，或是在工作场所，都是如此。

你要用强制力的话，可以，但要小心！强制力有利有弊，利就是它可以收到短期的效果，收效很快。但是，长期下来，它有很多副作用。你要清楚它的后果。我们来看看一个当小学校长的母亲，对儿子长期使用强制力的真实案例。（播放短片）

这个事例很典型。它生动地告诫我们强制力和不尊重孩子的后果是多么可怕！当小学校长的孩子，压力大不大？功课要不要很好？

学员：要的。校长的孩子嘛！

古老师：对父母来说，小孩子的功课重要还是面子重要？

女学员：面子。

古老师：注意哦！我们会不会做这种事情？小孩子功课好了，我们大人很有面子，然后就想尽办法让孩子功课好，为了达到这个目的，使出浑身解数，甚至不惜采用强制的方式和手段。片中的林女士就是这样。

女学员 N：其实像这类家庭现实中很多的。这个林女士能够醒悟，像她这样的也蛮少的。

古老师：对，能够醒悟蛮幸运的，大多还都没醒来，对吧？

男学员 R：其实这个事例里头，起主导作用的还是这个母亲，她要是不晕倒，就不会出现这个转折点。林女士晕倒了之后，孩子和保安把她送到医院，孩子才受到触动。

古老师：那个转折点是不是晕倒？

男学员 R：我觉得这是个契机。

古老师：晕倒背后呢？

女学员 R：林女士的改变，是从接受孩子反叛这个事实开始的。

女学员 B：接受不了自己。

古老师：接受不了自己？你是说她（林女士）还是说你自己？

女学员 B：说我自己，看到她（林女士）想到自己。

男学员 R：我觉得最后这个重心就是这个母亲确实是疼爱孩子。

古老师：非常爱孩子。她是怎么爱孩子的？

学员：包办、安排。

部分学员：强制。

古老师：对，强制，我安排好你就得去做。包办、安排、强制，其中有没有尊重？

女学员：没有。

古老师：没有尊重，有没有理解？

女学员：没有。

女学员 C：她以为她是为孩子好。

男学员 R： 她以为孩子理解她，也以为她理解她孩子。

女学员 C： 她以为孩子同意了，但是孩子只是在忍受，对她的安排孩子是沉默的，看似同意了。她当妈妈的又没有沟通的习惯，14 年来都是这样安排孩子，如果之前孩子就叛逆的话，她可能就意识到问题了。

古老师： 从这个案例来分析一下，孩子的吵闹叛逆是好事还是坏事？

女学员： 是好事。

古老师： 你们观察到没有，很乖的孩子是不是就没问题？

学员 B： 不一定。

古老师： 不一定的。爆发起来很厉害的哦！另一种是连反叛的能力都没了。所以不要以为孩子乖就很好，其中隐藏着很多危机，这个妈妈没有意识到，我们有没有跟她一样的情况？

女学员： 有。

古老师： 我们再来看一看，刚才谈到事情的转折点是妈妈晕倒。妈妈为什么晕倒？

学员： 找不到孩子。

古老师： 去找儿子，心里着急，这是不是爱？

女学员： 是爱。

古老师： 所以孩子的转变是因为感受到妈妈的爱，以前有没有感受到妈妈的爱？

学员： 没有。

古老师： 所以真正能够改变人的是爱，但这是什么样的爱？从这个片子来看，是母亲的晕倒，那个晕倒是理性的还是感性的？

女学员： 感性的。

古老师： 所以真正打动人心的是感性，能改变人的还是感性。可见感性比理性重要，你看电视剧、戏剧、电影，真正让我们觉得很好看又印象深刻的，是感性的东西。但是这个感性的东西在生活中又往往被我们忽略掉了，甚至受到排斥、压抑。

人性的需求——给予与不给予的结果

古老师：我们再来看看，假如给予别人人性想要的部分，给予尊重、关爱、了解、接纳、肯定、安全、公平、赞美和信任，会产生什么样的结果呢？尊重才会有喜悦，会感受到温馨，内心会平静下来的。你给予他的，他会懂得感激，也会学会体谅你的。然后，他的个性、人生观会变得积极。

我们再来看看人的自信心是怎么来的。其实很简单，只要你给够他这些人性想要的东西，自信心自然就出来了。那么，一个人有自信心的话，人生的挫折，他自然就会去面对。敢于面对挫折的人，他成功的概率就会大，进而他的幸福、快乐指数就会高。前面这些是因，后面是果。

反过来，假如你给出的教训、命令、冷落、误解、否定、批评多，严重的话，会产生悲伤、自责等向内的情绪，以及愤怒、抱怨、叛逆等向外的情绪。自卑怎么来的？就是这些因素造成的。一个人如果自卑的话，碰到挫折就逃避。这样，人生的失败多，他的痛苦指数就比较高。

因抓住了，果就出来了；所以，因果关系要搞清楚，因不对的话，果就不对。我们都希望自己的孩子有自信，那么你要怎么对他？你要多给予尊重、赞美、关爱，你要多了解他，多信任他，给他足够的自由，不要给那么多限制。有些人说：为什么我的部下不懂得感激我，我的孩子不懂得感激我？那是因为你给的不是人性所需要的，感激就出不来，他就没法去体谅你。这些都是因果关系，有什么因，就出什么果。人世间各种关系，包括亲子、夫妻、同事关系搞不好的真正原因，就在于此。这也是人生面临的课题。

男学员 H：古老师，在一个人成长过程中，自我的力量是比较大的，谈到因果，有内因，也有外因。自我的力量这个因从哪儿来的？同样的环境和条件，为什么有人这样，有人那样？

古老师：对！一样的家庭，一样的父母，教育出来的孩子也不相同的。

女学员 C：老师，我来回答一下，好吗？

古老师：好！

女学员 C：他说到自我的力量，那我就谈谈我自己吧！当外部环境是这样的时候：比如我父母总是认为我应该如何如何，我就会慢慢地认同；再加上我哥哥嫂子也这么认为，我就完全认同了。也就是说，我的自我，已经全部被抹杀掉了。我母亲对我和哥哥的态度不同，让我感觉她很重视哥哥不重视我。这么多年，我为什么那么恨母亲，我感觉就是因为我对她的话非常当真。而我哥哥受到母亲责备时，他就不当真。

人和人差异很大，当外界力量很强大的时候，有的人，像我哥哥，他不会受影响，他有自己的主见。可是我这样的性格就容易受母亲的影响，我是一个懦弱、自私，而且没有什么能力的人，我完全就认同了她的话。她那种经常刺激我的言行，不断地加强我对她的认同，最后，我的自卑就出来了。

古老师：注意哦！当我们做错事情的时候，我们内心会不会责怪自己？会！有时没有人责怪你，你也会责怪自己，不放过自己。那么，这是怎么来的呢？一个人从小被批评指责多了，长大之后，离开父母了，还会有个声音出现，自己批评自己，指责自己，就和小时候父母指责自己一模一样，而且它的力量非常大。所以，这会种到人的思想里面去，这就是造成自卑、负罪感的主要原因。

我给大家说个笑话。我以前跟同事玩牌，其中一个同事每次出错牌的时候，就往自己脸上打一巴掌。哇！那可不是轻轻地打呀，很重地啪一下，我们都吓得玩不下去了。（众笑）"哎呀！拜托你，不要再打了。"

好，回到正题，所以我们要知道父母的影响就是如此之大，做父母的要很小心。问题的因果关系要弄清楚，是什么样的因才造成这个果，果的问题要从因上解决。你要解决自卑的问题，面对挫折的问题，就要先找出原因。有些家长不了解这个因果关系，不在因上着手，拼命在果上折腾孩子，甚至还故意要给孩子制造一些困难和挫折。有的故意把孩子送到生活艰苦的乡下，要他去吃苦、锻炼，磨炼他的意志，要他有抗挫的能力，其实那不是重点。最重要的是你给他的是不是人性想要的部分。你给他的如果是人性不想要的，他的抗挫能力一定低。

男学员 P：我来说一下。在实际工作中，这一点我们曾经详细地讨论过。（向女学员 C）你的问题我再跟大家重述一下，就是说假如有同样的外因，由于人个体的差异，比如我对这种外因不太在乎的话，那外因再强，我也会有一些免疫力，还是会按照自己的意愿发展的，大概是这个意思吧？

男学员 A：（向男学员 P）是说外因完全相同的条件下，内因不同会产生的不同结果？

女学员 B：是内因不同的缘故吧？

古老师：我来补充一下。是这样的，一般人被别人表扬或赞美，都会很高兴；被人家指责，就会很难过。一个真正完全健康的孩子，对人的表扬不会特别在乎；你批评指责他，他也不会特别在乎，那是真正的自信。心理健康的人，有自信的人，他是不受外界影响的。

男学员 J：我的目标是培养这样的孩子！

古老师：好啊，好好努力，必须让他从小受到健康正常环境的熏陶。真正的快乐是自主的，跟外界无关的，一般要成为这样的人不太容易，心理学称一个绝对健康的人，就是指这种状况。绝对健康的人你尊重不尊重他，他都过得很好；你表扬他、赞美他、批评他，他都无所谓。一般人听到表扬就扬扬得意，是因为我们心里缺少这个东西，我们大部分人都是这样。

女学员 W：据研究，培养这样健康人的年龄段，就在孩子十三岁之前。十三岁之后，你再想影响他就相当困难了。

女学员 E：那么孩子的自信心是不是也需要外部环境来帮助建立呢？

古老师：这个问题问得很好。一个真正有自信心的人，是不需要靠外部评价的。需要靠外部评价，他的自信心已经不够强了。假如从小人格健全的话，从出生开始，都给他足够的安全感，各种关爱都到位，而且没有受到伤害，从小给他充分的自由让他去探索，那么他长大后，很多的问题他都敢去积极地面对。但是，我们大人经常不允许小孩子做很多事情，阻断他的探索，阻断他的自由发展，阻断他成长的机会，阻断的太多了，他的性格都扭曲了。

假如能给他一个非常正常的环境，他自信心够了，他的人格很健全，外界对他的赞美这些东西是无效的，他已经不需要外面的东西了，他自然而然就非常坚强。所以，一个人如果还需要外界的帮助来建立自信的话，那就已经不是很健康了。但是，像我刚才所讲的那样绝对心理健康的人，太少！几乎大部分的人心理都不是很健康的，包括在座的我们，只是不是很严重，很严重的话就进到精神病院去了。我们还算某种程度上的健康，但不是绝对的健康。我们经常会有犯病的时候，自卑感严重的话，就会走向消极，走向抑郁症了。所以，人性要的是什么，不要的是什么，问题的关键点在这个地方。

女学员 E：孩子不是很自信，周围的人的赞美，会不会又使他走向自负呢？

古老师：赞美这个问题后面会讲到的，你既然问了，我就先讲一点吧，这是大家经常会遇到的问题。谈到人性，人是没有不喜欢被赞美的，尤其是中国人，小时候得不到赞美，长大了就更需要。中国人很少对孩子赞美，怕他骄傲。好，我们来看什么叫骄傲。我跟大家讲过，当一个人把事情做好的时候，完成一个很难的事情的时候，内心是高兴的哦；另外还有一个心理，希望别人知道，希望得到肯定、认同，这本来是人的正常心理。但是旧式的教育不允许这样，过去我们碰到这种情况要打压，不能让他骄傲，事情做好了之后还不能高兴。

当一个人好不容易表现得很好的时候，你不让别人知道，既不表扬他又不鼓励他，请问他是什么感觉？心里当然不舒服！这会产生两种后果，第一种就是："下次我不干了！"让人消极，感觉没劲！——反正做得好你也对我这个样子了，我就没有必要做了。另外一种心理就是：我表现很好，结果你还教训我——心里是憋气的。希望被别人注意，结果没有被注意，这个时候会怎么做？就会用对着干、捣蛋的方式，让你把注意力放到我身上。然后呢，即使没有办法，我走路也要特殊一些，你不说我很了不起，那我自己说，我自己来表现，这个时候骄傲就出来了。

我的经验是碰到表现好的人你尽管赞美好了，只要满足他的希望，他心里就舒服了，就没事了；你越不满足他，他越要表现给你看。所以你看他越骄傲，他心理上没有满足，自尊心没有得到重视，他越想表现自己，性格就扭曲了，本来不至于骄傲的，被大人折磨得非骄傲不可。其实骄傲与自卑是一体的两面。

余老师：我想说的是，为什么我们的心理这么容易受外界牵制？为什么我们常常需要靠别人的认同来获取自信？那是因为我们自己内心都还没有认同自己，接纳自己。接纳自己，就包括接纳自己的优点和缺失，可是我们往往不能接纳自己的缺失，不能接受自己会有自卑、软弱、焦虑、恐惧、悲伤，总是告诉自己不应该这样子，然后拼命地想把它压下去。

其实你越在心理上压它，它反而越强大，作用力与反作用力嘛！反过来，要是我们不去压制它，而是去面对它，慢慢地了解它，去发现它就是我们生命里的一部分，你会发现自卑感反而变弱了。比如说，我们今天在座的有人就可以说，我今天很不自信，我有自卑感。注意！你只有正视自己这一点，才能从中走出来。假如你一味排斥它，不去面对它，你就永远不能走出来。

我觉得我们今天这个场合，非常适合培养健康的心理状态，可以当作治疗用。为什么这么说呢？因为我们在这里一起学习交流，大家都很坦诚，并且互相支持，这是一个接纳的环境，在这个友好的环境里，你也会倾向于接纳自己。假如这时我们还不能够正视自己，那么我们就得不到治疗了。

所以在今天这个场合，大家不要有什么忌讳或者顾虑，我们尽量把自己真实的状态吐露出来——是的，我容易受伤害，这就是我。我承认我有悲伤，有伤痛，承认我有嫉妒，承认我有不满，承认我心里非常不平衡，这样子我们才能从这里走到我们要去的地方。就是说，我确定我的位置是这里，我想要去的地方是自信、喜悦、帮助别人。确定了从哪里出发和到哪里去，才有路好走。假如我都不清楚我现在在哪里，就到不了要去的地方，就没路可走了，一定要理解这一点。我们先要正视自己所处的状态，接纳现在的自己，允许我们有缺失，从这里出发，这样就能一步一步地走向我们想去的地方。

有人说我想去的地方是与人为善，给别人帮助和支持。如果你经常压制自己，你都不能善待自己，你怎么与人为善？如果你不能认同自己的缺失，不能接纳自己，你怎么认同、接纳别人？这一步你就迈不出去，你想帮人也帮不上。很快，你会排斥他。为什么这么说呢？假如你想帮助一个悲伤的人，你会劝他："你不要这个样子啊，你不可以这么悲伤啊，你要积极乐观啊，你不可以心里有阴影啊！"要是他继续悲伤，你就会有排斥心理，因为你内心是不认同悲伤，不允许悲伤的。结果他一下子就知道你在排斥他，你还怎么去帮助他呢？同时，他不能认同自己的缺失，他想要别人的帮助也得不到。所以最关键的就是我们要正视自己的缺失，认同自己，接纳自己。当我们的心态得到这样的修复，我们可能就真的不要人家来同情我们、安慰我们了。我们也不用假装了，一切都会如实地去说，如实地去做。

我们对孩子也是一样的，孩子现在可能有些方面不够好，我们要勇于承认。但这并不代表长大以后就不好，因为生命是在不断往前走的，如果我们能欣然接受孩子成长过程中的每个阶段，孩子的成长就会更健康，而且没有压力。(掌声)

男学员 A：知道我们现在的问题，就知道我们站在哪里，就知道我们要去的地方——我觉得这是余老师刚才所说的最经典的话，我们今天也一样。我对她的话感触很深，有一句话说得很好："了解别人是聪明，明白自己是智慧。"

孩子最需要的是什么？

孩子需要父母的关爱

女学员A：老师，我家小子五岁了，上周五刚好碰到一个问题。我们家有个习惯，每周五放学后，儿子会回外婆家。每到星期五，孩子就会有特别不想上学的情绪。他一大早在刷牙的时候就会跟我讨论："妈妈，今天要几点去外婆家？"我说："那得等放了学或者妈妈下了班再送你回外婆家。"他听了就不乐意了——周五幼儿园一般都会提前放学，为什么一定要等到妈妈下班才能回去。于是他就跟我讲："今天，我无论如何都要提早回外婆家的，我现在有两点让你选，一个是……"

古老师：跟大人学的，对吧？（众笑）

女学员A：有可能。

古老师：不是可能，是必然如此。（众笑）大人一定是这样去对付他的，小孩子学得很快的。

女学员A：他说："第一，今天就让外婆早一点到幼儿园来接我；第二，我不回家了，我今天就在幼儿园待着。这两条路你选一条吧。"（众爆笑）我当时听了就跟他讲："你怎么可以这样跟妈妈说话呢？你这不是跟妈妈商量啊！"他说："你跟我说过，你是我永远的好朋友，我有什么事情都可以跟你商量的。"我说："是啊，但是你现在的口气不是商量了，你是在逼着妈妈要做一个选择，选择一或者选择二，但是现在这个情况下，妈妈没有办法满足你放学就去外婆家的要求，只能等妈妈下了班再去幼儿园接你过去。"这时候他就跟我说："那你说话就不算话了。"我说："为什么说我说话不算话呢？"他说："因为我找你商量了，你不跟我商量。"

这个问题就没法解决，我就送他到幼儿园去了。结果意想不到的事发生了，下午两点多钟，幼儿园老师打来电话："你赶快来趟幼儿园吧，你家孩子肚子痛得厉害，中午也没吃饭，也没有睡午觉。"我听了这消息就有点慌了，因为老师讲得蛮严重的，然后我打了个电话让我妈妈先去幼儿园。接回来以后，我一边开车回家一边跟我妈妈通电话，可能是真的肚子痛了，因为老师说他走不动路，要外婆抱回家。

古老师：回家肚子就不痛了，（众笑）你看着吧！

女学员A：结果我咚咚咚爬上楼梯，气喘吁吁地开门进去的时候，他竟然说："妈妈，你怎么回来了？"我很惊讶！我说："老师给我打电话了，说你肚子痛得厉害，中午没有吃饭也没有午睡呀！"他说："哦！妈妈，很谢谢你这么关心我，（众笑）但是我现在已经不痛了。"我想知道，这孩子到底有没有肚子痛？

学员：没有。

古老师：这是非常好的案例！

男学员A：太聪明了。

古老师：不是聪明，注意哦！

女学员A：这种问题老是会发生在我儿子身上。

古老师：对，如果父母不改变的话，他会继续的。

女学员A：还有一个例子，他不想上学的时候不会跟我直接提出来，但是他会变着法子让我同意他不上学。比如他会说："妈妈，今天天气这么冷，我到了幼儿园外套不会脱……"因为他中午睡觉外套要脱掉，他说他不会翻袖子，我说那就请老师帮忙嘛。他就会接着讲，老师说过了，你也说过了，自己会做的事要自己做，不能请别人帮忙。

古老师：对呀，有道理，（众笑）而且没错呀，大人是这么教的。

女学员A：我就跟他说："那妈妈现在教你怎么翻袖子。"我教完他以后，他会告诉我："我还是不会。"我说那怎么办呢？他就反问我："你说呢？你说该怎么办呢？"其实他应该是要跟我说，那就不上学了。我告诉他："没关系，那你的衣服就反着穿吧！"他说："那该有多难看哪！"

古老师：对，他不会同意的。

女学员A：他说："那我就不穿了可以吗？"我说："那行吧，那就不穿吧！"

古老师：各位有没有发现，这对母子在斗争？（众笑）比输赢，比谁能斗得过谁。（向女学员A）你有没有这种感觉？

女学员A：总是要想办法来说服他。

古老师：现在回到我们的课程。人是需要被关爱的，这是人性嘛！所以，这个孩子需不需要被父母关爱？注意哦！人在小的时候最需要谁的关爱？

学员：爸爸妈妈。

古老师：对，别人关爱不关爱不是最重要的，最重要的是父母的关爱。显然，这孩子很多做法是要得到父母的关爱，这背后的意思是什么？

学员：背后的意思是没有得到关爱。

女学员A：可是我觉得我们都很关注他啊！

古老师：你的关注让他很——不——舒——服。关注不等于关爱。

女学员D：我跟这个妈妈分享一下。我的女儿，她跟我关系很好，就像朋友一样。她晚上要去弹钢琴，很希望我能够带着她一起去。可是就经常发生这种事情，我答应她了，但突然临时有事，我就会让她很失望。我一般这样跟她说："妈妈可能要对不起你一下，因为妈妈突然有事，其实我很想带你去弹钢琴，我也喜欢带你去，我觉得好可惜哦！"

然后我说："要不然等下一节课，我有空就能再一起去，好不好？"哎！小孩首先收到你这个信息，她就会觉得，好，那我愿意，她就会说："没关系，妈妈你去吧！"我觉得在谈话方式上多表达一点你对他的关注和在乎，他可能才会更真切地感受到妈妈对他的关心、关爱吧！

古老师：对，你说的对。（向女学员 A）再回到你这个案例，我们从头说起好不好？（女学员 A 点头）孩子很喜欢回外婆家对吧？为什么？一定是外婆对他……？

女学员：疼他，爱他。

古老师：很疼爱他，他感受到被……？

女学员：被关爱，被爱的感觉。

古老师：注意！在孩子心目中，父母的爱已经比不上外婆了。

女学员 A：可是，外婆平时也是跟我们住一起的呀！

古老师：那个感觉是不一样的，小孩子的感觉是最真实的。

女学员 E：我是她的朋友，我来揭穿一下她。

古老师：揭穿她一下，哈哈哈哈！（全场爆笑）

女学员 E：她说的这些事情，其实她都跟我们提起过。据我们观察，她工作比较忙，先生是长期在外，两星期才回来一次，平时的事情全部靠她妈妈，接孩子，送孩子，洗衣服……孩子生病也是她妈妈照顾，有时候孩子发烧什么的，第一时间到幼儿园的不是她，是她妈妈。

古老师：注意哦！这些都是信息。

女学员 E：外婆对孩子非常好，别人家吃肉丸，都是到店里买现成的，他外婆是自己先买好猪肉，再找人加工，所以孩子觉得外婆非常好。

古老师：已经感受到了。

女学员 E：妈妈根本是比不上外婆的。衣服、鞋子很多都是爸爸在外地买了快递过来的，他妈妈可能是做得不太多。

古老师：好，（向女学员 A）把你揭穿了，哈哈！（众笑）所以你要记得，你跟你孩子的关系已经出现了红灯。

女学员 A：所以我很积极地来上这个课。

古老师：很好！第一个问题，在孩子的心目中，妈妈的爱已经比不上外婆了，他才会想星期五放学的时候赶紧去外婆家，你必须承认这个事实。第二，孩子说："你以前都跟我说星期五就可以去嘛！"是中午还是晚上？

女学员 A：下午。

古老师：下午就可以去，过去都是如此，对不对？而且"是你告诉我的嘛"，对吧？现在你告诉他一个信息，今天不能去了，或者要很晚才能去，他能不能接受？

女学员 F：不能。

古老师：这个时候用上了从大人身上学到一个东西——不能接受的话我可以跟你商量。这个孩子好还是不好？

众女学员：好。

古老师：他有没有耍脾气、耍个性？

女学员 F：没有。

古老师：至于如何商量，小孩子不懂，但是他会从大人那里学商量的方法，大人把这种二选一的方式称为商量，其实这是不是商量？

女学员 G：不是。那个表面上叫商量，实际上是强迫。

古老师：对！大人没有发觉这样对孩子是在强迫。好，问题来了，孩子把这套东西学到之后，反过来对待母亲的时候，母亲却感受到你不是在跟我商量，你在威胁我嘛！

这套东西是我们父母对付孩子的方式，而做妈妈从不觉得自己在强迫孩子哦！可是孩子已经感觉到了，但是他没办法说，他不会跟你抗议，他把这套东西学会了，他也认为用这种方式可以跟妈妈商量。其实，他不是刻意的，他只是在用父母与他"商量"时用的方法而已。这个时候，作为父母的你却觉得权威受到挑战了，你觉得他是在逼迫你，孩子是不是要逼迫你？孩子的世界里没有逼迫的观念，他是我要跟你商量，懂吗？所以在这个时候，小孩子又受到挫折了。注意哦！他真的是要跟你商量啊，结果你认为他是要挑战你，这个时候他又觉得混乱了，不能接受了。

女学员 A： 那么我应该怎么做呢？

古老师： 等一下，我先把这个问题说清楚，让你知道这些事都意味着什么。这个时候，妈妈又拿出权威来了：你不可以用这种方式对我。于是，孩子内心混乱、挫折的感觉就来了，他很无奈，他已经没招了。好，实在是没有办法了，那怎么办？突然想到一个很好的办法……

女学员： 装病。

古老师： 我肚子痛的话你们会怎么样？

男学员 B： 关爱。

女学员 B： 真聪明。

古老师： 这不叫聪明。很多孩子都是这样，而且那个痛是真痛哦，不是装的，注意啊！

女学员 A： 我后来带他去医院了，医生说他是肠痉挛。

古老师： 对，真的是痉挛哦！

男学员 B： 气极了。（众笑）

古老师： 注意！那个痛、那个生理现象绝对是有的，你不要以为他是装的，那是真的。这种心理会让他产生这种生理症状，这个一点都不假，就像医生说的，那真的是痉挛，清楚吧？他不是后来说不痛了吗？假如大人说："哎呀，你是装的，你那个肚子痛是假的。"那你又错了，你又冤枉孩子了，对孩子又是一个伤害。这样的例子太多了，有很多孩子因为怕考试也会产生病痛哦！我要得到父母的重视，那好，我在生理上就会产生这个痛的感觉，紧接着另一个问题来了：妈妈你原来不是跟我说，你中午是不能来的吗？结果，我肚子痛的时候，嘿！你怎么出现了？（众笑）孩子会有什么感觉？

女学员 C：说话不算话。

古老师：你骗我，你说谎，说话不算话，你明明可以来，你跟我说不能来，现在你又出现了。在孩子的世界里，他能不能接受这个事实？不能。因为孩子的世界是很直接单纯的，你告诉我什么就是什么，我相信你。所以，当你气喘吁吁地赶回家的时候，他会惊讶地说："妈妈，你怎么回来了？"他的反应都是合情合理的。（向女学员 A）了解清楚了吧？那你说怎么办？

女学员 A：（沉默片刻）我想只能多跟他沟通沟通吧。

古老师：你想怎么跟他沟通？

女学员 A：多花心思在他身上。可是我觉得我除了上班以外，全部时间都花在他身上了呀！

古老师：你的意思是说，只要把时间花在他身上，这些问题都可以解决？

女学员 A：（沉默片刻）可是我自己也觉得我很用心在关注他了。怎么讲呢，我也看了很多这方面的书啦。

古老师：好，（轻声地）我刚才的话你有没有听进去？（一片沉默之后更轻声地）我刚才说的你听到了吗？请你告诉我你听到了吗？（现场陷入一片寂静和沉默）

女学员 A：嗯，就是要用心，用爱去……

古老师：这是很空洞的话，在这个过程当中，你了解他吗？

女学员 A：我了解到我对他的关爱不及外婆。

古老师：这只是其中之一，还有吗？

女学员 A：第二就是我强迫他做选择。

古老师：非常好！还有没有？

女学员 A：第三，就像古老师说的，平时我们可能就是总跟他讲条件吧。

古老师：好，还有吗？

女学员 A：还有就是要说到做到。

古老师：还有吗？（女学员 A 沉默不语）要不要跟孩子道歉？要不要？

女学员 A：回去尝试，回去一定做！（笑了）

古老师：你现在觉得你的孩子好不好？

女学员 A：我觉得他还可以，不错！呵呵！（众笑）可是我有时候被他逼得没法……

古老师：你可以在这里说，可以继续说。

女学员 A：嗯，就像刚才说的那个暴力的，我们有位学员分享的那个，我家孩子有时候也会这样。比如他不高兴的时候，或者就像刚刚分析的，不满足他的时候，他就会讲："我要把你们切成一段一段的扔进马桶里面冲掉！"（众学员爆笑）

古老师：切成一段一段的，还会冲掉，你看看！哈哈！

女学员 E：他为什么会这样子啊？比如说她带小孩去玩，那小孩子很爱玩，玩不够，不肯回，她就说：你走不走，你不走我自己走了。她儿子说：我还要玩一会。她就真的走了，还跟保姆说：你跟着我走，你如果不跟着我走，晚上你也别回来睡了。保姆在那边看着小孩，走也不是，不走也不是。

古老师：她又在揭发你，哈哈！（哄堂大笑）

女学员 A：因为我们经常会探讨一下育儿经。

古老师：她（女学员 E）已经对你提出批判了。

女学员 E：其实我对她（女学员 A）做的那些都不认同。（众笑）

古老师：好，刚才那个场景，对孩子来说有没有威胁？

女学员：有。

古老师：那孩子的内心世界是什么样的？恐惧、害怕。

女学员 E：而且我觉得她那个脸当时肯定很凶的，连保姆都害怕。保姆要是真的跟她走的话，不知道孩子会……

古老师：（她）像不像后妈？哈哈！（哄堂大笑）对不起，开个玩笑。

女学员 A：没事。

古老师：我们来看看这个（指向幻灯片上"了解人性的需求"），这些东西你平常对孩子用了多少？从实招来！（众笑）

女学员 G：命令、恐吓、责备。

古老师：对，还有教训。

男学员 C：控制。

古老师：有没有控制？

女学员 C：多少有一点。

古老师：还有呢？欺骗、批评，有没有？

女学员 H：有。

古老师：不自觉的。

女学员 H：她不是有意的。

女学员 A：我觉得应该有一点点误解，因为到现在我还在怀疑他那天肚子到底有没有真的痛，虽然医生说这叫瞬间肠痉挛，但是我总是觉得……

古老师：总觉得他在骗你，是吧？所以你还是误解他啰！

古峰：我来讲一个心理会影响生理的案例，我自己的实例。我小学毕业升初中的时候，我记得是一个私立中学，非常严，新生训练的第一天，刚好我们全家要去印度尼西亚两周，去找我们亲戚。学校是作为一个特例处理的，也就是说我到学校报到两个星期之后就出去玩了。

两周之后回来发现：除了我之外，本来不熟的同学两个星期都变熟了。本来大家都不熟嘛！如果一开始你跟他们一样不熟，那还好；可是我回去之后，他们已经变得很熟了，我已经融不进去了。

刚好又发生一件事情，因为我在印尼吃得很多很杂嘛，回来之后就开始拉肚子，肠胃炎，父亲带我去看医生。其实肠胃炎病程本身不长，但我却拖了将近一个月。早上醒来第一件事情就是去厕所吐，当然也不是故意的，但我觉得我没有办法融入，这是心理压力的一个原因，怕赶不上功课是第二个原因，双重压力，再加上身体本身有一些状况，反应就更大。早上一醒来就吐，父母当时也怀疑：你是不是装的，你到底想怎么样？带去医院检查，没事；再换医院检查，没事；最后换到一家医院，抽血，检查出来，哦，是肠胃炎，打了点滴。后来老师知道这个状况，比较照顾我。

我的意思是说绝对会有心理影响生理的情况；还有一点就是，只要你去关注他，他会渡过的。我没有因为这个事情，学就不上了。所以只要你去关注他，陪着他渡过了这一段时间，就没事了。

古老师：（问女学员 A）这样的答复，可以吗？

女学员 A：可以。

古老师：小孩子有没有受到你的伤害？严重不严重？

女学员 A：其实我们在做那个扮演父母和孩子的游戏的时候，我心里面就……

古老师：已经感受到了，是吧？但是你是个好妈妈。你很爱孩子的，不然也不会这么难过，都是为了孩子。我们支持你，你给自己一些时间，做一些调整。没关系的，你犯的错误，我都犯过，都一样。父母在学习的过程中一定会犯错，调整过来就好，没关系的。

孩子的道德感胜过大人

男学员 K：古老师，我感觉几位同学刚才的发言，最初是想探讨人的先天个性跟后天改变的关系，我想请古老师给我们讲一下：如果一个人他先天的个性使他不受外在环境的影响，是否会按照自身一定的轨迹走下去？有些需要后天去做一些改变，那么怎么样在后天中去纠正呢？

古老师：这个问题很大呀！

学员：老师，讲一讲吧！

古老师：小孩子有很多先天就具备的东西，不需要教就能领会的。譬如说道德感，我们一般人都认为道德需要教，各位如果在生活中好好观察的话，你就会发现，其实道德是不需要教的。我问大家一个问题：小孩子会不会骗人？除非他受了大委屈，不然一般小孩子是不会骗人的。孩子的一切都是自然的，他的道德感也是自然的。我们大人是理性地要求自己不可以骗人，而小孩子天性中自然不会骗人，这两个是不一样的，大家要注意这一点！我在观察中还发现，十几岁的小孩子，其实是很讲义气，很够朋友的。很多父母在小孩子交朋友的时候，会这样问：你那个小朋友功课好不好？（众笑）对这样的父母，小孩作何感想，大家知道吗？

学员：势利。

古老师：对，你看看，这就是小孩子的道德感。对这样的父母，小孩子心里是会怪罪、厌恶的。所以，小孩子心中道德感、他内心的价值观自然会形成的，比大人的还要好，还要严密。大家要好好去观察。孩子要比大人讲义气，那个感情是很纯的。各位想想看，我们从小学、高中到大学，交到的朋友、同学，什么阶段的感情是最真、最纯的？

女学员 B：小学。

古老师：对！年龄越大交的朋友感情越淡，是不是这样？

学员：越大越虚假。

古老师：从这里面我们可以学到很多东西，这就是道德，这就是自然选择，是自然、良知的东西。这些都是每个人自然会有的东西。我认为小孩子的道德感，比大人强太多了，比如宽容、平等、体谅，等等，小孩子身上都有，只是我们大人没有发现罢了。小孩子天生懂得宽恕别人，你做错了，他很快宽恕你，这些都不用教，而大人往往不肯宽恕的。

还有，你有没有重视你的孩子，懂得欣赏他？我们都知道，孩子们最讨厌的一句话就是"小孩子还小，什么都不懂"。你以为小孩子还小，他什么都不懂，错了！小孩懂的不一定比你少，他们没有那么多知识，但他们拥有自然心灵的反应。这个东西往往被忽略掉了，我们认为一定要学很多知识，那才宝贵，我们培养孩子往往也是以知识的多少为指标，错！人天生本有的反应才是真正的宝，才是真正的智慧，不要把知识当成智慧。所以，培养孩子跟与人相处一样，不要忽略他本有的，他本身自然会冒出很多智慧的火花，这就是人性的可贵，生命的可贵。

你有没有发现你的孩子是个宝藏？他身上有很多宝贵的东西，你有没有挖掘出来？不光是孩子，任何人都是宝藏，问题是你识不识货。你有没有把他内在的东西开发出来，引导出来？有一点很重要，你必须重视他；你不把他当一回事，那个宝贵的东西出不来。所以，重视孩子、欣赏孩子，知道他是一块宝，然后好好去观察他、了解他、探索他。

另外一个是关于纪律的问题。大人整天要求孩子守纪律，小孩子天性里面有没有纪律？有。小孩有小孩的纪律，而且他的纪律意识会自然形成。你细心观察孩子的话，很有意思，孩子每到一个陌生的环境，哪些该做，哪些不该做，他清楚得很，这一点大人都比不过孩子。

还有很多事对孩子来说也是不用教的，譬如灵敏度。小孩子对大人行为意识的感觉比成人还敏锐，比大人更清楚。你骗他，他清清楚楚；你装假，他清清楚楚；假的民主，假的尊重，他一眼就把你看穿了，只是顾虑你的面子，不戳破而已。（笑声）所以，孩子的脑子比大人还清楚，灵敏度比大人都还要高。

我以前有一次上课的时候，遇到一个孩子，才十岁，我谈到赞美的问题，她就脱口而出："古老师，赞美不是讨好。"赞美不是讨好，说得多经典啊！才十岁的小孩子。而我们成人经常会把赞美当成什么？手段——用赞美去讨好别人。

所以，不要忽略小孩子的能力。遗憾的是，我们长大之后，自己把原本就有的能力都破坏掉了。刚才 K 先生说先天和后天的问题，其实孩子有很多先天的东西，等待我们去发掘。小孩子很纯真，好的东西太多了，反而我们年纪大的都受了污染。

女学员 H：我姐姐的孩子还不到五周岁。那天他从幼儿园回来告诉妈妈："妈妈，我今天在幼儿园被人打了。"他妈妈就问："为什么打你？"孩子说："我们就是闹着玩，我就碰了一下他，他就狠狠地打我。"他妈妈说："那你怎么不告诉老师？""我不想告诉老师。"孩子回答道。"那为什么你不打他呢？"妈妈接着问。孩子竟这样回答："妈妈，我打他或者告诉老师的话，他肯定也会像我一样心里不好受。我如果让他心里不好受，我还不如不告诉老师，也不要打他。"我听了这话真的很感动！一个小孩子才五岁，竟能说出这么有道理的话，让大人大吃一惊啊！他能够这样想：如果我告诉老师的话，老师肯定会去骂那个同学，他心里也会不好受的。就是说这个孩子，敏感度真的特高，孩子能够了解孩子的心理，觉得反正我受委屈就受委屈了，不想让别的孩子再去受委屈。

古老师：对呀！这就是孔子讲的"己所不欲，勿施于人"。

女学员 H：我觉得这样的孩子太难得了。其实，有的时候父母没有好好地去观察孩子，忽略了孩子很多感受。

古老师：对！没错！

男学员 Q：老师，如果小孩记仇，他要复仇才高兴，家长怎么安慰他呢？

古老师：他要复仇？会吗？

男学员 Q：有，他记得呢。

古老师：他会记多久？

男学员 Q：时间比较长，过两三个月后，他会想起某时某刻爸爸妈妈对他做过的事情。

古老师：那是你们家长打他，或者是伤害他了，对吧？他会记得，他那只是记忆，是不是记仇那不一定。当一个人被批评、指责的时候，他会产生什么？他会愤怒嘛！

男学员 Q：就像刚才他们说的，在学校被欺负了，回到家父母安慰他，他可能心里并没有完全解气，找机会非揍对方一顿不可。

古老师：是你这么想还是你孩子这样想？（众笑）

男学员 Q：我有时候这样想，小孩也是，被打了以后一般会这样。

古老师：主要是你这么想。好，关于孩子打架还手回击的事情，即使回击也是当场回击，他不会等那么久的。孩子被打，然后还击，你打我一下我还你一拳，这是很正常的；孩子被打过以后，过了三天再去回击对方，这就不正常了。你刚才说的记仇、记恨就是事情过去后再去报复。

男学员 Q：那他确实记得呢。

古老师：当然记得，不记得就失忆了。一些不舒服的事容易被记住，就像我们小时候被打、被伤害的事，我们是不是还记得？

学员：记得。

古老师：对呀，那些痛苦的事情我们肯定都记得，这都是很正常的。你不能说记得就是记仇，这是两回事。但是，也不能否认确实有记仇的，你要区别开来，判断清楚。别人打他，他打别人，孩子很小的话，无所谓教不教，让他自然发展就行。小孩子玩闹打架和大人不一样，不要把小孩子打架看得那么严重。

女学员 K：古老师，刚才大家讨论了这么多，我发现很多家长和我都有同样的问题，大家都关心孩子在外边被欺负，是否还手的问题。我儿子今年八岁，他性格属于那种比较内向、敏感的，在学校经常被欺负，甚至比他低一年级的女孩也欺负他。（笑声）我也时常跟他讲，你要知道还手才行。现在我知道了我的教育方法是错误的，可是我又很担心这样的环境会不会对他以后人格造成消极的影响。

古老师：当他被人家欺负的时候，你有没有让他感觉妈妈跟他站在同一边？

女学员K：这个还没有，我还没有办法处理得这样好，这样清晰。

古老师：你懂我的意思吗？

女学员K：我只是站在一个母亲的角度，自己的孩子被人家欺负了，我很生气。

古老师：这已经够了。

女学员K：可是我还教他要还手。

古老师：那是另外一回事，我们分两部分来处理。让孩子觉得，他被别人打，妈妈很生气！注意，这非常重要！假如你们是孩子，跟妈妈说自己被打了，妈妈听了很生气，你会感觉如何？有没有妈妈跟我站在一起的感觉？有没有妈妈很爱我的感觉？

学员：有，妈妈很在乎我。

古老师：对！所以，让他觉得妈妈是保护我的，是跟我站在一起的，妈妈是爱我的，这种感觉最重要。你只要一个表情或一句话："我的孩子怎么能被打？哼！"孩子心里就舒服啦。至于要不要去还手、还击，那不是太重要的事。

女学员K：因为我孩子的个性比较弱，他从来不打人的。

古老师：他不还手，不还击，他心里是不是就没有事了？不还手就算了，自己就过掉了，能这样最好。对他而言，这事已经过去了，是吗？

女学员K：他好像跟我说过，他已经原谅了别人。

古老师：你孩子的品德好不好？

众学员：很好。

古老师：要不要赞美，要不要欣赏你孩子？

女学员K：嗯。

古老师：孩子懂得原谅别人，是不是我们所希望的？孩子的优点，我们要学会去欣赏。我的经验是，孩子的道德标准往往是高于我们大人的。但是，我们大人自以为了不起，经常去教训孩子，强迫孩子。孩子的诚信、对朋友的义气都超过大人。不信，你去生活中观察。孩子容易宽恕人，我们经常看到父母给孩子道歉，孩子马上就原谅了，他不记仇的，会让你非常感动。

女学员H：对。我的孩子才两周岁，但是，他有时候会有很细腻的表情或者语言，让人很惊讶！我由于工作原因，一个月才回去陪孩子几天。有一次中午我临走才跟他讲，妈妈就要走了，他搂得我很紧很紧，然后说：妈妈，你不要走，不要走好不好，我要跟你在一起。如果我故意走开，故意把笑脸收起，他就会觉得自己好像犯了错误，就会对我说：妈妈你不理我了吗？你生气了吗？我做错了吗？才二十几个月龄的孩子，哎！我有时就觉得，真的是让人心里很难受的。

我现在对他，按古老师的说法就是放手，可能在别人看来很放任。我不去管他，我觉得他有时候自己会知道该怎么做。比如他有时候会跟着哥哥玩积木。到吃饭的时候，他自己会主动把积木给收起来。他自己会主动做一些事情，不需要你去指示。我们大人都以为很多事要去教孩子，他才会做，其实不是这样。我觉得你越是教他，他越会教条；你越管他，他越跟你对着干。所以，我就采取放手的办法，我爸爸妈妈也是这样对孩子。一旦他很自由，他就很懂事。他每天把衣服弄得很脏很脏，我妈妈就说大不了多换几套，无所谓，让他去接触接触自然，接触泥巴，接触大地，他心会就很宽阔。并且他说出来的话，会让大人很吃惊。所以，家长要学着去观察孩子，欣赏孩子，不要把自己的思想禁锢带给孩子，更不能把自己的愿望强加给孩子。(掌声)

古老师：对，很好，谢谢！谈到孩子的教育，你真正懂得的话，孩子是不需要你去教的。只要不去破坏他的天性就好，不要给他那么多限制就可以。孩子自己会成长得很好。为什么他有时长不好呢？都是被我们大人折腾坏了。这边给他掐一下，那边给他整一下，弄得他没有办法按照他自己的路、自己的规则去成长。更有甚者，孩子自己的路、自己的规则经常会被大人给破坏掉。

女学员 G：我可以再举一个例子吗？

古老师：好，你来说。

女学员 G：有一次吃完晚饭，我的女儿说："我要洗碗。"她就两岁半嘛，我觉得那么小的孩子，我有点不放心，但是我还是答应她了。不过，我就站在旁边，看她就把碗摆开，然后用小手扶着碗开始洗。我吩咐了一句"不要把水弄出来"，就走开了。她也不理我，继续洗她的碗，洗完以后跑过来跟我说："妈妈我洗完了。"我过去一看，虽然洗得不干净，但是她摆得非常整齐，一个一个垒起来，筷子成把地放到旁边。更有意思的是，她还把洗碗的毛巾搭在那个碗上面，弄得非常整齐。当时我就想，碗没洗干净是因为孩子还小，做成这样已经是不错啦！这应该算是孩子的杰作吧？

古老师：对！是杰作，才两岁多嘛！所以，不要小看孩子，要学会去欣赏我们的孩子。孩子身上有很美的东西值得我们去欣赏的。

余老师：在孩子身上，我们可以欣赏的东西很多很多。会欣赏，我们就会很开心，就不会那么担心。

女学员 L：当我用一种很放松的心情，比如说，把工作上的压力、烦恼都放掉，再来看孩子的时候，就会觉得生活特别幸福，他很美，自己也很美。

古老师：你说把什么东西放掉？

女学员 L：就是工作生活中的压力啊！比如名啊利啊，这些东西全部放掉，当你很空、无所求的时候，再来看他，你就会觉得：哎呀！他美，你美，世界美，一切都美。

古老师：不美是因为我们戴着有色眼镜。

女学员 W：前一段时间，我和几个同行讨论：我们是在搞教育呢？还是在搞教学？大家都知道，青少年网瘾问题已经是全国性的问题。一个专门治疗网瘾的专家发现有网瘾的孩子最小的年龄是 17 个月。另外，我自己在教学过程中发现，叛逆年龄最早的孩子居然只有两岁半。我就想，我们的家长到底在干什么？很多家长所谓的教育事实上是耽搁了孩子的成长。其实，一个很小的孩子，比如一两岁的，他要做什么你就放手让他做。你不去赞美他甚至不理他都成，关键是不去限制他、扼杀他的天性。

你可以把瓷碗换成塑料碗或钢碗，如果他喜欢那就让他摔，还可以把碗当成玩具，当成乐器。培养激发孩子天性中好的东西，那么他会自我欣赏，就会很自信。比如刚才 H 女士说她的孩子把碗码得很整齐，上边还盖着毛巾。你就站在那里说，你做得比妈妈都棒！这就是认可和鼓励。还有一种方法，不是当面肯定或者鼓励他，比如家里来了亲戚朋友，你就带着他们看一遍：哎呀！你看看我家宝宝多厉害，你看他刷碗刷这么好！不当面赞扬，而是让声音飘到他的耳朵里去，效果肯定更好。如果家长不过多地干预孩子，不把"我的意志""我认为"强加给孩子，而给予他适当的空间，孩子反而会成长得很好，不需要家长太费心。

还有，应该让孩子在没有危险的情况下玩他所喜爱的东西，因为所有的东西对孩子来说都是艺术品，不仅仅是玩具。这样成长起来的孩子，到了七八岁，就可以放手了。现在经常上古老师课的家长，你们的孩子是幸运的，因为至少你们懂了，孩子就解放啦！而我们当初在带孩子的时候就没受过类似的教育，现在孩子都大了，都定型了。

说句实话，我们这个年龄段的人没有受过这种教育，我们小时候正处于"文化大革命"时期，不讲文化，传到我们手里的东西是苍白的，没有尊重，也缺乏安全感。那个时候人人自危，这种气氛笼罩社会，也笼罩家庭。我们是受害者，也把这种东西延伸到现在的家庭，那种痛苦还没有代谢完。我的孩子也多少会受到影响，到他的下一代，大概能好一些。所以，我们在陪伴孩子成长的时候，不要把那些东西带给他，放开你的手。不要以为我们是在教育他，有时候你不干预、不伤害比你认

为的教育更棒。(掌声)

男学员 A：古老师，我对她的话很有感触！我们老想管孩子，老想干预，其实我们说的"放下"，也包括这个。

古老师：对！我经常讲啊，不要去管孩子，不管他还好，你越管他越糟，但是也要注意，不管不是放任，不是完全不理他，那也不对。所以，教育不是那么容易的事情，带孩子这方面还有几个问题，我们下面会谈到。

救救孩子

男学员 E：古老师，我有个问题。关于孩子的教育，现在都在说，一个是家庭教育，一个是学校教育，再就是社会教育，还有人提出宗教教育，这四方面的教育像四堵墙包围着一个孩子，所以说我们在家庭教育这方面应该尽量给孩子松绑，重视他的 EQ，多给予赞美和肯定，这样他的心智才能比较健康。但是现在的大环境下，学校和社会的教育给孩子的是一种很实际的东西，我们既不能回避，又改变不了，所以我们做家长的感到很困惑。还有，平时我们教给他的一些做人方面的道理或者是成长方面的经验，有时跟学校和社会上教的不太一样，孩子回来经常跟我们这样说：哎！你们总是这样说，但是别人怎么总是批评我或者是不认同我啊？这会不会造成他心理上的分裂和矛盾？我们很困惑。

古老师：好的，这的确是个问题。但是这里我要说，爱迪生小时候是很笨的，牛顿也是很笨的，成绩都不好，但是他们的妈妈认为自己的孩子就是最好的，不管别人怎么说，在她们的心目中就是最好的。所以自己带孩子，慢慢地孩子就好起来了。我的意思是，不管外界怎么说，最重要最关键的还是父母怎么看。你是不是彻彻底底地相信自己是对的，信念是不动摇的？我很确认这个是对的，我对你的信心是不动摇的，这个最重要。假如你动摇了，孩子也会动摇，关键在于父母！

男学员 E：还有一种情况：我们的家里教他要付出、要爱人，这种做人的准则在家里能得到父母的赞同和肯定，但是在社会上呢？现在社会上大多数的小孩都是自私的。我们孩子在家里接受的这种价值观，到了社会上没有得到肯定和认同，他会不会产生不愿面对社会、不想走入社会的情绪？感觉家是最温暖的地方，人在心理上都有寻求安全感的本能，那么长此以往会不会造成他心理的自闭，逃避社会，不跟人交流，活在自己的世界里？

古老师：我的看法还是回归人性的需求。你所说的状况我认为还是有限的，不好的东西，不可否认是有的，但是不可能全部都是，问题的也一定会有，但不可能全部都有问题，比如全班 50 个人，不至于 49 个人都那么糟。谈到教育和环境的问题，谈到孩子的适应力问题，只要你家庭养分足够，对孩子的信任度够，他是有能力去适应那些环境的。他会清楚自己是对的，他会知道自己做人就应该这个样子，别人有偏差的时候，他也能分辨出来——我不能跟他一样。

女学员 B：父母要有信心！

古老师：对！关键在父母身上！

男学员 J：我们一直在考虑一件事情：父母培养孩子的价值观和行为准则在外界可能得不到认同和肯定的时候，选择自己在家里教育，会不会有很大的弊端？我想知道如果让孩子待在家里，我们自己教他，弊端主要在哪里。

古老师：我的看法是这样的，假如这个孩子从小在健康正常的教育之下，有足够的尊重、关爱、自由、安全感这些人性需要的东西，自信心真的建立起来了，人格健全的话，他就有能力去应对外面的世界。

男学员 J：那么什么时间是最重要的？

古老师：原则上 0—6 岁这个年龄段是最重要的。

男学员 J：也就是说，6 岁之前不去上幼儿园，自己在家里教，可以吗？

古老师：可以啊。说到幼儿园的问题，我发现很多三四岁的孩子就送到幼儿园去寄宿，离开父母，这是非常要不得的事情。因为小孩子这段时间是非常需要安全感的，这个时候离开父母，他的感觉是什么，你们知道吗？被抛弃！爸妈不要我了！以前我碰到这样的事例很多，有些是小时候就送到奶奶、外婆那边去带的，即使是跟爷爷奶奶一起生活，小孩子也会有这种感觉——爸爸妈妈不要我了。现在很多父母在外面打工，把孩子留在老家做留守儿童，一样面临这个问题，这很严重啊，孩子心理都会扭曲的。

谈到幼儿园，目前好的幼儿园不多，但幼儿园的好坏跟家长的观念也有关系。我举个例子。孩子放学了，妈妈去接，看到孩子衣服很干净，这个时候会有两种情况：一种妈妈说这个幼儿园教育得真好，衣服都保持得那么干净；另外一种妈妈就抱怨了，衣服这么干净，这个幼儿园一定没有让孩子充分地去玩。对一样的幼儿园、同样的状况就有两种不同的看法。所以，幼儿园的问题和家长的问题等都纠缠在一起。幼儿园怎么做才是好的？我们也碰到过比较自由的幼儿园，对孩子几乎没有太多管制，非常开放。但是也有人抱怨：这样的话，孩子会不守规矩、不听话……很多问题，很复杂的。

女学员J：古老师，我的小孩3岁的时候不愿意去幼儿园，他不适应，有种被抛弃的感觉。我一直在怀疑这个对他有影响，您怎么看？目前他学习的时候经常会注意力不集中，这之间是不是有关联？

古老师：3岁的时候不愿意去幼儿园，他会哭很久还是哭一会儿？

女学员J：在幼儿园里老是呆呆的。但是后来转去另外一个幼儿园了就很高兴。是不是小孩在第一个幼儿园的经历导致孩子现在的情况？

古老师：他现在表现如何？

女学员J：虽然给他很宽松的环境，也比较尊重他，但是他的学习习惯不是很好，他现在已经三年级了，学习时经常走神。

古老师：那他走神的时候在干什么？

女学员 J：发呆！

古老师：就坐在那里发呆？

男学员 E：古老师，我最近也发现孩子读书时会停下来，手托下巴，好像沉浸在幻想中。

古老师：神游，对吧？

男学员 E：对。

古老师：注意！孩子喜欢幻想是有原因的。为什么喜欢幻想？

女学员 D：得不到满足的，在幻想中可以满足。

男学员 S：沉浸在自己的世界。

古老师：对，现实世界中，这个不能做那个不能做，现实生活中得不到的，我幻想就可以得到，就是这样。

女学员 J：我孩子写两个字就会发呆，然后把他叫过来再写。这个时候我就觉得……（说不下去，有些难过）

古老师：是有些问题。他小时候在家里好不好动？小时候你们让不让他动？

女学员 J：小时候一直让他动。

古老师：他的这种状态是从什么时候开始的？

女学员 J：好像从上小学开始的吧，但是在幼儿园的时候，我就发现老师讲话他不大听。

古老师：可能他过去在自我探索的时候被干扰了。他发呆是在幻想还是在……

女学员 J：他说脑子里一片空白。

古老师：时间多久？

女学员 J：不停地出现。写两个字就发一会儿呆。

古老师：只有在写字的时候才会出现？其他时候会不会？

女学员 J：不会。只有学习的时候！

古老师：假如是这样的话，问题不大。

女学员 J：我发现他玩游戏的时候非常专注，本领非常高。

古老师：那问题不大，玩游戏的时候正常，这表示他不喜欢学习，清楚吧？

女学员 J：清楚了。（笑颜绽出）

古老师：他不喜欢学习！（强调道）

女学员 J：那是不是意味着学习给他带来痛苦啊？

古老师：没错。学习不快乐，有压力，就要逃避。

女学员 J：那跟他以前的经历有关系吗？因为他经常跟我说，他后来上的那个幼儿园让他感觉非常幸福，总是很怀念，想回到幼儿园去。

古老师：那是个什么样的幼儿园？

女学员 J：就是让他们尽量玩。

古老师：这是对的！所以有可能他 3 岁时上的那个幼儿园不让他玩，或者没有让他玩够。

女学员 J：（笑着）是这个原因啊！

古老师：对！有个方法，他现在爱不爱玩？

女学员 J：爱玩。

古老师：让他玩够了再写作业，即使玩够了不写作业也没有关系，你敢不敢让他玩个够？

女学员 J：我好像没有这个勇气。他的成绩我比较担心。作为家长，实际上我的压力会很大，所以我不敢让他玩。

古老师：你有压力，你会把你的压力传给他吗？

女学员 J：应该会的。

古老师：所以他现在有双重的压力了。其一，功课不好，在学校老师、同学面前，自己本身有压力。其二，妈妈是很爱我的，妈妈希望我功课好，我现在功课不好，这是不是另一重压力？他有两个压力，所以他对功课、作业恐惧。他有没有排斥？

女学员 J：应该是！还很厉害。

古老师：有没有恐惧？

女学员 J：有。

古老师：好！当他恐惧又排斥，却又必须面对的时候，他用什么方式来应对？要不要逃避？

学员：要！

古老师：怎么逃避？发呆，幻想。（大家笑）

女学员 J：就这样逃避？

古老师：对啊，学习是很痛苦的事情，我要逃避它，不让我发呆我就会进入那个让我痛苦的事情里去的。清楚吗？

女学员 J：嗯。

古老师：关键在你身上。作为家长，你认为功课很重要，而且希望他功课好，对吧？

女学员 J：对。

古老师：这就是问题！

女学员 J：难道我能不在意他的功课吗？

古老师：那么是你孩子的功课重要，还是他的心理健康重要？

女学员 J：那肯定是心理健康重要。

古老师：真的？不要骗我哦！（大家在笑）也不要骗自己哦！

女学员 J：嗯，那是。

古老师：假如有这个确信的话，功课不重要，同意吗？分数不重要，考不好没关系，同意吗？

女学员 J：嗯！同意！

古老师：你的孩子喜欢玩，让他玩个够。可不可以？（大家笑）

女学员 J：可以！呵呵！

古老师：好的！回去开始做吧！（大家鼓掌）

对教育的反思

古老师：我们来念一下《二十三号女生》。余老师来帮忙，你的声音比较好听。（大家笑）

余老师：在念之前我想跟大家分享一下。我常常在想，为什么孩子真实的感觉从小就被我们剥夺掉了？长大之后，发现外界和他的价值观不一样，他就会一片茫然或者是不回应，或者是以其他方式逃避。我们讲牛顿和爱迪生，就是因为特殊的孩子，他们的思维肯定是不一样的，要是强迫他们跟大多数人一样，他们会很痛苦。假如我们做父母的，知道我们的孩子和别人不一样而能珍惜他、保护他，给他成长的空间，我想这就会解决很多问题，他将来应对外界环境的能力就更强一点。（大家鼓掌）

谢谢！现在开始读《二十三号女生》。

其实没有远大理想也不是什么坏事，这辈子能够做一个正直的人就可以了。

女儿的同学都管她叫"二十三号"。

她的班里总共有五十个人，而每每考试，女儿都排名二十三。

久而久之，便有了这个雅号，她也就成了名副其实的中等生。

我们觉得这外号刺耳，女儿却欣然接受。

老公发愁地说，一碰到公司活动，或者老同学聚会，别人都对自家的"小超人"赞不绝口，他却只能扮深沉。

人家的孩子，不仅成绩出类拔萃，而且特长多多。

唯有我们家的"二十三号女生"，没有一样值得炫耀的地方。

因此，他一看到娱乐节目里那些才艺非凡的孩子，就羡慕得两眼放光。

后来，看到一则九岁孩子上大学的报道，他很受伤地问女儿："孩子，你怎么就不是个神童呢？"

女儿说："因为你不是'神父'啊！"

老公无言以对，我不禁笑出声来。

中秋节，亲友相聚，坐满了一个宽大的包厢。

众人的话题，也渐渐转向各家的小儿女。

趁着酒兴，要孩子们说说将来要做什么。

钢琴家、明星、政界要人，孩子们毫不怯场，连那个四岁半的女孩，也会说将来要做央视的主持人，赢得一阵赞叹。

十二岁的女儿，正为身边的小弟弟、小妹妹剔蟹剥虾，盛汤揩嘴，忙得不亦乐乎。

人们忽然想起，只剩她没说了。

在众人的催促下，她认真地回答：

"长大了，我的第一志愿是，当幼儿园老师，领着孩子们唱歌跳舞，做游戏。"

众人礼貌地表示赞许，紧接着追问她的第二志愿。

她大大方方地说："我想做妈妈，穿着印叮当猫的围裙，在厨房里做晚餐，然后，给我的孩子讲故事，领着他在阳台上看星星。"

亲友愕然，面面相觑，不知道该说些什么。

老公的神情，极为尴尬。

回家后，他叹着气说，你还真打算让女儿将来当个幼儿园老师？

咱们难道真的眼睁睁地看着她当中等生？

其实，我们也动过很多脑筋。

为提高她的学习成绩，请家教、报辅导班、买各种各样的资料。

孩子也蛮懂事，漫画书不看了，剪纸班退出了，周末的懒觉放弃了。

像一只疲惫的小鸟，她从一个班赶到另一个班，卷子、练习册，一沓沓地做。

可到底是个孩子，身体先扛不住了，得了重感冒。

输着液，在病床上，她还坚持写作业，最后引发了肺炎。

病好后，孩子的脸小了一圈。

可是期末考试的成绩，仍然是让我们哭笑不得的二十三名。

后来，我们也曾试过增加营养、物质激励等等，几次三番地折腾下来，女儿的小脸越来越苍白。

而且，一说要考试，她就开始厌食、失眠、冒虚汗，再接着，考出了令我们瞠目结舌的三十三名。

我和老公，悄无声息地放弃了轰轰烈烈的揠苗助长活动。

恢复了她正常的作息时间，还给她画漫画的权利，允许她继续订《儿童幽默》之类的书报，家中安稳了很久。

我们对女儿，是心疼的，可面对她的成绩，又有说不出的困惑。

周末，一群同事结伴郊游。

大家各自做了最拿手的菜，带着老公和孩子去野餐。

一路上笑语盈盈，这家孩子唱歌，那家孩子表演小品。

女儿没什么看家本领，只是开心地不停鼓掌。

她不时跑到后面，照看着那些食物。

把倾斜的饭盒摆好，松了的瓶盖拧紧，流出的菜汁擦净。

忙忙碌碌，像个细心的小管家。

野餐的时候，发生了一件意外的事。

两个小男孩，一个奥数尖子，一个英语高手，同时夹住盘子里的一块糯米饼，谁也不肯放手，更不愿平分。

丰盛的美食，源源不断地摆上来，他们看都不看。

大人们又笑又叹，连劝带哄，可怎么都不管用。

最后，还是女儿，用掷硬币的方法，轻松地打破了这个僵局。

回来的路上，堵车，一些孩子焦躁起来。

女儿的笑话一个接一个，全车人都被逗乐了。

她手底下也没闲着，用装食品的彩色纸盒，剪出许多小动物，引得这群孩子赞叹不已。

至下车，每个人都拿到了自己的生肖剪纸。

听到孩子们连连道谢，老公禁不住露出了自豪的微笑。

期中考试后，我接到了女儿班主任的电话。

首先得知，女儿的成绩，仍是中等。

不过，他说，有一件奇怪的事想告诉我，他从教三十年了，第一次遇见这种事。

语文试卷上有一道附加题：你最欣赏班里的哪位同学，请说出理由。

除女儿之外，全班同学，竟然都写上了女儿的名字。

理由很多：热心助人、守信用、不爱生气、好相处等等，写得最多的是，乐观幽默。

班主任还说，很多同学建议，由她来担任班长。

他感叹道："你这个女儿，虽说成绩一般，可为人，实在很优秀啊！"

我开玩笑地对女儿说："你快要成为英雄了。"

正在织围巾的女儿，歪着头想了想，认真地告诉我说，老师曾讲过一句格言：当英雄路过的时候，总要有人坐在路边鼓掌。

她轻轻地说："妈妈，我不想成为英雄，我想成为坐在路边鼓掌的人。"

我猛地一震，默默地打量着她。

她安静地织着绒线，淡粉的线，在竹针上缠缠绕绕，仿佛一寸一寸的光阴，在她手里，吐出星星点点的花蕾。

我心里，竟是蓦地一暖。

那一刻，我忽然被这个不想成为英雄的女孩打动了。

这世间，有多少人，年少时渴望成为英雄，最终却成了烟火红尘里的平凡人。

如果健康，如果快乐，如果，没有违背自己的心意，我们的孩子，又何妨做一个善良的普通人。

长大成人后，她一定会成为贤淑的妻子、温柔的母亲。

古老师：这篇文章有意思吧？很值得我们反思。我们总想把孩子教育成伟大的科学家，什么伟大的人物啊，成龙成凤。我记得这期报名的一位家长填写表格时，希望孩子成为"为天地立心，为万世开太平"的人，太伟大了，很不容易做到。这个孩子，人家只想当幼儿园老师，想当一个好母亲，考试成绩不是很好，考了二十三名，但她的 EQ 非常高，受到同学的欢迎。她活得是不是很愉快、很自信？所以说功课没有那么重要。什么是最重要的？IQ 重要还是 EQ 重要？EQ 重要。怎么样培养一个健全的人格，才是最重要的。

现在除了学校的功课之外，孩子还要一天到晚地学这个学那个。孩子多才多艺好像家长就长高了几寸，觉得自己的家庭属于较高层次的家庭，对吧？都有这种意思在里面，都含有面子的成分，只是多少的差别而已。各位为了让孩子变得多才多艺，给孩子开各种课程，报各种才艺班，学画画，学音乐，学舞蹈，学演讲，有没有问问孩子喜不喜欢？有的妈妈，周末给孩子报两个班，一早拉着孩子出去，这个班完了再去赶另一个班，晚上孩子还要做学校的功课。把孩子搞成那样，这是孩子的愿望吗？

女学员 D：古老师，我问一个问题。我有个女儿，她现在从星期一到星期五，除了上幼儿园，还要去上提高班，我就问她："你自己喜欢报这些班吗？"她说："我喜欢啊。"她每天都要六点才能回来，周末还要去上课，那为什么孩子要去上？因为幼儿园老师上课的时候会鼓动大家：你去学跳舞啊，学演讲啊，学画画啊，这很好的。孩子不懂，她希望得到老师的认可，她就愿意去报班。可是你问孩子，是她自己喜欢要报的还是老师鼓动的，你问她喜欢不喜欢？没办法判断啊，结果她就去了。所以，我们家长也没有办法，孩子早上八点去了到傍晚六点才回来，唉！表面上这又是她自己要报的，这是自愿吗？这是社会现状，如果你不让孩子报班，别的小孩子都去，她会很难过——妈妈不让我去。就算她没有学到啥东西，也得随她呀。

古老师：没错，但我们要清楚，除了学校的因素之外，还有个什么东西在作怪？是攀比心这个东西在作怪：别人学，我也要学。

女学员 D：但是，我们家长还要尊重她，她要学，你不让她学的话，她会难受啊。

古老师：对，一样的道理，除了这个情况比较伤脑筋外，还有哦！比如小孩子喜欢吃的东西，我们父母往往都不让孩子吃，认为不健康，是垃圾食品。但是小孩子之所以喜欢，有两种原因：第一，味道真的还不错；第二，别人都吃，我也要吃。吃东西很多都是心理因素，不是生理因素啊。我儿子的一个同事，三十几岁的人了，他说他的冰箱里面摆满了可乐，小时候爸妈不让吃，现在长大了，赚钱了，自己买来吃总可以吧！（众笑）所以教育孩子要注意，你越不让他吃，小孩子越想吃。

别的孩子都去上才艺班，我也要去——要注意其中的心理因素。有个朋友听完我的课之后跟我讲：不管他，不限制他，不是要吃这个吗？好，我买一大包那个东西给他吃，嘿！很奇怪，买回来一大堆，他反而不吃了。人就是那么奇怪呀！吵着闹着要吃，你不限制他，给他吃个够，满足之后，他也就不想要了，这就是心理在作怪。所以带孩子，一定要特别注意心理因素。

男学员 A：关于给孩子宽松环境的问题，我很赞同，也很有感触。我的孩子，虽然她很优秀，周围的人都很羡慕，她自己也很骄傲，但是，我心里仍有外人所不知道的歉疚。

学员：怎么有歉疚呢？

男学员 A：前一段时间，她毕业高中的校长给我打电话说：你女儿那么优秀，你应该写些东西，说说你是怎么培养孩子的。他们不知道我和孩子都有非常矛盾的心理。我的孩子从上幼儿园开始，没有一届老师不认识我的，没有一次家长会我不参加的，就是刚才 W 女士说的，对孩子的爱之大。尽管孩子在旁人眼里很优秀很成功，其实我和孩子内心都有痛楚，我感觉孩子整个童年没有完全快乐过。真的，我女儿说过一句话刺伤了我，到现在我还记得，她说："爸爸，你不要看我这么成功，如果我将来有孩子，我再也不想按你那样的路走了。"按我这样的路！你们说说按我什么样的路啊？我也很冤屈呀，我没硬给她路啊！应试教育这个模式，学校这个环境是我们没法改变的。我们离开这个模式、离开学校教育，我们自己教育不了啊！你不走这个模式怎么办？这说明她本人也很痛苦，她是在学校应试教育的强大压力下长大的。虽然我很早就意识到了这个问题，我能做的是给孩子间接舒压，周末尽量带她去玩，放松。甚至每次大考，前一两周我都带她去玩。一出去她就习惯带书包，我说别带。她说为什么不带，我说就是带你去玩，不看书，不学习。我感觉就是这种宽松的环境我们做家长的也不是完全能给予孩子的。

假使再有孩子，我真不忍心再让他走小学、初中、高中、大学这样一条路了。我来教，哪怕你随便学，你不学我带你游历天下也好。我女儿也是同样的心理，她说以后她有孩子就带到美国去，不让他走那样的路了，让他学艺术让他随便玩。她这个心理，是对整个学生时期的一个反叛，尽管她很成功。

女学员 L：那她现在快乐吗？

男学员 A：如果不谈过去，她是快乐的，她不会说自己过去是快乐的。她前几天还给我发了几张照片，是她在英国风帆俱乐部玩帆板时照的，她很会打理自己的生活。但是只要提到教育，特别是孩子教育，她

就很敏感，对她那一段冲刺高考的学生生活非常恐惧。所以大家谈到孩子教育我就深有感触，说了那么多，谢谢大家！（掌声）

古老师：现在学校的教育，小学、初中、高中，十二年，很多家长发现教育有不少问题，所以，就不把孩子送到学校去，对不对？时下很流行读经典，特别是儿童读经。我看儿童读经也存在问题，儿童读经你知道是怎么读吗？一天读十个小时，孩子怎么受得了？还要规规矩矩，不能动。

学员：很多都这样的。

古老师：部分家长对当前的应试教育深感失望，社会上办起了私塾学堂。殊不知这种私塾问题很严重，严重到什么程度呢？三五岁的孩子被送到私塾，背书不好就被打戒尺，所谓"一片无情竹，不打书不读"。还要坐得规规矩矩的，见到人就鞠躬。很多上私塾的孩子都变成什么样子了？举止呆板，眼睛呆滞，看着很乖很听话，但不像个孩子，七八岁就像个大人。这种孩子你喜欢吗？一点都不灵动，失去了孩子应有的天真烂漫。一天八个小时甚至十个小时都在背书，对于孩子，那真是很恐怖的事情。

认为应试教育有问题，岂不知这种背书式的也是应试教育，是一种更严重的应试教育啊，比学校的应试教育更糟糕！当前之所以盛行学儒学、学经典，这里面有很重要的原因——不少家长认为目前应试教育学的东西，孩子在进入社会之后都用不上；而中国的经典里面又有很多做人处事的道理，孩子背下了这些道理以后，进入社会能够用得上，这是读经最初的意义及目的。然而经典毕竟也是书本，只是教材，教材不等于教育啊！现在很多家长和私塾片面地认为读了经典就能解决一切问题，结果把孩子弄得死板了。经典本身是好的，孩子背的教材也是好的，背下来有用也是对的，问题在于在背书学习的过程中，我们用什么方式来教。弄成一个苦差事，让孩子觉得枯燥乏味，给孩子很大的压力是不行的。各位想想，我们成人喜不喜欢背书？

学员：不喜欢。

古老师：不喜欢背书，特别是小孩子。小孩子最喜欢的是什么？

学员：玩。

古老师：对！玩是孩子最高兴的事情。我见过一个家长，他带着孩子背书，哎呀！要求太苛刻死板，要孩子必须挺直坐好，手指还要指着字行。让孩子背书不能这样啊，要在轻松的气氛下进行，要让孩子觉得很好玩，这样孩子才容易领会记住，背书的效果才会好。以前私塾学子背书也不是我们现代人想象的那么死板，是用吟诵的方式，讲究抑扬顿挫，看起来摇头晃脑很好玩的。

学校教育是有问题，那你不送去就好吗？上私塾，有问题的私塾一大堆；有的家长自己带，亲自教育，但这也不是根本的解决办法啊！我们能做的是，把家长的责任问题解决好，关键是我们不能给孩子太大的压力。因为学校的老师会有学分的压力，分数的压力、学校的压力会传递到家长，家长又传给孩子，所以孩子是最可怜的。你要是懂孩子的话，学校给的压力，你作为父母就可以为孩子挡住，不再传给他，那你就成功了。不然，学生跳楼事件就会越来越多。我希望这个课程也能起到这个效果，好不好？我们休息一会儿。

如何放手而不放任？

"四二一"现象

男学员F：古老师，现在基本都是三代人的家庭，除了父母还有爷爷奶奶、外公外婆。

古老师：对，被戏称为"四二一"现象、"四二一"工程。

男学员F：孩子玩过玩具，该收的时候他不愿去收，他会说：这不是我的事，是爷爷奶奶的事情。爷爷奶奶经常会帮他去收。（众笑）

古老师：假如是这样，可以问他：你认为玩了玩具要爷爷奶奶收，自己不用收，是不是？

男学员F：他说爷爷奶奶经常帮他收的。

古老师：那好，这个时候不能怪孩子。注意！你要开口骂的话，孩子会一阵错愕，不知道该怎么办。你要教他，告诉他玩具玩过之后一定要自己收。

女学员A：他要是说"妈妈你帮我收"，怎么办？

古老师：你可以说：妈妈不愿意帮你收，妈妈工作了一天很累。

女学员A：我有时候跟孩子讲：要不妈妈跟你一起收。

男学员F：我孩子有时候大人和他一起收都不愿意。

古老师：不行！做父母需有原则，爱，不是包办，不能孩子要怎么样，就让他怎么样，这是溺爱，爱孩子不要走上溺爱的路。

男学员 F：如果他坚决不肯收呢？

古老师："你不收的话，妈妈会没收你的玩具。"

男学员 F：家里的老人家不同意这么做怎么办？现在有许多三代家庭。

古老师：会遇到这种情况，所以这个时候还是要沟通，要告诉爷爷奶奶这么做的道理。对于家里的老人，前面讲过要体谅他，跟他说：我知道您很疼爱我的孩子，我也很爱他，但是不能这样爱法。好好跟爷爷奶奶讨论这个问题，说你认为从小要灌输给孩子对自己的行为负责的意识。玩具玩过以后不收，也可以啊，但是将来这孩子的责任心会怎么样？

男学员 F：道理肯定都懂，只是表面上答应，你走了以后就忘了。

古老师：假如是这样的话，跟孩子沟通，跟孩子说：爸爸希望你把玩具玩过自己收，不要让爷爷奶奶收。告诉孩子：爸爸妈妈是很爱你的，相信你自己能做到。

女学员 L：在孩子心目中，父母和爷爷奶奶不是一个重量级的。你完全可以把爷爷奶奶放到一边，只和你孩子进行沟通；在孩子的心目中，父母是最重要的，不要总盯着爷爷奶奶。

男学员 A：三代人住一起会有很多问题，孩子夹在中间。

古老师：是的，三代人在一起，会有一些困扰。

女学员 W：我可以讲两句吗？

古老师：好的，请讲。

女学员 W：我说说这些年我带孩子的感受。我的孩子是保姆帮忙带大的，因为我只能指挥保姆，不能指挥我的公婆。我的公婆都是当领导的，现在还在领导我们。（众笑）所以，几乎没有办法跟他们沟通，他们都是老一辈革命军人，当了一辈子首长级的人物，不可能听你一个下属的话的。因为他们没有宠爱过自己的儿子，就把全部的宠爱给了孙子这一代。我哥哥就选择逃离，我嫂子很厉害，就是不允许孩子去爷爷奶奶家。我的孩子呢? 我先生想成全他父母宠爱孩子的愿望, 就把孩子交给爷爷奶奶带。后来我意识到这个问题, 就果断地做了切割, 因为教育影响孩子是有时限的, 必须正视这个问题。

大家都知道狼孩效应, 如果一个男孩是在 15 岁以后被放到狼群里, 他很难变成狼; 但是在 8 岁之前被放到狼群里, 他沾染狼性之后, 就几乎回不来了。(笑声) 保姆带大的孩子虽然行为有他的问题, 不过还算好调; 但是老人带大的孩子, 由于他身上老人的习性特别重, 所以非常难调。老人本身身体不灵活了, 老了就不愿动, 孩子也跟着不愿动。有些老人容易烦, 不爱交流。只要孩子静静地待在那儿, 在那儿看电视就好, 你不闹就好。还有很多老人爱吃零食的, 孩子的零食就变得跟老人的零食一个系统。(众笑) 这个习惯是断不掉的, 你让他断, 他就会抗争: 我爷爷都吃, 你凭什么不让我吃啊? 这很不好办。所以, 为了避免孩子变成那样, 尽管我知道老人非常非常爱他, 但是在这个特殊的教育阶段, 我不得不进行干预。大家一定要小心, 至少在 7 岁之前, 与老人争夺教育权是非常麻烦的事。父母不能把孩子扔给爷爷奶奶就不管了, 要主动干预孩子的教育, 一定要提醒孩子, 防止他走偏。

等孩子上了初中, 这时老人会放手了, 为什么呢? 因为孩子开始叛逆了。只要是老人带大的孩子, 他最初叛逆的对象不是父母, 而是老人。他开始对他们吼, 他有力量了嘛! 开始反抗爷爷奶奶对他的宠爱和压抑。看到这种情况, 父母又出来说话了: 你凭什么对爷爷奶奶那样! 然后他第二梯队反抗的对象就是父母了。(众笑)

初中阶段, 他有能力反抗了, 到高中那就更别提了。假如能呼唤回来的话, 他会意识到自己错了; 如果呼唤不回来, 他就永远和你远离了, 我指的是心! 他内心对老人不敬, 对父母不尊, 这个问题就比较严重了。所以很多时候还谈不到教育的问题, 家庭关系不理顺, 教育孩子的理念不理顺, 容易把孩子弄成心理畸形, 很难很难调整的, 我们在实践中是感觉到很吃力的。有些孩子我们一眼就能看出哪些是保姆带的,

哪些是老人带的。真的！你问小学老师，都能看出来。(众笑)

女学员 C：那你的小孩现在怎么办呢？

女学员 W：孩子 5 岁的时候，我醒悟过来，我就自己带，保姆也不用了，算是一种补救。

男学员 F：和老人不住在一起了吗？

女学员 W：不能住在一起了，再住在一起，孩子就是牺牲品了。因为你只能牺牲他，我们拿老人没有办法。尤其是像我们这个年龄的人，对老人是无条件地尊敬的，你能反抗他？你说他错了，他不认的，他会想：我都干这么多年革命了，我怎么错了？应该这么跟老人说：你是对的，但独生子女的教育和你们那个时候的教育是不一样的，他们很脆弱，他们需要一定的空间。当老师的，尤其是小学老师对这个体会很深。

我们每周带孩子回来几次陪一陪老人，这还是可以做到的。这样既满足了亲情，又保留了孩子的教育空间。在这一点上，特别是父亲要起作用，因为跟爷爷奶奶沟通父亲相对容易一些。如果是外公外婆带，那母亲要起作用了，与老人的沟通工作由母亲来做。总之，关系协调不好大家都受伤，伤得最重的还是孩子，这个很微妙。我就把这个分享给大家。(掌声) 谢谢！

古老师：谢谢 W 女士宝贵的意见。她很有经验，也很实际的。

女学员 L：从 W 女士的讲话中，我还是觉得父母很重要啊！

古老师：对呀，关键在父母。

男学员 A：说到这里我想用实例补充一下。

古老师：好，你说。

男学员 A：是我自己孩子的实例，来说明关键还是父母的作用。大家可能不相信，我的孩子 24 岁了。

学员：哇！真不敢相信，你太显年轻啦！

男学员 A：我孩子现在英国汇丰银行工作，2007 年汇丰全球招收 15

个员工，我女儿是其中之一，而且我女儿那时才上大三，为此在学校引起热议。孩子从省重点小学到重点高中，一路都是靠她自己考的，而且文理科全面发展，高中最好成绩是年级第二名。一直到她考上北京大学，北大让她学医她没去，后来中国人民大学要录取她，专业随便选，她就去了人大财经学院金融专业。到了大学又是尖子，各科成绩都很优秀，大二的时候英语六级考了满分，创了人大十几年没有人考满分的纪录。

她两三岁的时候，我和她妈都上班没法带，每天早上把她送到我父母家，晚上下班再把孩子接回我们自己家。我父亲是当兵的出身，母亲是一般家庭妇女，都没有什么文化。刚开始几天，把孩子接回家后我就问孩子：爷爷奶奶白天都给你讲什么来着？孩子就告诉我，奶奶给她讲了几个故事：从前有座山，山里有座庙，庙里有个老和尚在睡觉。一只螃蟹八只脚，两个钳夹，一个大壳……（众笑）我当时的想法是，老人是无法改变的，我能做的是积极给孩子输入健康、高雅、向上的东西，于是开始给她讲些司马光、孔融小时候的故事和安徒生童话。

后来发现晚上时间短，孩子也容易困倦，而且也无法抵御白天十几个小时在爷爷奶奶家的影响。于是，我想起了放录音，就去新华书店买了几盘带配乐的童话故事。我告诉母亲：您老别给孩子讲故事了，您天天还得洗衣做饭，很累的。之所以这么讲，是因为不能说她讲得不好。（众笑）奶奶开始有些疑惑：那孩子要听故事咋办？我说我买了讲故事的磁带，告诉母亲怎么操作播放。孩子一听有配乐有场景的录音，一下子就被吸引住了，很快孩子自己也学会播放了。那时候孩子年龄小、个子矮，我母亲特地给她找了个板凳，她站在上面才能够得着桌上的录音机。后来，我傍晚下班回来接孩子，我父母说：自从你买来磁带孩子就不听我们讲故事啦！（笑声）生活在一起，老人肯定会影响孩子，对于不好的影响，我们要采取积极的态度。如果你不去引导，那谁的磁场大，孩子就往谁那边靠。

女学员 A：说到"四二一"工程，我就很感慨！我家里的那个

"四"很大呀。我们夫妻俩的"二",对抗不了"四"。

古老师：一个家庭就是这样。你说的"四"那个问题不是最重要的，最重要的是你们夫妻两个，你先生来了吗？（下面有位男士点头）你们两个是核心。你们两个要有默契，不然就很难办了。所以，前提要看你们之间的感情好不好，好的话，很多问题都可以解决。那么关于老人的问题，在处理的时候把握一个原则——尊重。任何人都不喜欢被否定，老人家的意见你不能否定，你必须听，不然他心里是不舒服的。做丈夫的这个时候要起到调和、沟通的作用，做一个缓冲。假如说公公婆婆对媳妇有意见的话，先生要知道这个时候安慰太太最重要。

女学员 B：在这种情况下，先生一般都是站在他父母那一边的。

古老师：问题就出在这里，所以我才说夫妻关系这时候是最关键的。公公婆婆对媳妇有意见的时候，重点要关注媳妇，因为这个时候媳妇是受伤的，就像小孩子在外面打架受伤了一样。这个时候太太要的是什么？安慰。谁的安慰？先生的安慰。这个时候如果先生能够尊重太太，能够听太太的意见，事情就好办。如果先生跟着公公婆婆指责太太，太太心里肯定更不舒服，那就更复杂、更难办了。

女学员 A：我们家这四个老人，就是我们夫妻两个再一致也没用，他们对孩子的教育干预得太多了。刚才您说的那个，我们应该不存在这种问题。

古老师：好，我知道了。对孩子的事情，你们夫妻两个的意见，一致不一致？

女学员 A：一致。

古老师：一致的话，那问题就不大。

男学员 F：其实是这样的，我们的父母有一个观念：我们当时用这样的教育方式培养了你们，至少你们现在也比较出色，为什么不能用这种方式再来培养你们的孩子呢？他们坚持自己的方式是对的，而觉得我们没有经验，所以我们跟父母的沟通比较困难。

女学员 C：对，是这样的。

男学员 F：不是我们不想沟通，往往是父母觉得他们是很有经验的，认为你还是孩子，即使你有孩子了，你永远还是孩子。

古老师：没错。

男学员 C：我曾经对我的父母、对我的丈母娘说：你们过去用这样的方式培养了我们——我跟我太太，成就了我们今天的高度；如果我们还是用过去的那种方式培养我们的下一代，可能他们永远不会超过我们现在的高度。

古老师：好啊，不错。

男学员 D：我以前是这样做的，找我的表兄表弟，还有我的阿姨等帮忙，因为他们跟我的父母比较容易沟通嘛。比如他们会劝我父母："哎！小孩是他们的，你不可能管一辈子吧！孩子大了还是要交给他爸爸妈妈的。"因为父母在我们面前始终会觉得他们比较权威嘛，通过第三方有可能会好一点，我一般是通过我表姐或阿姨来沟通。

古老师：这也是很好的办法。

女学员 C：其实老人家也并不是那么故步自封。他也会吸收你的观点，但老一代的做法他都习惯了，不可能马上改变。于是，我经常会肯定地说：老人家看问题就是高瞻远瞩，富有经验啊。

古老师：对，先哄一下。

女学员 C：然后就说：人生不可以复制嘛！带孩子，即使我没有经验，我也愿意去摸索，因为这是我的孩子，我的人生嘛！这时老人基本上都会尊重的。我说：你把我带大是很辛苦的，同样我也想去体验一下这种东西。

古老师：大家觉得她（女学员 C）说得好不好？（大家点头）很好！大原则是不可以否定别人，她先表示赞同：你的观点，你的想法，我赞同！但是我也有我的想法，我希望我带孩子过程中，我也能享受这个乐趣。说得很好。

学会放手

女学员 E：老师，昨天我一回家就碰到儿子在玩电脑……

古老师：小孩几岁？

女学员 E：八岁，二年级。因为他是寄宿的，只有周末才会回家，周末的作业就要在家里做。本来他做作业我都不参与的，昨天我问他爸爸，他作业做完了吗。他爸说没有，还有一部分没有完成。我就不知道怎么来处理了，就是怎样在关爱孩子又不控制他的情况下，处理好这件事情。

古老师：好，做父母的经常会混淆自己的责任是什么，父母经常会把孩子的事情变成自己的事情。比如说，孩子上学要花钱，出钱是孩子的事情还是父母的事情？当然是父母的事情。那书要不要好好念，作业写不写，是孩子的事情还是父母的事情？

女孩 C：孩子的事情。

古老师：你看看，小孩子都很清楚，几岁啦？

女孩 C：七岁。

女学员 E：话是这样说没错，但是现行的教育方式，父母必须跟进，跟进孩子的作业，老师也是这么要求的。

古老师：所以说呢？

女学员 E：所以我们受到现在这种大环境的影响，在这方面没办法放手。我知道，这肯定是我们作为父母的问题，但还是没办法改变自己，认为学习就是孩子的事，作业他爱怎么做就怎么做。

古老师：那结果是什么？

女学员 E：我们如果不监督的话，他是不会做作业的。

古老师：为什么家长不监督他就不写作业？因为人是不喜欢被监

督，不喜欢被管制的，这样下去就演变成：你监督我，我只好做；你不监督我，我就不做，所以家长只好监督得更厉害——变成恶性循环了，没错吧？

女学员 E：没错。但是你不监督，他的自觉性就能起来了吗？

古老师：所以说，你要了解人，要了解孩子。其实孩子都富有好奇心，喜欢探索。小孩子遇到问题会发问。为什么？有很多疑惑，我不懂，我就想要了解，这正是学习的动机哦！这是天生的、自然的。问题是作为家长你没有认清。本来很好的事情，被搞拧巴了，搞逆反了，弄成强迫他学习，搞得孩子心里不舒服，真正的原因在这里。

学习动机是非常重要的，说起这个，我想起一件事。厦门一个企业老板，听过这个课之后，觉得内容很好，于是就招集他的员工，搞一期亲子讲座，算是给员工的福利。他还找来了一些朋友，也想把这个课程介绍给他朋友。他跟我谈这个事情时，我就跟他讲，你要办可以，但不能免费，要让你们员工自己出钱，他答应了。结果上课时，我讲了几句话之后，发现气场不对，氛围不对。心想：是不是听课的人没交钱？一问果真不错，他没有按照我的要求去做，很多人没交钱。我就说没交钱的人要先付完费再来上课；假如听完两天，你觉得我这个课不好，把学费退给你。这就是一个学习动机的问题。这位老板很好心，让员工、好朋友一定要来，所以那些来上课的很多是被强迫来的，不是自愿的。坐在那儿听课，姿势、眼神就不对：看你讲的和我想的一样不一样，跟我一样，就是好老师，跟我不一样，这个老师不好。而且我这个课，跟一般的理念是不一样的，跟你原来的想法一定会有矛盾、冲突。那么这个课他就听不下去了，要不就会听得很痛苦，这就是学习动机的问题。

学习本该是一件很有趣、很好玩的事，结果家长也好，学校也好，把孩子原有的学习动机给抹杀掉了，把孩子搞得很痛苦，这就是教育存在的问题。开始是监督他学习，监管他做作业，最后给他定目标让他上大学。那么孩子会感觉我读书不是为我读的，给谁读的？给父母读的。

这不是很滑稽、怪诞的事情吗？本来读书应该是为自己，对吧？

仨小孩：对。

古老师：你看小孩子都懂。（众笑）为什么会这样？都是大人造成的。家庭、学校、社会都走上这条路了，不仅父母、孩子痛苦，学校也很痛苦，整个社会都很痛苦。所以，这是大人的问题，不是孩子的问题。家长不敢放手：我一放手，孩子不学习怎么办？这和喂饭问题是一模一样的道理。我不喂的话，是不是孩子就吃不饱？就营养不良了？就继续喂下去呗！我不管的话，孩子就会功课不好，那我就继续管下去。

我也不断地在强调：是你跟孩子的关系重要，还是教育重要？我们经常为了所谓的教育，把亲子关系破坏掉了。这样一来，他更不想好好学习了。

女学员 F：刚才 E 女士的问题，如果说她要放手，让孩子自己来管理自己的话，应该是有一个过程的，对吧？

古老师：对。

女学员 F：因为现在孩子已经习惯被管理了嘛，要改变他，一般需要多长时间？

古老师：不晓得她管的强度如何。管的强度大的话，那时间就要长些，有可能半年，甚至一年两年。不一定，没有一个标准。

下面我讲一个事例给大家听。前面说过蒙氏教育，充分尊重孩子意愿的一种教育理念。蒙氏幼儿园里有各样的教具，很有意思，譬如方形的纽扣放进方形的洞里面啊，等等，孩子们经常不断重复地在玩。有的新来的小朋友，他不愿进入这个团体，就在外面滑滑梯呀，荡秋千啊，就是不进教室。好，你看蒙氏教育方法，绝对不强迫孩子，你爱玩，没关系，你尽管玩。孩子就在教室外面游荡，最长的都有四个月。甚至有一个小孩，连幼儿园都不想进，幼儿园还专门派一个老师陪他逛街。他们为什么可以做到这个？这就是理念的问题了。他们的经验是三四个月之后，孩子自然玩够了，他会自己主动提出来进入这个团体，不用强迫他。时间到了，他适应了，接受了，自然知道就会想到该怎么做，关键你敢不敢让他这样。这必须对人性有充分的了解才行；不够了解，了解不够透彻的话，你就不敢这样做。

任何人都有向上、向善的天性，不管小孩还是大人，之所以没有看见，是因为环境或者各方面的因素把它遮盖住了。即使犯罪的人，都是如此。你要去发现它，让它展露出来。

女学员 N： 我的孩子在上幼儿园的中班，平时也会参加一些他自己喜欢的兴趣班。但是，他一回到家，每次都不愿意做作业。我采取的方法是，我提醒他一次，我说："作业你得做，明天还要交给老师。"他说："我不做。"我说："你不做也没有关系，明天去学校的话，同学都会有小红花戴，你就没有。"他能接受这个现实？孩子知道这样是很难为情的，于是他说："那我马上就去做。"有一次他没做作业，没有得到奖赏，他就很难过，从此以后，就不需要我督促了。其实，没有什么好担心的，事实上孩子心态很快就能转变。

古老师： 对，我们大人都低估了孩子。

女学员 N： 因为后果是他自己承担，不是大人承担；不做作业的后果，你不愿意承担你就做，你愿意承担你就不做，就这样简单。

古老师： 没错，你不做作业就要承担不做作业的后果。

女学员 N： 对呀。

古老师： 所以，别忘了学习是孩子的事情，不是父母的事情，让他自己承担。现在都扭曲了，父母把这些都变成自己的事情了，孩子不高兴、不舒服，父母压力也很大，都在误区里面瞎折腾。

女学员 B： 我感觉，如果第一次你不观察他做作业，你不要求他，你觉得没关系，孩子会观察到。我为什么知道呢？我儿子，他虽然有自闭症，但他跟普通孩子一样，爱玩水。下雨天，他要在外边踩水、蹚水沟。以前我觉得对他身体不好，不同意。后来呢，我突然改变了：去吧。他就打着赤脚，放开了玩。周围人觉得这对母子很奇怪，这时候我的心态就很关键，我不能在乎别人怎么看。看着我儿子，我觉得我像中了一百万的大奖，特别喜欢。而且我发现，儿子也在暗中观察我，看你是否真的无所谓，真的放手。所以，你一定要保持住才行。大概这样玩了三次吧，再下雨，他也就没这个要求了。

这件事之后，我在各方面都不去管制他，不做作业，只要他可以承受老师的批评和指责，我就无所谓。我觉得我儿子很好，他有他的想法，我会让他自己成长。但说老实话，有时候心里还会有一点纠结。但我还是一直给自己暗示，这个孩子特别好，虽然这很难。此外，我把孩子的事放下了以后，我晚上睡得特别好，我整个晚上没醒过。(师生大笑)

昨天我跟古老师说的时候，古老师跟我说了一句话："你太小看你儿子了！"哎！我觉得这话好像现在看来是有道理的，反而是我自己好傻。

古老师：哦，有道理。(众笑)

男学员 D：古老师，我想和这个妈妈（女学员 B）分享一下我这个反面教材。我是在被严加管教的情况之下长大的，跟父母关系非常不好。我后来特别反感学习，很逆反。我都这么大了，如果感觉他们在监督我学习的话，就很愤怒，很扭曲，就不想学。后来，我会觉得，我所有的成绩都是我自己取得的，我一定会想办法让我的父母觉得这个不是他们的功绩，他们只给我带来了伤害。所以，被监督、被管教确实是很痛苦的事情，真的。

女学员 H：学习成绩好的孩子没有几个是被监督的，真的。我从小学习成绩就很好，我爸妈从来不管我。不知道为什么，我们过去没有人管都知道学习，现在的孩子有人管都不愿意读。特别是上了大学后，就没学习的动力了。

古老师：对呀，会没动力的。

女学员 H：高考前有人管，再加上有压力，孩子不得不用功。这样高考成绩好的孩子，进了大学之后会很平凡。

古老师：对，好不容易不被管了。

男学员 G：我要讲一下关于学习这件事。我上次来听过这个课，我的一个邻居在我的鼓动下也来听过。邻居有个小孩，她对待孩子一开始就用强制的方式，而且经常打骂小孩，整个楼都能听到，是一个很凶的妈妈。有一次，孩子妈妈不在，我带着这孩子在小区里玩的时候，那些阿婆都关切地问："昨天你妈妈有没有打你啊？"（笑声）平时我们在一起的时候，对孩子不满意，她就一巴掌打在背上，甚至在公共场所她都能这样，管得非常凶。后来，上了这个课之后，她有所改变，但还是会有反复。关于孩子学习，确实学校有些问题，课业过重，无形中把这些学习的任务加压给了家长，认为是家长应该做的事情。她也曾经尝试过一段时间不去管孩子，让孩子自主，但是调整的过程，她就受不了，为什么受不了？孩子学习成绩下降了。这样她就有压力，在这个过程当中她就落败了，她就认为这个理念、方法不行，她自己原来的观念就又起来了。在这个教育环境下，大家普遍把管孩子、监督学习这些东西都看得很重，这也是她生活的重心，她的价值观就是这样，我觉得根源在这里。如果不这样做，她感觉她的生活就好像失去了很多东西似的。对成人来讲，为了孩子的将来，不这样活着的话，就会觉得很不安全，她习惯于这样生活了。

古老师：是的。

男学员 E：如果观念不改变的话，我觉得很难根本转变。

古老师：对。

男学员 F：在这个调整过程里，即使观念转变过来了，而她孩子的学习成绩也不一定会很好，她能接受这个事实吗？作为家长，你的价值观是不是必须孩子学习成绩好才行？这是关键点。

古老师：好，说得好！（掌声）

如何处理老师和孩子的矛盾？

女学员 D：我有个困惑。我们现在上的这个课程，主要是针对父母的，是让家长学会怎样去对待孩子的。但是，有的时候不是父母与孩子的问题，而是老师和孩子关系的问题。比如我的孩子，他现在上高中了，他有好多东西都来自学校的影响。他前段时间跟我讲，有一次考试的时候，做某个题目，他没有按照老师上课讲的方法来做，老师说他的方法复杂了一点，老师讲的方法是比较简单的。老师把他叫到办公室，对他说："按照我的方法来做，你这个方法太复杂了，我不给你打分。"他就觉得照这样下去，什么东西都要按照老师的指引来做，他会变傻的。所以，说实在的，我有时候不知道该怎么处理他跟老师之间的关系，如果我说孩子做得没有错而学校老师却认为他不应该这样做，这是很麻烦的一件事情。

古老师：你有没有跟孩子说这样做是对的？

女学员 D：我跟他讲过。可是，一发生这种情况，老师就把他叫到办公室批评他。

古老师：这个老师有问题呀，是一个很权威的老师，他不懂得欣赏孩子，对吧？

女学员 D：但是我发现这不是一个单一的现象。我跟我朋友说起这件事，她说他们单位的一位同事的小孩在学校也碰到类似的情况。孩子交了作业，老师给他打错，他自己检查发现他做得并没有错，一经了解，原来是没有按照老师上课讲的方法去做。老师这样把孩子的思想统一起来，等于限制了孩子的想象力和创造性。

古老师：好，有两种处理方式：一种是家长要跟老师表达意见，要发声。不然这种教育方式持续下去，会出问题的。家长认为老师这样做不妥的话，可以跟老师表达自己的意见，别忘了孩子是我的孩子，你不能把我的孩子限制死了。但是，你在沟通的过程当中，不可以批评，不可以指责，表达我们的想法就可以了，清楚吧？

女学员 D：明白。但是在语言沟通这方面，如果不恰当的话就会变成好像是家长在找老师的麻烦。

古老师：没关系，你只要注意掌握分寸就可以了，目的是要表达我们的想法，必须跟老师表达家长的想法。但是，我是尊重你这个老师的。明白了吧？

女学员 D：哦，明白。

古老师：我很尊重老师，对老师的付出、辛苦表示感谢。不过，对于这种教育方式，我作为家长不能苟同，我有我的一些看法，因为孩子是我的，我必须为孩子负责。这样跟老师沟通，你们同不同意？

学员：同意。

女学员 D：我同意这种沟通方式。

古老师：以前我的孩子在学校里面也是这样的，不过，那也不属于孩子的问题。（众笑）

古峰：我初中上的学校是一个私立学校，入学之后，发现那个学校非常严格。就是依照考试成绩打孩子，少几分打几下。当时我爸爸是不赞成这种教育方式的，但是，除非不送我上这个学校，家长是没有办法改变学校的办学方式的。后来他就利用学校跟家长沟通的机会，去找班主任、学校管理者，跟校方当面谈。他就说："其实我是不赞成这种做法的，但是我尊重你们，我也知道不可能改变，就我个人的立场来讲，就是不赞成这种方式。"他态度和缓，却清楚地表达了他个人的观点，而且是在学生面前，让我也听到了。但我父亲，只说不赞成这种方式，没说"我的孩子不能打"。就是说，（向女学员 D）你的态度和立场要确定，并让孩子知道。这件事妈妈是支持你的，妈妈是支持你这种创意、这种独自探索精神的。

古老师：他自己会调整，没那么严重，没那么可怕。最重要的是让孩子知道，你对他是支持的，是肯定的，那才是最重要的。记得你提供的是土壤，家里的土壤松、养分够的话，他就能经得起风吹雨打。即使在外面受伤了，回到家里也能得到抚慰，这才是最关键的。人生中不可能不碰到挫折，在老师那边碰壁也是一个挫折嘛！关键是回到家里，你要支持他，好吗？

女学员 D：嗯。

古老师：可以表达的，让老师知道你的立场。我也希望这种声音多一点，不然老师太偏激、太权威了，容易给孩子造成伤害。

女学员 D：还有，学校老师这种做法，也使小孩跟家长生出一些矛盾。

古老师：对，我知道。我也希望我这个课程能有一些老师来参加，因为老师的影响力是很大的。

男学员 D：老师，第二种方式是什么？您刚才讲的有两种方式，刚才说的是第一种方式。

古老师：第二种方式就是沉默，呵呵！

女学员 E：古老师，有些时候吧，为了孩子的事，老师总是会一而再、再而三地找你。

古老师：老师会打电话来跟你说这些事情，来告状，对吧？

女学员 E：而且他不是就事论事，而是说你小孩最近又讲话了，把周围同学都给带坏了。

古老师：对，会有这种状况。还有一种情况就是：你孩子功课不好了，把全班成绩拉下来了。有没有？

学员：有。

古老师：碰到这样的老师，请问你怎么办？

男学员 D：把老师骂一顿。（师生大笑）

古老师：哈哈！好，你把老师骂一顿，老师气不气？

学员：气。

古老师：气的时候找谁出气？（大家会意，持续大笑）找你的孩子出气呗！倒霉的还是你的孩子。（笑声持续）所以你这么弄，这个事情不好办哦！

女学员 V：像这样的情况，我们做家长的应该怎么办呢？

女学员 E：怎么去和孩子沟通？

古老师：第一，家长如何说？记得不要去把老师骂一顿（笑声），这是第一要务。第二，老师告状你听就是了，要尊重老师，老师也有压力，你就说：老师，我理解你的压力，当老师也挺不容易的，我知道你很辛苦，对我孩子那么关注，谢谢你啦！（笑声）孩子回来，要不要把老师的话跟他说？

学员：不要。

古老师：对，这个不重要，记得孩子是你的，不是老师的，别搞错啊！你的孩子你要不要好好保护？

学员：要。

古老师：他的自尊心要不要好好维护？

学员：要。

古老师：小孩子的自尊心经常是被老师伤害的，而你要懂得维护小孩的自尊心。只要他的行为不是很严重，不需要大惊小怪。小孩爱玩、调皮，这是孩子的天性，很正常。

你有关爱强迫症吗?

你真懂得爱吗?

古老师：一般人都认为爱是自然的事，以为人人都会爱、懂得爱；其实，爱不是那么容易的事；爱，牵扯的问题很多，而且爱也会伤人。所以说，爱是一门很大的学问，我们来看看什么是爱。

——爱要有方法，方法错误，爱会伤人，爱得越深，伤得越重。

——爱要让对方感受到（以情绪衡量）。

——溺爱有两种：包办型与纵容型。

——爱不能有条件，不能拿爱当奖赏，拿不爱当惩罚。只有无条件的爱，才能使人改过自新。

——爱是治疗心灵伤痛的良方。

——孩子的世界是完整的，我们需要尊重孩子，理解孩子！孩子需要食物，需要衣服，更需要父母的爱。

——孩子心灵靠爱来滋养，违背人性的教育是冒险的。孩子心灵将影响他的一生，一颗健康的心对我们每个人来说是那么重要！

——关爱强迫症：一个人总是提供别人不需要的关怀，还强迫别人接受自己的关怀，使别人不能独立，使双方都特别累，甚至痛苦不堪。

——请不要用爱来控制我！

古老师：我们讲到关爱，怎样表达正确的关爱？人从出生到孩提时期，身体接触很重要。有人曾经做过研究，孤儿院的孩子如果只是给他吃，没有给他拥抱，没有给他抚摸，那么孩子严重的话甚至会死亡，不然也是成长得不好。

注意，人有物质跟精神两部分，精神的养料不够的话就会出问题。当孩子小的时候，抚摸他，摸摸头，摸摸脸，抱一抱，身体上的接触传达的是你的爱意和关怀，不需要语言他就能感受到。所以不要吝啬你的触摸和抚摸。还有眼神，小孩子很会察言观色的，你的眼神有没有流露出对他的关爱，他是很清楚的。总之，你的抚摸、你的肢体语言、你的眼神很重要，都会流露出你的情感。

讲到爱，爱的反义词是什么？

学员：恨。

古老师：还有没有别的答案？

女学员F：冷漠。

古老师：标准答案是冷漠。爱跟恨是问题的两面，说讨厌、恨，其实背后还是爱，冷漠的时候才是不再爱了。有个科学家很有意思，拿植物做实验，取三株植物，第一株植物，天天跟它说"我好喜欢你"；第二株植物，每天跟它说"我讨厌你"；第三株植物，始终对它不理睬。结果，几个月下来，长得最好的是天天听"我好喜欢你"的那一株；长得不太好的是听"我讨厌你"的那一株；长得最差的是不被理睬的、被冷漠对待的那一株。所以关爱的反义词不是恨，不是讨厌，而是冷漠。冷漠是很严重的，是很大的伤害。

过去宫廷里面把失宠的妃子打入冷宫，如同把她冰冻起来，这是很严重的惩罚。所以，孩子最怕的是父母不要他，遗弃他。

那么，谈到爱之难，关键要把握好那个度。过多的关爱，会让人觉得啰唆、讨厌，会让人受不了，甚至让人窒息，就变成温柔的控制。怎么把握这个度——既要爱他，又不去干扰他、控制他？

我们经常看到这样的例子，妈妈回来了，孩子在玩玩具，玩得很高兴。妈妈为表示爱孩子就跟孩子一起玩，玩了一会儿，说时间到了，妈妈要去做饭了。表面上看这个妈妈很爱孩子，一回来就陪孩子一起玩，但是时间一到就去忙自己的了，这里面有什么问题呢？第一，当看到孩子在玩玩具的时候，你是否知道孩子独自玩并不是一件坏事？你跟他一起玩，他感觉到的也许不是爱哦。小孩子玩的时候，他有自己的规则，有自己的玩法，这个妈妈插进去有可能对他是一种干扰。第二，时间到了，妈妈要跑开了，孩子的感觉又是什么？

女学员 F： 被抛弃了。

男学员 E： 想来就来，想走就走。

古老师： 想来就来，想走就走，孩子会有什么感觉？

女学员 F： 很失落。

古老师： 对！会有失落感。

男学员 E： 紧迫感。

古老师： 紧迫感，为什么？

男学员 E： 因为很快就要结束了，有一种心理暗示。

女学员 B： 我觉得妈妈跟孩子一起玩玩具，只是想拉近与孩子的距离。中途又离开去做饭，孩子会感觉，妈妈这并不是真心爱我。

古老师： 所以，小小的一件事情，里面却有很多的问题。谈到如何关爱孩子，怎么才叫关爱？什么才叫爱？度在哪里？有什么方法？都值得我们去探索。

爱得越深伤得越重

古老师： 接下来，谈谈关爱的问题。关爱在人性的需求里是非常重要的，任何人都需要被关爱。小孩最需要谁的关爱？

学员：父母的关爱。

古老师：人慢慢长大，寻求关爱的对象也在改变。我们工作的时候最需要谁的关爱？

男学员：领导的关爱。

古老师：对，领导的关爱。结婚之后最需要谁的关爱？

女学员：爱人的关爱。

古老师：对！人寻求关爱的对象会转移，要清楚自己在不同的关系中扮演什么角色。这有两个作用：第一，要了解人性，人需要关爱，人需要尊重；第二，你要懂得付出爱。做父母，做丈夫、妻子，做领导都一样，你得清楚要给出什么，怎么给。假如你没有给出去或者给得不好，一定出问题。

企事业单位有问题，问题一定出在领导身上，出在总经理、董事长身上。家庭有问题，孩子有问题，原因一定来自父母。所以，做父母、做领导的，都要学会负起责任。世间的事都一样的。就拿身体来说，假如我们身体不好，比如肝脏不好，西医跟中医的理论就不一样。西医认为肝不好就换个肝，但中医理论认为人是整体的，不能分割，人体各部位各器官是互相关联的，还有很重要的身心的关系。肝不好一定和胃及其他器官的问题有关。不管是肝不好还是肾不好，那都是人体的一部分，已经影响到我这个整体了。此外心理、情绪是很重要的，生气也会影响肝脏。我们谈到人性的需求，谈到人与人相处的问题、父母与孩子相处的问题、夫妻相处的问题、工作的问题，等等，这些都是互相影响的。

但是，爱也要讲究方法，爱的方法不恰当的话，爱得越深伤得越重。给大家讲个事例，一对夫妻经介绍来找我们咨询，他们的女儿18岁了，有一天，孩子突然跳楼自杀，但所幸跳下来没有摔死，却造成半身不遂，两条腿不能动了。我们交流了以后，他们才发现自己的教育出问题了。各位如果到网上看一看，有不少类似的事例，有许多初中生、高中生在呐喊，听听他们的心声：父母爱得让我窒息！更严重的声音还有：爱得让我想自杀！这种声音还不少。

刚才讲女孩跳楼的实例，话又说回来，父母爱不爱自己的孩子呢？肯定是爱的！但是为什么会爱出这样的结果呢？我再讲一个典型的例子。央视《道德观察》栏目播出过一个事件：一个女儿，20 岁左右，居然雇凶手杀她的父亲，这在中国传统文化里是大逆不道、十恶不赦的啊。凶手去买枪的时候被警察抓到了；与此同时，女儿发现自己不对，想停止这个行动，但是已经来不及了，还是被警察抓了，进了监狱。各位想想，假如你是这个父亲的话，你会不会气，你会不会去监狱看她？很耐人寻味啊，这个父亲经常去监狱看要杀他的女儿，好像一点也没有因此仇恨女儿。由此可见，这个父亲是非常爱女儿的。

那么，女儿为什么要杀父亲呢？其实这个父亲经常动手打女儿，同时也打她的妈妈。女儿实在是受不了，痛苦不堪，就要想办法把父亲杀掉。这个父亲打孩子，那他到底爱不爱孩子呢？爱。有句老话叫"爱之深，责之切"，我越爱你，打你越凶，对不对？打的结果就是孩子恨父母，恨到深处就容易走极端。另一个极端，虽然不是杀父母，自己死总可以吧，就像前面讲的那个案例，女孩跳楼自杀。

还有，父母都希望孩子上大学，高考考个好学校！有一次，我在北京碰到一个医生，他跟我讲，有一个高三的学生正准备高考，突然生病住院了。住院部医生每天会查房，关注病人病情，可每次医生来看这个学生时，你们猜孩子父母都怎么问医生？

部分学员：病情如何？什么时候能好？

古老师：还有没有别的答案？

男学员 D：我的孩子能不能参加高考？

古老师：对！这个家长就是这样问的。今天在座的，假如你是那个高三学生，病得那么重，躺在医院里，听到父母问医生"能不能参加高考"，你作何感想？

学员：压力会很大。

古老师：岂止是压力会很大！还有没有其他的答案？

女学员A：伤心哪！身体都还没好。

古老师：身体都还没好，你们在乎的却是高考，必然很伤心。

男学员D：觉得父母太自私了。

古老师：医生跟我讲的这个故事还没完，你们只听到一半而已。他说，我作为医生，非常清楚这个病不会要孩子的命，但是孩子还是死了。请问为什么？

女学员B：伤心难过，不想活了。

古老师：对啊，在这种情况下真的不想活啊！这个父母爱不爱孩子？也是爱的啊！几乎所有的父母都希望孩子能考进大学，上好大学，结果这个家庭却因此失去了孩子，令人伤心。家长都爱自己的孩子，但不一定知道如何爱。这位父亲不能说不爱，但是爱得让孩子想死，何其严重！这就是我们谈如何爱孩子的意义。

前几年，一位朋友一心想要弘扬中国文化，甚至想为此专门办个网站。因为我对中国文化有些兴趣，所以他希望我去弘扬孝道。各位都知道中国文化中孝道很重要。但是我说，对不起，我不同意这个做法。弘扬孝道这个想法固然很好，但是，我认为目前的中国社会有比孝道更重要的事情，就是做父母的要懂得如何做父母。我讲这话并不是说孝道不重要，不是否定孝道，孝道是很重要的。中国过去讲"父父子子"，父慈子孝，父亲要有做父亲的样子，父慈子自然会孝。现在父不慈，子自然是不孝了；父不慈还要要求子孝，那就很难！所以，我始终认为让我们一起来学如何做父母，才是最重要的。

老实讲，最早我也不懂得这些。我孩子还上幼儿园的时候，那个幼儿园还不错，开了一个"父母成长班"，要我们大人学如何做父母。刚开始的时候，我也很排斥：要成长的是孩子，大人怎么还需要成长啊？

无奈被拉着去听课，听完课之后发现有道理。记得那时候有位老师讲，孩子你不理他，他自然会成长，在成长过程中你不要去整他，他就会好好地成长。后来知道，要成长的真的是我们大人，我们大人不整孩子的话，他会很好，小孩长得不好，都是被整坏的。后来，我们几个研究心理学的朋友聊天，很感慨的一件事情就是，当我们知道如何爱孩子的时候，孩子已经被我们伤害得差不多了，已经被我们整得七零八落了。（笑声）

所以，有时候谈到开这个课程，内心也有些沉重，但是从另一面来看，内心也很喜悦，为什么呢？我发现很多人上完课之后，因为爱孩子力量很大，所以改变的速度很快，孩子的改变比大人更快，亲子关系马上就改善了。一位中学校长听过我的课后，改变很大。有一次他很高兴地跟我讲，以前他要女儿坐在他旁边，女儿都不愿意的，现在女儿会坐在他大腿上。

我们经常为了所谓的教育孩子，或者要孩子成绩好，而破坏了我们跟孩子之间的关系。各位想想，当孩子还很小的时候，每当我们回到家，小孩欢迎不欢迎？喜不喜欢你？喜欢。当孩子慢慢地大了，十几岁了，尤其到了青少年的时期，请问这个时候我们回家，他会不会像以前一样跑过来要爸爸，很高兴地喊一声"爸爸回来了"？好像慢慢地孩子离我们越来越远了，对吧？我们希望孩子好，希望他好好念书，希望他考上大学。结果却把亲子关系破坏掉了，孩子越离越远。

我曾碰到一个高中生，功课不错，但是人却呆呆的，背有点驼，讲话也没有表情，更严重的是不想跟别人交朋友，有点自闭，家长问我怎么办。还能怎么办啊，家长赶紧戒掉不良行为，打骂孩子赶快戒掉。

讲到这里，我们必须厘清一个问题，教育孩子重要还是你跟孩子的关系重要？如何爱，其中很重要的一点是，要让孩子感受到你在爱他，而不是光用嘴巴说"我一切为你好"，那都是没用的。那么怎样判断你的爱是否被感受到了呢？很简单！通过情绪判断，孩子如果感觉到爱，

会有笑脸，会愉快，会很舒服。假如他冷冰冰的，一副苦相，很痛苦的样子，你说很爱他，这不是在骗人吗？（笑声）

包办型的爱

古老师：爱很难，前面我们也讲过。不要打孩子，不要给他们那么多限制，那么问题来了，既然说不要严厉管制孩子，那接下来可能会走向另一个极端——溺爱。我什么都不管他，我什么都不限制他，随他去好了，这就会变成溺爱。

溺爱有两种：一种叫包办型溺爱，一种叫纵容型溺爱。什么叫包办型溺爱呢？就是从小什么事情都帮他做好，帮他穿衣服啦，帮他扣扣子啦，包括喂他吃饭，帮他穿鞋子啦，帮他背书包啦，等等，甚至还帮他写作业。有的家长包办到什么程度呢？到孩子大学毕业，还帮他找工作、找对象呢！真是一切包办，这种父母大有人在。包办的后果会怎样呢？几乎让孩子丧失生存能力，丧失自主的能力，丧失选择的能力，丧失感觉的能力。

比如小孩子起床，他自己起床还是你叫他起床？叫他起床的请举手。（场内有几个学员举手）孩子自己起的有没有？（场内有部分学员举手）好！起来之后，要刷牙，是他自己挤牙膏还是父母挤好给他？有些是父母给挤好的，更离谱的是帮孩子刷牙的，有没有？（大家狂笑）

学员：有。

古老师：好！起床、刷牙、洗脸，是你帮他洗脸还是他自己洗？还有穿衣服，是他自己穿还是你帮他穿？这些都是问题。吃早餐怎么吃？吃什么样的早餐？他喜不喜欢吃？书包是他自己整理还是你帮他整理？放学回来了，是他自己安排时间写作业，还是你帮他安排？是先玩还是写完作业再玩？什么时间写作业？可不可以看电视、打游戏？电视看多久？游戏打多久？生活的细节都安排好了，这就是包办型的。

还安排放学之后要去学什么，学钢琴、学画画、学数学，各种各样的，对不对？好，请问孩子喜不喜欢？是孩子要去的还是你要安排的？好多都是爸爸妈妈安排好的，不管孩子喜不喜欢，都给安排好。上小学安排，上初中安排，上大学安排，理科还是文科，然后，毕业以后安排工作，更严重的是把老婆也安排好。（大家狂笑）真的！结果是什么？这样的孩子会对父母有抱怨，但他什么都不会做。

女学员 E：最后孩子像木偶一样。

古老师：像木偶，对。什么事情都是父母给做好，最后他都不用大脑了。关于这个问题，W 女士再来补充一下，她看到的事例多。来，你请讲。

女学员 W：说起这方面的事我就很痛心。这几年我做特殊教育，接触这方面的学生比较多，心情非常沉重。我现在还有两个学生，一个是马来西亚的，一个是我们国内南京的。这两个孩子属于完全被包办型，被包办到什么程度呢？他们都没挤过牙膏！孩子的手，手臂以下部分是没有感觉的。我们正常人手指甲两侧被用力捏一下是很痛的，但是我这两个学生对此是没反应的，他们不痛，可能在中医学上叫气脉不通，因为他们从来没用过手，家里条件太好了。

南京那个孩子已经十五周岁了，你让他用力去抓东西，这孩子只能抓一两下，因为没有力气。有一次，我叫他去外边收晾晒的衣服，我说你去看看老师晒的衣服有没有干。他就拿衣服往脸上贴。我问他在干吗，他说他摸不出这个衣服是干的还是湿的——半干的衣服他的手是不能判断的。他什么都没有干过，什么都没有体验过，只有很湿的、滴水的衣服才能摸出来。有一次下雨的时候，他往水里面踩，啪啪地就过去了。我说："水是很湿很凉的啊，难道你没感觉吗？"你们猜他怎么说？他说："老师，还隔层皮呢！"（众笑）意思是穿着鞋往水里踩还隔着皮呢！他自己没有冷热、干湿、软硬这种感觉。后来，我教他系鞋带，教很久才学会，这是一个完全包办型的典型实例。

那个马来西亚女孩已经十三周岁了，一米六五的个子，长得很漂亮，但就像个芭比娃娃一样，没有一点生命力。我去接她的时候，她妈妈把我拉出来，悄悄地对我说："我很难过，我的孩子有学习障碍。"我开始没懂她说的话，见到孩子后才觉得不对劲，感觉她的智商相当于五六岁的孩子。后来我问孩子妈妈，孩子为什么是这个状态。她说孩子爷爷有个私生女，来到家里后当了这个孩子的保姆，完全包办了孩子的一切，使得她连袜子都不会洗。她来我们这儿已经五个月了，我们一直教她如何洗衣服，到现在都不会。

她生活基本不能自理，洗完澡不知道换内衣，天气变化也不知道增减衣服。我们只好每天关照她，今天有没有换衣服，有没有换袜子，再教她洗衣袜。现在她睡觉还要搂着个很大的毛娃娃，完全是五六岁孩子的状态。她平时不跟年龄相仿的孩子玩，只跟我们学校里五六岁的孩子在一起，玩得很开心，就是这么个状态。

我们的独生子女中有一大批这样的孩子，是大人剥夺了他们的成长权。这个包办型比纵容型还可怕，因为很难改变，需要训练很多年，才能恢复到他所在年龄段的正常状态。他们几乎不能接受正常的学校教育，在学校上学时，什么也不干就坐在那里笑，也不写作业，被学校判成了有学习障碍。这个马来西亚女孩也不写作业，在家就是看电视、养狗、抱洋娃娃。长大了怎么办啊？她妈妈开始着急了，她变成了她妈妈的一个心病，孩子越来越大了，她越来越不敢面对孩子，才送到我这里进行治疗。

家里老人的溺爱包办，剥夺了孩子自己动手的权利，他们的手和脚在长大，需要训练却得不到训练。现在有个新名词叫"感统失调"，据说是都市宝宝流行病。主要是对孩子呵护过度造成的，比如从小不让孩子受一点点刺激和伤害，也不让他接触任何坚硬的东西，或者未经消毒处理的东西，无论去哪儿都把他抱在怀里，等等。过度的呵护使孩子没有自主活动的机会,从而使得孩子的肌体和大脑经受锻炼的机会大大减少,孩子就会发育缓慢、动作笨拙。此外,包办型的孩子生活优裕,户外活动少,接触适宜刺激的机会极少,再加上长期在室内生活,活动空间不足,接触的环境非常单一,神经功能得不到良好刺激。

北京协和医院有一个门诊,叫"感觉统合训练",经常爆满。其实,治疗的方法也就是肢体和大脑的协调训练。上了古老师的课之后,我也请教过一些医生,中医说只训练可能效果不理想,要用药,因为这些孩子的经络不通,不用药经络恢复很慢。所以,包办不仅带来心灵上的不成长,身体也会有问题,培养的都是些"啃老族"。这是我接触的两例学生。

后来有几例情况严重得我都不敢收,因为训练他们非常费劲,无限的爱和反反复复的训练,才能让他们养成一两个好习惯。我觉得既可怕又可怜!其实这个现象不仅我国普遍存在,海外也不少见。孩子将来怎么办?家长老了怎么办?你说孩子能推给谁?

古老师:在座的父母们要注意!孩子不喜欢父母包办,孩子都是喜欢自己做事情。很多事情让他自己做,吃饭、穿衣、穿袜、穿鞋、洗澡,等等,也包括擦屁股。唉!上次听一个学员讲有一个孩子十几岁了,屁股都擦不干净。(众笑)

男学员 A:我在一个朋友家见到他孩子拉完屎就叫他妈:妈妈快来给我擦屁股!他妈在忙别的事情,他就撅着屁股在那儿等。(众笑)我都看不下去,已经上一年级了,还撅着屁股等妈妈擦,真难想象啊!他妈也没意识到有什么不妥,见我在跟前,不好意思地说:"你看这孩子真不懂事,没看见我在忙吗?"其实她已经麻木了,只是碍于我在场。她的真实意思,换句话说就是:要是我不忙,我就帮他擦。

古老师:对呀!我以前一个同事的孩子,快十岁了,打电话给她妈妈。我在一旁好奇,就问她:"你孩子找你干吗?"她说:"问我可不可以喝水。"(笑声)这是真实的事哦!不是开玩笑。想喝水,打电话问妈妈可不可以喝，可怕吧！这是爱孩子爱过头了呀！爱孩子，记得很多事情让他自己做。不仅仅是要他自己做，还要培养他帮忙做家务，例如帮忙洗碗、洗菜、扫地、倒茶、倒水，等等。中国过去的家教从洒扫应对开始，我以前要扫完地才能上学，客人来了要倒茶。

你帮他做是剥夺他的生存权，剥夺了他生存的能力，这种包办在现实生活中很多啊！

我过去一个同事，他的孩子一岁多，刚学会走路。有一次到我们家来，这孩子刚走几步，突然"嘭"地倒到地上。你们知道这个小孩是怎么个姿势倒下去的吗？是往后一仰后脑勺撞地上了，幸好没碰出大毛病。照理说摔倒的时候，容不容易碰到后脑勺？不容易，因为倒下去是屁股先着地，但是这个小孩是整个人直的往后倒下去，就碰到后脑勺了。我一看就知道有问题，你们说是什么问题？我这个同事说，孩子是奶奶带的，奶奶很喜欢这个小孙子。我们知道学走路之前先要学会爬，可是奶奶很爱孩子，觉得在地上爬很脏，就没让他爬。这孩子从来没练习过爬，导致学走路的时候，经常走几步就摔倒，摔倒了也不是向前趴地上，而是往后仰倒下去，连摔倒都不会了。

所以，大人们一定要知道，小孩子在每一个成长环节的表现都有他的道理，爬有爬的道理，拿东西往嘴里塞也有塞的道理。还有很多其他的表现，都是有道理的。我再举一个例子，有些孩子十岁了还会在沙发上跳，我不知道各位的孩子有没有这种情况。各位应该能发现，在小孩子两三岁的时候，特别喜欢在沙发上、弹簧床上跳，可是有些家长是不让跳的哦！没规矩！你不让他跳，好，等到他七八岁、十几岁，还是要跳。（众笑）你不让他满足，他的需求会一直延续下去，因为他心里一直是这种不满足的状态。

孩子的世界跟大人的世界是不一样的。我再举个例子。这也是上课的时候大家提出来的问题。有一个小孩，现在十二岁了，每天晚上还咬着被单睡觉。（众笑）父母是应该继续让他咬，还是阻止他，不让他咬？

各位带孩子，有没有碰到孩子咬东西？

女学员：有。

古老师：为什么这个孩子要咬被单？

男学员 A：习惯。

古老师：不是习惯。

女学员 A：缺乏安全感。

古老师：除了咬被单，还有人跟我提到小孩子咬指甲，父母担心孩子会一直咬指甲，问我怎么办。我说岂止你的小孩咬指甲，我一个同事 50 岁了还在咬指甲，（众笑）这背后都是有原因的。无论是小孩，还是大人咬指甲，都反映了一个问题，一般神经紧张的时候就会咬指甲，再往深处追究，就是小时候应该满足的没有满足，后来就出问题了。

前阵子一个学员跟我讲，她的孩子最初不是自己带的，孩子到了五六岁，才接回来自己带。在带孩子的过程中，她很惊讶地发现，尽管孩子大了，在她身边的时候，还会像婴儿一样发出咿咿、嗯嗯的声音，并且在她身上蹭来蹭去的。照理说孩子现在五六岁了，这个年龄不应该还有婴儿阶段的这种表现，其中也是有问题的。所以小孩在成长过程当中，很多表现都不是我们大人能够了解的，但是大人都忽略了。类似的还有很多例子，比如，你们的孩子小时候有没有见到东西就很想往嘴里塞？就想咬？

女学员 C：有。

古老师：请问，你让不让他咬？

女学员 C：不让。

古老师：为什么不让他咬？觉得很脏！有细菌是吧？注意啊！如果不让他咬，不让他满足的话，他就咬被单，咬被单就是从这里来的。为什么孩子喜欢咬东西呢？有一个专有名词，叫口腔癖。孩子要通过把东西放进嘴里咬一咬，来感觉这个东西。可是大人往往觉得咬东西不卫生，不让孩子咬。这样做的结果就是孩子感知东西的欲望得不到满足。

如果经常不让孩子去感知，严重的话，可能会导致孩子感统失调。

包办的家长过度保护孩子，不允许摔、不允许咬，小孩子每一步的成长都被限制。其实，小孩子成长过程中的每一个细小动作，都是他在感知这个世界，锻炼自己。刚才说的小孩子抓着东西就往嘴巴里塞，那是口腔的感知，他要靠嘴巴感觉那东西。再长大一点，孩子都要东抠抠西抠抠，甚至翻箱倒柜，这些都是有作用的，他的感觉正在发展过程中，特别是两岁左右的时候，看到东西就喜欢摸一摸。记得我小时候看到抽屉就想拉开看，什么都很好奇，那都是在探索。小孩有个探索期，尤其是一两岁的时候，什么事情都新鲜，什么东西都想抓。你把小孩成长中必须经历的过程忽略掉的话，处处限制他，以后就会出问题。所以，我们家长带孩子要注意了解孩子，要多看这方面的书，你就会知道孩子每个年龄段的特点是什么。一岁到两岁，两岁到三岁，七岁以前的特点如何？七岁到十二岁，十二岁到十八岁又是不同的特点。十二岁到十八岁是反叛期，不过，也有提前的。

谈到叛逆，这也是成长的过程。孩子为什么要反叛？因为他要慢慢学做大人，他要有自己的主见，如果什么都听你的，那他永远是小孩了。所以，他会有自己的想法，而且他的想法很可能跟家长是不一样的。孩子的自我、自主意识在逐渐形成，父母就接受不了：本来孩子是很乖的，什么都听我的，现在怎么变得不乖了，不听话啦！于是，就去阻挠、教训！这个时候孩子出现了叛逆情绪，你越是这样，他的叛逆越厉害，距离也就拉开了，你就把孩子推出去了。

孩子成长的每个阶段，需求都是不同的。所以，不了解他的需求而盲目地爱孩子是不行的。这里面学问很多。不要认为我们家长天生就懂得如何爱孩子，其实，我们知道的很有限，很多小孩的内心世界是很奥妙的。比如说小孩子在吃一块饼，你说，给我吃好不好？他说，好，给你。结果你掰了一半，他就哭了，他不愿意，这是为什么呢？如果你只是咬一口，他很愿意，咬一口没问题，这又是为什么？

学员：他失去的太多了。

古老师：这破坏了他的审美！你掰走一半把他认定的美感弄坏了，而咬一口却无关大雅。所以，小孩子的心灵世界是我们很多大人无法了解的。而且小孩子都有自己的审美哦！他们的审美观甚至比我们大人的还要好！一幅画往那儿一挂，小孩可以欣赏几十分钟，他能看进去！所以，不要以为小孩子不懂艺术，他们天生就懂。

好，说回包办。很显然，包办所带来的伤害不仅是生理上的，还有心理上的，甚至会影响智商；大人什么都包办、什么都安排好，碰到问题孩子没有反应的能力，他没有自己的想法。

女学员 D：关于包办，我想问个问题。在这方面我觉得我做得还是可以的。我女儿今年三周岁，独立性很强。但是，有时候就是不知道如何把握一个合适的度。比如她有时候撒娇想偷懒，或让你帮忙的时候，我不知道该不该答应。举个例子，她以往半夜要小便时，都是自己起床，打开房门，然后去卫生间。有一次，我看她推卫生间门慢了，就帮她推了一下。第二天半夜她去上厕所的时候，就等着让我给她开门，我让她自己开，当时她就很生气，拼命地哭！所以，我就不知道她有时候撒娇，我该不该答应，该不该帮她。有时候帮她我也会事先声明，今天是什么原因我才帮你，下次还是你自己做。我还是有点困惑。

古老师：你可以先了解你的孩子，跟她对话，问她：你要妈妈为你开门吗？你为什么要妈妈帮你开门？孩子会告诉你的！很多问题你不知道就问你的孩子，看她怎么回答。你能平等待她，不把她当小孩子，不认为她什么都不懂的话，她就会告诉你，就会有答案的。

纵容型的爱

古老师：以上我们讲的是包办型，还有一个是纵容型。什么叫纵容型呢？就是没有原则，孩子要什么给什么。我碰到这样一个纵容型的孩子，他喜欢打游戏机，不去上学。他就跟父母说：只要让我玩游戏，给我买游戏机充值卡，我就会好好读书。他说要买一百片——一张游戏机的卡片是两百块，一共两万块钱。家长不买，他就不去上学。可是，家长买给他之后，他还是不去学校，这真是典型的纵容！所以，爱孩子很难哦！就拿买玩具的事来说，上次上课有个妈妈提出一个问题，孩子想要买一个两千多块钱的玩具，你们说买还是不买？

女学员 D：看情况。

男学员 A：要看这个东西对他有什么帮助，比如开发智力方面。

女学员 A：看是什么玩具。

女学员 B：看家庭条件，如果家庭条件很充裕，孩子能够很快乐的话，就花个两千块让他快乐。如果家里很穷，需要节俭的话，还省吃俭用地给孩子买那么奢侈的玩具，那就是一种溺爱了。

古老师：好的。怎么样才叫不溺爱？关键看你怎么去衡量。首先，要衡量自己的经济能力，给孩子花钱不能超过自己的经济能力；其次，即使你有足够的经济能力，要不要让孩子懂得节约？要不要告诉他钱不好挣？让他学会浪费，买东西不考虑钱，对他的将来是没有帮助的。所以，好的教育不是那么容易做到的。假如你很有钱的话，对于你来说两千块不是负担，你买还是不买，这就关系到你的原则性问题了。如果你的经济有困难的话，那就很简单，你要很真实地跟他讲：对不起，这个爸爸买不起，没有那么多钱！要给他讲实话，他会体谅父母的。假若孩子大一些的话，可以给他一个限额，譬如两百块钱，要买玩具可以，在这个范围里面去挑，只要是两百块钱以内就可以。这既要看你的经济能力，又要兼顾你的原则。问题是我们做父母的有没有自己的原则，有没有自己的标准，有没有自己的人生观，有没有自己的价值观，这就要学习中国文化了。

在孩子用钱方面，抓得太紧不行，太松也不行。前阵子我在义乌就碰到一个家长，孩子已经上初中了，一天只给他三块钱的零用钱，我说那也控制得太紧了。（众笑）孩子有一次就问她："你到底是不是我的亲妈？你简直是我的后妈！"（众笑）那个家长管孩子管得很凶。她还告诉我，最近不是很忙，所以才有时间好好去管孩子，以前都没有时间管他。我就跟她讲，还好你没时间，有时间的话你的孩子惨了。（众笑）所以，爱孩子很难，管得太紧吧，容易出问题；太松吧，又会变成溺爱。

所以，做父母的要有自己的标准和原则。没有标准和原则的父母肯定会纵容孩子。我们刚才讲的那个爸爸用两万块钱买游戏卡给孩子，他是没有任何原则的，我们来看看孩子的妈妈是什么样子。刚才讲过了，这个十多岁的孩子不愿意去学校，他妈妈跑来找我，她找过两个心理医生，都没有解决孩子的问题。我就跟她谈了几个点，首先，弄清楚他为什么不愿去学校，把原因找出来。后来才知道，英语老师因为他考试考得不好骂他，说他的成绩给全班拖后腿了，他就不再去学校了。原因找出来之后，我建议他的父母考虑给他换个班级，甚至换个学校都可以。

可是换了学校以后，孩子还是不肯到学校去，还跟父母谈条件。父亲无奈买了两万元游戏机卡之后，带他去学校。到了校门口，他死活不进去。他妈妈跑来找我，我发现除了学校的问题之外，这个孩子也有问题，他用耍赖、打妈妈的方式，得到他想要的东西，妈妈拿他一点办法都没有。结果，我当场把他戳穿了。我说如果是我的话，我也不去上学啊！不去上学的好处太多了，父母会想尽办法讨好我，笼络我，这个时候我才好跟父母亲谈条件呀。所以，不上学多好，父母就可以在我的掌控之内，我要什么就给什么。这个孩子肯定不愿去上学。这个孩子很好玩哦！被我戳穿之后，他开始脸红，觉得不好意思，接下来的另外一个反应就是——讨厌我！（众笑）不理我了。

这就是标准的纵容型，纵容型的父母是没有任何原则性的。所谓原则性就是不该妥协的一定不能妥协，不是你要怎么样就怎么样。父母应该有自己的底线，有你的标准和原则。但是你要知道，这个标准定得太高、太死的话，孩子又会被你绑得太紧。没有原则不行，原则太多，条条框框太多也不行。所以，要拿捏得适宜，掌握好恰当的度是有一定的难度的。

我经常看到有些家长该管的不管，不该管的管得很严。有一次在大连，一位学员带着她的孩子一起来吃饭。饭桌上有冰块，孩子要玩，这位妈妈不给，我说没关系拿给他玩吧。这个孩子也很顽皮，觉得我蛮亲切的，就要求坐在我旁边，跟我说说笑笑，一下子就跟我熟了。突然他伸手打了我的头，我警告他说你不可以打我头，他不当一回事，又打过来，我就翻脸生气了，搞得全桌人很尴尬。但这就是原则。我们爱孩子、尊重孩子的同时，也要教会孩子懂得尊重父母、尊重别人。生活中的礼仪规矩还是要的，例如吃饭的时候，要等长辈先动筷子，不可以乱翻菜，不可以乱吐，等等。不懂生活中的礼仪，过去称为没教养，孩子与父母都会被人看不起。我经常看到孩子对妈妈或奶奶喊"给我倒杯水来"，说话语气也很不客气，这些都是不对的。更严重的是家长习以为常，没有觉得不对，这样的例子很多，孩子也养成习惯了。

（W女士举手发言）W女士有话要说。好，她有很多经验，我们来听听。

女学员W：怎么说呢？原则在自由里，自由在原则中。我们说的所有问题都不是孩子的，什么样的孩子都是家长培养出来的，包括罪犯。比如说青少年网瘾问题，中国网瘾青少年是1300万（这还只是一个非常保守的数字，可能不止），都是需要定期治疗、已经不能上学的孩子。专门研究青少年网瘾问题的陶宏开，这几年他研究来研究去，又把问题归到了家庭，所有有网瘾孩子的家庭都是有问题的。家庭的问题是谁的问题，不是家里房子的问题，是家长的问题，而我们家长又死不认账！真是没有办法。

刚才古老师说的那个孩子，"你不满足我的要求，我就是不上学，你能怎么着"就是敲竹杠。首先你不能弄死我，这是违法的，你不能不要我，我还没到 18 岁呢，你就得养我。这种无赖型的孩子都是家长宠出来的。在孩子眼里，毒品和玩具是一样的，他今天找你要玩具、要游戏卡，你没有原则、无限度地满足他；有一天，他找你要毒品，你给不给？刚才我跟一个家长谈纵容孩子的问题，就直接推到一个底线：孩子要什么你都给。好，有一天他向你要毒品，你给不给？

所以，对于孩子的欲望、要求，有的时候要跟他说清楚：父母的财富跟你是两码事，虽然我有洋房汽车，但那不是你的。比如现在很多华侨，大都属于第三、四代移民，他们看到了靠自己子女守业很麻烦。孩子不努力他们也不逼迫，直接告诉我，我们孩子将来不考大学，不要文凭，我们的企业链做得非常大，有专门的职业管理团队打理，只要这个孩子能做一个正常的人，遵守人的规则就行了。他们的要求非常低，这样反倒使他们的孩子状态非常好。我就奇怪了，我们的家长考学啊、成才啊，天天挂在嘴上，那么努力，到最后还是不好。

小的时候纵容培养出来的孩子真的很可怕！江苏江阴有一例，孩子今年 12 周岁，送到我这儿时我们惊讶地发现，他中午吃饭是要喂的。

古老师：12 岁还喂？

女学员 W：是呀！他说："老师你给我爸打电话要他来。"我问干吗，他说："我没吃饭，让爸爸来喂饭。"（笑声）我说："江阴离常州也不近啊，要开一个多小时的车呢。"他说："我上学都是爸爸中午开车过来喂的。"我说："你爸爸是公司老板，他不可能总有时间啊！"他说："爸爸没时间就找我爷爷，谁有时间谁来喂。"（众笑）接下来我们聊天时，就谈到了极端的话题，我问："你做什么事都不怕？"嘿，他竟跟我上起课来啦："老师你真无知，我现在杀人都不犯法，我才 12 岁，14 岁才会被抓呢！"哎！这孩子太聪明了，也太可怕啦！他懂得一些不该懂的东西。他往那儿一坐，那个口气，一副地痞的样儿。说实话，我真的有点怕他，他那眼里透着凶光：我不吃饭你竟然不喂我！好像我犯罪了一样。饭里面没肉就不是人吃的，"这饭我根本就不能吃"！他们家几代单传。

我觉得改造这样的孩子特费劲，后来就把他请走了，他妈妈对此反应很激烈。他妈妈很聪明，但是她拗不过全家人，一个人觉醒的力量太小。唉！他妈妈临走时哭得很可怜，她说：我知道，是全家人毁了这个孩子。古老师说我不慈悲，我确实是不慈悲。我觉得他父母自己应该承受这种恶果，纵容的恶果，将来由孩子来审判他们。

古老师：你不慈悲还挺有道理的呵！（众笑）

女学员W：我给她开方子啦，告诉她怎么做，药得她自己服。但是，看得太多了，麻木了。

古老师：那个爸爸呢？

女学员W：爸爸不表态，因为他是倒插门的女婿。外公不行，外公面对孩子的要求就是"好，好，好"，他妈妈只能站着哭！还是老人坑了这个孩子，不能碰一根手指，什么要求都满足。

古老师，我再补充一下。其实，智慧的老人带的小孩是非常棒的！

古老师：是的！也有好的。所以，事情不是绝对的。

女学员W：我接触了两例，也是江苏的。孩子的外公外婆是教书的，非常棒！带的那个孩子实在太出色了，5岁的小女孩可以做饭、做家务，她"四书"背完了，能教10岁的孩子。那是智慧的老人带出来的，实在是太可爱了！可惜这样的例子不多。

女学员L：古老师，你这个课让爷爷奶奶也来听吧！（众笑）

女学员W：下次办个爷爷奶奶学习班。

男学员E：还是多讲讲案例，案例中宠爱纵容的后果，老人最怕。家庭成员要一起成长。

女学员W：如果全社会不重视溺爱问题，孩子出现问题不及早解决的话，将来会产生很严重的社会问题。这一代孩子的重点问题已经不是孝不孝的问题，而是能不能独立生存的问题。包括那些学习成绩好的孩子，也不乐观，他们将来很多会上无老，下无小，这些问题已经不是个人的问题了，而是独生子女带来的社会问题。

古老师：不光是独生子女的问题。目前，中国上千万人从西部到东南沿海打工，孩子在家里留守，孩子的感觉就是爸爸妈妈不要我了。我碰到一对打工的夫妇，我就跟他们讲，你们赶紧回去吧，孩子太小，家里没有父母不行。他们说经常会寄钱回去的，我就告诉他们，孩子要的不是这个，要的是亲情，钱对于他来说是无所谓的，那不是重点啊！孩子能吃饱穿暖就行，好的物质生活对他不重要，但你们把孩子丢到一边，自己出来打工，孩子是很孤单的。

女学员 F：还有，离婚率越来越高。

古老师：每一个问题都说不完，但也不必太悲观。好，继续我们的课程。

不要拿爱当奖赏、拿不爱当惩罚

古老师：我们都知道爱不需要条件，可是我们的爱经常附有条件，你表现好、功课好，我就好好爱你，你乖乖听话我就好好爱你，换言之，你合乎我的标准，我才会爱你；你不合乎我的标准，我就不爱你。我们经常把爱当奖赏，把不爱当惩罚，表现好、成绩好，爸爸妈妈就爱得不得了；反之，爸爸妈妈就不高兴。你们说这种情形，孩子能不能看穿？他心知肚明：你的爱是有条件的，是跟我做生意。他感受不到那种真爱。小孩子要的是无条件的爱，不管我怎么样你都爱我，而不是那种有条件的交换。

女学员 J：我爸爸就是这样，成绩好了，他要给我买东西的。所以小时候我并不是为了学习去考试，有时是为了让他给我买东西，才去好好考。考不好的时候，就特别害怕他不高兴，那样的话他就不会给我买东西了。

古老师：所以孩子容易出现讨好的个性。

女学员 J：对，对。等我慢慢大了，就开始不愿意了。高中之前，学习成绩都挺好的，他也觉得挺满意的。整个高中阶段，我就不爱学习了。

古老师：开始叛逆了。

女学员 J：是的。

古老师：从另外一个方面讲，真正做到无条件的话，可以让犯错的孩子痛改前非，那个感化的力量是非常大的。只有无条件的爱，才能使人改过自新。我们要了解，孩子的世界是完整的，我们要尊重孩子，理解孩子！孩子需要食物，需要衣服，但更需要父母的爱。

我很欣赏以前乡下的老奶奶，不识字，没什么文化，但是很朴实，不管孩子成绩好不好，都一样疼爱孩子。长大了，不管你在外面混得好不好，会不会赚钱，成功不成功，都一样对你好，不管你怎么样，你就是我的孩子。

关爱强迫症

古老师：爱是很难的，你不真懂得爱的话，爱起来就会出现各种问题。有一个很重要的现象，我们叫作关爱强迫症。比如，一个妈妈带孩子去买蛋糕，孩子要选芝士蛋糕，妈妈说芝士蛋糕不好吃，巧克力蛋糕比较好。孩子说不要，就要芝士蛋糕。妈妈认为巧克力蛋糕特别好吃，一定要买这个。有没有这种妈妈？

学员：很多。

古老师：生活中类似的事例是不是很多？我认为对的、好的，就要给你。我还碰到一个事例。有个男孩子，在外面打球，出了一身汗，很热、很累，回到家倒头就睡着了。这个时候，妈妈把他摇醒，非让他起来去洗澡不可。妈妈觉得孩子一身臭汗，洗过以后睡才舒服，所以一定要他起来。孩子说：我太困太累了，不想起来。妈妈就是觉得不行，一定要把你弄起来洗澡，洗完澡再睡。有没有这种妈妈？

学员：有。

古老师：很有意思！我再讲个事例，是上过我课的学员的经历。有一次他看电视的时候，老婆跟他说："今天煮了茶叶蛋，你回来累了，我去拿个茶叶蛋给你吃。"然后把茶叶蛋剥好。这位太太对老公好不好？

女学员：好。

古老师：幸福不幸福？

女学员：幸福。

古老师：好，有趣的在后面。老公刚要吃茶叶蛋，这时候太太说："唉，你要先去洗个手再吃，去洗手。"这个老公听了之后，坐着没有动。"你去洗个手吧。"老公还是坐着不动。"你去吧，去洗手嘛。"太太一再催，老公桌子一拍："我不吃总可以吧！"（师生大笑）

女学员 E：可以让先生张开嘴，把它塞进去。

古老师：哦？好办法！（众笑）这些都是真实的故事。你看，本来都是好意，很美的一件事情，就是因为"吃饭前手要洗干净"，整个事情都搞砸了。我们再看身边的人，有没有关爱强迫症？

什么叫关爱强迫症呢？就是一个人总是提供别人不需要的关怀，还强迫别人接受，使对方不能独立，使双方都特别累，甚至痛苦不堪，这叫作"关爱强迫症"。强迫别人必须如何做，必须接受他的想法与行为。向别人提供他不需要的关爱，后果是很可怕的。所以，很多孩子呼喊被父母爱得想自杀哦！注意！你一定要了解孩子需要什么，这是很重要的。举个简单的例子，天气冷了，父母亲硬要孩子加衣服，这就是标准的关爱强迫症。孩子对气温的感觉跟我们大人是不一样的，你觉得很冷，孩子不一定冷，结果孩子加了衣服很不舒服。不仅强迫孩子穿，还强迫吃，强迫喝，强迫吃蔬菜，强迫吃肉，等等。很多很多的家长都有这样的关爱强迫症。

男学员G：古老师，说到强迫孩子穿、强迫吃、强迫喝，我觉得我们做家长的也很难把握好度。在教育孩子的时候，我自己一直在反省，怎么样对待孩子最好，我不太想过多地去限制孩子，也有想讲道理的习气。我一直关注这种习气，发现家长都喜欢说道理。

古老师：对！

男学员G：但有些事情又不能不去干涉，比如吃饭的时候，他老是会去吃一些我们不想让他吃的。我妹妹与我们一起生活，她的饮食习惯不是很好，老是弄些辣酱什么的，我又不好说她。小孩子看见了，他也跟着吃辣椒。这样确实对身体不好，是客观的事实，不是我主观认定的。这个时候，就需要有一些引导了，我不想强制他。

于是，我就跟我爱人联手演一场戏，比如在饭桌上我会说：我最喜欢吃青菜了，让妈妈给你夹青菜吃吧。孩子看到了，他会跟着吃青菜。但是我一直在思考，这种做法其实还是潜藏着一种诱导，是我想要他吃青菜，并不一定是他真的喜欢吃青菜。看似你没有压制他、强制他，确实也有刻意的引导。他想吃我们认为不健康的食物，到底我需不需要去引导他？

古老师：你说的是他吃辣椒还是什么？

男学员G：对，吃那些罐装的辣椒酱。

古老师：他一直只吃辣椒不吃别的菜吗？

男学员G：对啊。我也觉得很奇怪。

古老师：就是说他只喜欢吃辣椒？

男学员G：辣椒酱。

古老师：哦！辣椒酱，那其他的都不吃吗？

男学员G：应该是最近一两天出现的。

古老师：假如只是暂时的，一两天的话，那就不重要了。

男学员G：这个我会再去观察的，但是假如说长期这样……

古老师：我相信不会长久，有可能是一两天或几餐，假如天天这样的话，我想是违反人性的。

男学员G：违反他的身体需求。

古老师：对！有可能他没有尝过这个味道，而且这个味道他感觉很新鲜，那吃几次是有可能的。

男学员G：哦，我明白了，是不是我们刻意的引导行为，反而导致他还想去吃？

古老师：对！他只是在尝试这个味道。

男学员G：结果他意犹未尽，又被我们弄好奇了。

古老师：对啊！事实没那么严重，没那么可怕。

男学员G：那是不是尽量不要去引导？

古老师：只要在旁边观察，在教育的过程当中，不要去伤害别人，伤害自己，这个大原则大方向掌握住就可以了。

男学员G：就是说辣椒即使多吃两顿……

古老师：即使多吃几次也不会怎么样呀。

男学员G：身体上可能会有一段时间不适，可能会上火。

古老师：那也不会害大病，不会死人的。

男学员G：不会是大问题？

古老师：对，人的潜能是很强的，人的自我调节能力是很强的。

男学员G：那我现在试着退到自己的底线，往后退。每退一次，我都有点犹豫，毕竟……

古老师：没关系，在退的时候，你注意观察他。

男学员G：我是不是该给他更多自由？他现在个性特别明显。

古老师：个性怎么样？什么样的明显？

男学员G：就是特别活泼，爱哭爱笑的。别人都认为他不正常。

古老师：爱哭爱笑才是正常的。

男学员G：像穿衣服的事情，我们也由他选择：你热就不穿，反正出门我给你备着，冷了你叫我，否则我不会给你加。

古老师：你这样做是对的，以他为主。

男学员 G：但这个大环境啊，我们这种行为是少数。

古老师：没错！你是走在前面的，慢慢地大家都会跟着走上这条路的，时间的问题。那些老做法都是违反人性的，都是把自己的想法强加给孩子，就是关爱强迫症。

男学员 G：更离谱的是，有些家长并不是自己感觉冷而让孩子加衣服，而是了解了一些所谓的科学知识，这个季节、这个时间必须加什么衣服、补充什么营养，想让孩子照做。

古老师：对！迷信科学。回到人本身真实的感觉才是最正确的。刚才说你的孩子活泼，有情绪，这就对了，恭喜你！最怕的就是孩子变得死板，这个也不能做，那个也不敢做，那一定出问题了。

男学员 G：还有一个问题。孩子现在上了小学，上次我们讲的读经的问题，以前我还比较执着，现在他能听点就听点，能读点就读点。我也会采取一些引导性的方式。因为没有图画嘛，相对来说要单调一点。如果孩子在旁边，我往往故意说：爸爸读书了，你不要站在我旁边，自己玩去吧，我要读书了，读书很好玩的。往往小孩见你在做什么，而不让他做，他偏要做。后来他就开始自己读了，这时，我往往会表扬他。但这还是一种引导，需要这样的引导吗？

古老师：好！你请坐。这里面还有更大的话题。现在大家推广读经，学国学，给孩子读经典。读经有读经的好处，四书五经啊，诗词啊，他年纪小的时候把这些东西背下来，对他以后的人生是有帮助的，这点我个人是蛮赞同的。但是，不要把它当成唯一。只能背经典，别的书不背、不看，那就出问题了。你可以带着他背经典，但是不要忘了，也读一些童话故事给他听，那些故事也是很美的，也是富有想象力的，里面有很多人性的东西，对孩子也是很有意义的。经典当然要读，但是只读经典，其他的都不要，那一定出问题，一定要跟着时代走。完全回到古代，那就不对了。

　　我们谈到关爱，通常以为只要我是"爱"孩子，关心孩子，为孩子好，就不自觉地把自己的想法、意愿强加给孩子，对待爱人，对待其他人也是一样的，强迫别人接受，而不去了解别人想什么，要什么。这就是标准的关爱强迫症，很多的家长有这样的症状。

　　男学员 A：为什么会这样啊？

　　古老师：对呀！为什么一定要别人按照我的方式去做呢？而且强调这是出于对你的爱！就是自我意识作怪，自我的观念，自我的固执，很强烈的"我"的观念，"你必须听我的，我是对的"，我们一不小心也经常如此哦！孩子不爱念书，你强迫他念书；孩子不喜欢弹钢琴，你强迫他弹，还说是为他好……

　　男学员 G：我想起一句话来：清白无辜的人最可怕。觉得自己是正当的，越是正当就越有理，很可怕。

　　古老师：对呀！

　　男学员 G：他道德上就有种优越感，觉得我道德上是对的，就一副正义凛然的样子。

请不要用爱来控制我

　　古老师：一切都是为你好，这个帽子扣得是很大的，（众笑）然后就理所当然地去做别人觉得很不舒服的事，生活中处处可见"我都是为你好"。另外还有一句孩子的心声：请不要用爱来控制我！夫妻之间也好，对待孩子也好，我们经常是用爱来控制对方。

　　女学员 Y：恰似（掐死）你的温柔。（众大笑）

　　古老师：有时候温柔是很厉害的，哇！温柔的控制，力量是很大的！

男学员 E：上海话管这叫"作死你"。

女学员 L：作死你，就是让人家想逃！

古老师：没错！就是让人想逃，爱得让人窒息。我们经常用爱来控制别人，尤其是温柔的爱，让你没有理由反对，想逃都没办法。

男学员 H：我有一个朋友结婚之后，她先生工作，她在家做全职太太。先生工作一天 10 个小时，她至少要打 20 个电话，（众笑）而且每次电话经常会持续 10 分钟，个别电话会打两三个小时。她平时对先生非常好，先生出门前，她把衣服袜子全部准备好。我总结，一开始是强迫症，然后会有怨妇症。我对你那么好，你为什么还找别人？道德上就有优越感。

男学员 J：古老师，我补充一点，我认识这夫妻俩，刚才他说的是女方。后来两口子离婚了。女方有个弟弟，没多久她弟弟也离婚了。她和她弟弟从小都有强迫症，这一辈子都毁了。

男学员 H：关爱强迫症代表的什么？就是我对你这么好，所以你要对我的一切负责。我已经为你付出了很多很多，所以，你要无条件地服从我，绝对不能伤害我。一旦两个人关系、感情出现问题，她就觉得全是对方的错，她自己丝毫没有问题。她感觉我对你这么好，你怎么会对我做出这样的事情呢？就相当于我在家咬破手指给你写个血书，天天写，你就得对我好！（学员持续大笑）

男学员 A：古老师，我讲一个生活中的实例。我们学校有个女老师，她的丈夫是特种部队的一个团长，素质非常高，转业到地方任武警部队支队长。她要求丈夫下班必须马上回家，有事可以例外，但是必须告诉她在哪里。有一次她丈夫在路上碰见二十几年前的一个高中女同学，他们熟络的程度，就跟我们今天见面拍拍肩膀啥的，正好让她瞅见了。哎哟！事儿大了，她觉得那女同学肯定和她丈夫有事，后来，对丈夫看得更紧，一切都得在她的视线之内。她丈夫说：我跳楼的心情都有！（众笑）那妻子呢？就往外诉苦：家庭的里里外外什么都不让他管，从袜子到衣服全部整整齐齐地弄好，他喜欢吃什么，冷热酸甜口味都掌握得清清楚楚，他为什么不珍惜呢？我对他这么好，他晚回来一个小时，我心就怦怦地跳，怕他出事。我这才弄明白这个妻子说这话的意思。（笑声）妻子后来就变得非常神经质，老公被逼急了，想摆脱。

最后，女方的父母和姊妹都站在男方这边，全部同情这个男人，而且还劝男的赶快和她离了。她把丈夫当成她的私有财物了。男方跟我们诉苦的时候，很感慨！说他们当初是两情相悦，彼此相爱。这个女老师当年是学校的校花，很漂亮，很有气质。她现在这个样子，谁都难以相信。她自己也很痛苦，清醒时总说：好，我改。家人劝她的时候，她也说一定改。但一回到家神经质就来了，又琢磨起她丈夫在外边是不是有外遇了。拖了十几年没有离婚，那个男人付出了极大的耐心，就是期盼她能改。后来别人劝她：你怎么不给自己留后路啊？他连一点私密感都没有，堂堂一个男人，现在却像只小鸟，被关在笼子里了。但她控制不住自己，她就想完全统治、掌控这个男人。关爱强迫症，就是我爱你，这一个理由能让我理直气壮地做所有事，你不能反抗。我觉得这是一个悲剧啊！

古老师：妻子对丈夫，妈妈对孩子，常用这种方式。

女学员 W：这种爱像藤一样缠着，会把被爱的人缠死的！我接触过一个事例。我的好朋友，她的先生就快被她婆婆缠死了。妈妈为什么缠儿子呢？先生才两岁，他父亲就去世了，他妈妈独自带着他过到现在。儿子上大学她是跟着的，儿子结婚也是跟着的，儿子出差也得跟着。平时生活中，12点之前先生的时间是妈妈的，12点之后才跟妻子睡。（众大笑）妻子非常憔悴，虽然他们夫妻关系特别好，但是这个关系里面总有这个母亲，她对儿子的爱变成了强烈的依赖，变成了藤一样的缠绕：我爱你，你就得是我的，你不接受不行，我为了你，从二十几岁守寡到现在，我的整个生活都没有了，你上大学我就跟着，你总得让我跟着。

男学员 A：对，我刚才说的那位女教师也是，我都牺牲了所有来爱你，你为什么不能接受呢？我对你好，你为什么不能接受呢？很痛苦。

女学员 W：就是这样。那老太太对儿媳妇就很排斥，认为夺了她的所爱。儿媳那个时候很难过，我就安慰她说："你看看老太太都快七十岁了，你的日子比她长！"（众大笑）她说："我怕熬不过她！"她头发都谢掉了，那个时候她才四十左右吧。

男学员 A：爱是枪，也是刀。

女学员 W：像藤一样缠着人，这不叫爱，这叫变态了。

女学员 L：没几个正常的，包括在座的。

古老师：呵呵！都有一点。所以，在心理医生或精神科医生看来，人都是不正常的。好，这是几对夫妻的事例，那有没有父母与孩子的例子？太多了。

过去有个观念，孩子喝牛奶营养好。记得那个时候孩子还在上小学一二年级吧，每天早上，我就让我儿子一定要喝完牛奶再上学，为了他的健康嘛！我儿子就是不想喝牛奶，孩子在前面跑，他妈妈就在后面追，一定要他喝了；孩子没办法应付一下，喝两口，留了一大半就走了。我们天天干这种事。有一天，我看这样实在是不行了，就把儿子叫来，我问他：你不喜欢喝牛奶，那你喜欢什么样的早餐？他跟我说：果汁啊，果宝佳之类的东西啊。好，那按照他的意思做，他就吃了。你看，我们经常剥夺孩子的自主权、选择权。

男学员 C：之前提到妈妈逼儿子洗澡的事，其实儿子是为了妈妈而洗澡，他不得不服从妈妈的意愿。我自己也经常会做类似的事，不自觉地强迫孩子，觉得是为他好。其实，你硬要别人做某件事的时候，自己也不开心的，还得强忍着情绪，所以有时候还没回家就会觉得很烦。

古老师：对呀，为什么不自觉地强迫你的亲人？因为小时候被强迫惯了。比如有时候内心会有两种声音出现，一种声音说我要好好轻松一下，玩一下，但这时另外的声音就出来了，不可以轻松，我要好好念书，这都是在我们小时候形成的。

男学员 C：那已经不记得了。

古老师：但是它已经形成，在内心会有两种声音的拉锯战，这样的事情很多，都是来自父母，来自家庭。当父母不容易啊！刚才《危机家庭》那个片子里面，家长对孩子有没有尊重？没有尊重。尊重就是把选择权、自主权还给本人，让他做自己。当一个人不能成为他自己时，内心就会出现矛盾和挣扎，痛苦就产生了。后面我们会讲到这个问题。

爱需要学会尊重

古老师：接下来我们谈尊重，爱需要学会尊重。爱的过程没有尊重，爱就会变味，最后就会变成"关爱强迫症"。注意啊！没有尊重的爱就是控制。所以，尊重是非常重要的，尊重跟权威是有连带关系的，父母有所谓的权威的话，那么相应的情况就会出现——没有尊重。注意！假如你意识里有那个权威感在的话，对不起，你的孩子绝对得不到尊重，"我要板起我是爸爸的样子，摆出家长的权威"的话，尊重就没有了。

我们来看看尊重都包括哪些内容和原则：

——尊重是认识生命，珍惜生命，敬畏生命，欣赏生命。

——权威不属于年龄辈分，只属于真理。

——请把选择权、自主权还给孩子，让他做自己。当一个人不能成为他自己时，内心就会出现矛盾和挣扎，痛苦就产生了。

——你不是他生命的主宰者，你无须包办一切。

——关爱没有尊重，即成控制。

——尊重越多，理性越多。

古老师：要谈尊重的话，就必须把权威拿掉；权威如果还在的话，所谓的尊重都是假的，要做到不容易哦！权威——在家庭里会有年龄上的权威、辈分上的权威和长幼上的权威。"我是爸爸！"这种权威感就出来了。真正的权威不属于年龄辈分，只属于真理。我们看看自己，有没有摆出父母的权威，有的话，孩子不可能感受到你对他的尊重。

女学员 F：古老师，我觉得我能放下做家长的权威，但是孩子在家里就喜欢看小说，而且喜欢周杰伦，整天问我：你要见到周杰伦，你会跟他说什么？

古老师：你孩子几岁？

女学员 F：15 岁。

古老师：谈到周杰伦，很多小孩崇拜他。古峰你说说看，小孩子为什么会崇拜周杰伦？

古峰：在座的有没有孩子十几岁的？

学员：有。

古峰：你们的孩子有没有自己崇拜的偶像？

女学员 J：还有那个叫什么仔？

古峰：仔仔。

男学员 F：我们大人怎么理解的，我们大人的态度是什么？

古老师："他怎么会崇拜这种人啊。很奇怪，他怎么不去崇拜英雄，而去崇拜这种人呢？"我们大人是不是这么看的？

学员：很多父母是这样想的。

古峰：他唱的歌，歌词根本就听不懂，音乐也没有什么好听的，跟我们以前听的不一样，他唱得也不好——一般会有这样的感觉。可是，你们家长并没有和我们站在同样的角度去看问题。为什么举周杰伦这个的例子呢？第一，他是个歌手，他自己作词作曲，录唱片，而且得了很多音乐方面的奖。他除了当歌手之外，在影视方面，还当演员，当导演，自己拍片子，得了导演奖、最佳新人奖，还跟张艺谋导演合作，等等。第二，他很孝顺，他为妈妈写歌，为外婆写歌。他很有才华，很有成就。这样的一个年轻人，我们小孩子崇拜他，难道不对？

女学员 V：这个我倒没有反对，我孩子一直听周杰伦的歌。但是我反对孩子读郭敬明的小说。他写过一本非常流行的书，叫《悲伤逆流成河》。我女儿看了以后，一度沉浸在幻想中，因为小说很悲。她跟我讲，看完这本小说后的那段时间，她经常莫名其妙地陷入悲伤，有时甚至想哭，她问我为什么会这样。于是，我就在网上查了一下作者郭敬明，发现他很有争议，（众笑）我就把这些资料摘下来给女儿看，结果她却说："妈妈，虽然你把郭敬明的很多不是都告诉了我，但我还是喜欢他的书。"

古峰：我觉得问题不在书上，你女儿为什么会这样，一定是她内心有相似的东西被触动了。我们其实真正要去关注和探索的是孩子内心与之共鸣的东西，而不是书里面的内容。其实很多事情都是这个道理，比如有些动画片啊，暴力片啊，电脑游戏啊，大人都反对这些东西，认为不好，怕孩子受到不良影响。其实，重点不在这上面，重点是孩子自身。大人们有没有想过，孩子为什么会受到负面影响？不光是因为他看了这些东西。是不是之前某些经历在他内心埋下了种子？我们要多关注孩子这个方面，你慢慢地经常跟他聊，才能了解他。我们的注意力应该放在这个地方，不要放在那个小说、动画片上面。

女学员 V：我跟她谈过，她说："你那么排斥他，你把他说得一无是处。"（笑声）

古老师：你看，她没办法跟你谈了。记住！不能否定她的爱好，这是重点！你一味地想改变她的话，她认为你根本就不理解她。我们讲过人性的需求，人是不希望被否定的。你否定她，完了，她会跟你对抗哦！

古峰：（向女学员 F）假如你找十个理由去说服她，她可以找二十个更好的理由来回击你，肯定是这样的。你越压制她，她越对抗你。你如果站在她的角度去理解她，自己心里要先把和她对话的那个障碍拿掉，才有办法跟她站在同一个位置上，才有办法进行沟通。我们大人所讲的沟通，是把我们的价值观灌输给孩子，不让他独立思考、选择，也就是我不理解你，我不认同你，我要去引导你来接受我的观念。时间久了就会有代沟。遇到事情，我们大人来跟孩子沟通，往往只是希望你听我的，而不是我们两个平等地来讨论；也就是说，大人甚至都没有做到"我来问问你，到底为什么喜欢它"。其实，孩子很希望你和他一起去探讨。

古老师：对，去探讨"她为什么喜欢"，而不是否定她："你不可以喜欢！"

女学员 V：她不跟我探讨，我一说她就结束谈话了。

古老师：对呀，因为你否定她。

女学员 L：她讲的这个孩子崇拜偶像的问题，很多中学生也是这样。我是做老师的，我不是反对学生崇拜周杰伦，但是就像刚才古峰讲的，周杰伦的歌我根本听不懂他在唱什么。而且他唱的歌跟我小时候听的歌完全不一样。心里会有一种排斥，这种歌不鼓舞人心，好像不是正确的人生观、价值观。因为我们这一代喜欢朝气向上的嘛，而不是他（周杰伦）这种颓废的风格。我只是觉得学生有自己的喜好可以，但是我不希望学生这样，而是希望他们喜欢一种朝气向上的。所以我承认有代沟，不过，我也不会硬要我的学生接受我的喜好。

古峰：刚才我们一开始讲了所谓价值观，其实，你的喜好是不是有一个价值观在里面？

女学员 L：对。

古峰：所以，要知道这不是他们的问题，是我们的问题。他们不会因为我们不喜欢，就有所改变。一定要清楚这点，是我们自己价值观的问题，而不是他们喜好的问题，有没有理解我的意思？

女学员 L：我理解你的意思。

古峰：还有就像你讲的，我喜欢的，不一定要你跟我一样喜欢，这就是尊重。我喜欢我的，但你也可以喜欢你的。家长或者老师应该懂得孩子，不要强迫孩子去喜欢你们喜欢的，只要允许他们去喜欢自己喜欢的就好。这样才有平等沟通的基础。

女学员 L：我从学生提的问题中感觉到，孩子们比较消沉、颓废，喜欢逃避，所以我是不喜欢他们听这种颓废音乐的。但是我觉得不能强迫我的学生一定要跟我一样，或者非要他们接受我的观点，因为我的观点也不一定是对的。

古老师：你说学生消极、颓废、虚无，对吧？

女学员 L：这是我的看法，但是可能不是这样子。

古老师：那事实上是不是这样？

女学员 L：我觉得是这样。

古老师：事实上就是这样。

女学员 L：但是学生喜欢嘛！

古老师：对呀，没错啊！好，谢谢你的发言！(掌声)

刚才讲年轻人喜欢颓废，还有消极、虚无，回想当年，我们年轻时，是否也曾经有过这样的一段时间？注意哦！我们年轻的时候也曾经这样，也喜欢这样，这就是青少年。这是年轻人的特点，不然怎么叫年轻人？

女学员 V：我们只能接受？

古老师：不是只能接受。

女学员 V：还是必须承认就是有这个过程？

古老师：虚无有什么错？消极、颓废有什么错呢？就跟我们有痛苦是一样的。人在痛苦的时候，也会有反思，也会有好的一面。问题是你允许不允许？你不允许的话，就会产生冲突、矛盾；你允许，能够了解他的话，问题就没有我们想象中的那么严重。还有，为什么会虚无、颓废？是不是还有一个环境的问题？大环境太好就会产生这样的结果。没的吃，没的穿，生活穷苦，你看他还会不会虚无？会不会颓废？（众笑）所以这是时代造成的，生活太富裕了，他不需要再为一日三餐而忧虑了。生活环境很好，那就容易走向虚无、颓废了。

把选择权和自主权还给孩子

古老师：好，那么怎么做才叫尊重呢？把选择权、自主权还给你的孩子。你带孩子去买玩具，买吃的，买衣服，请问你是买好挑好后让他穿，还是让他自己挑？记得我上小学的时候，妈妈带我去买新衣服，那时候乡下很穷，能买新衣服是很高兴的事情啊！但是，我每次买完新衣服一点都不高兴，为什么？因为那衣服不是我挑的，不是我喜欢的，我真的不喜欢那个颜色。那时妈妈会说："你看这个好，这个好看，穿这个！"

你吃什么？要去哪里吃？度假去哪里？生活中处处要做选择。有专家统计我们一天要做出好几千个选择。请问，面临选择的时候，我们是让孩子自己选择，还是帮孩子选择？衣食住行，生活中的点点滴滴，你在做选择时，有没有尊重孩子，问问孩子的意见？刚才谈到尊重，不要强迫孩子，不要把我们的意志强加给孩子，这就涉及孩子的选择权、自主权问题。刚才我们看的影片《危机家庭》里，父母剥夺了孩子的选择权，孩子非常痛苦，因为他没有了自主权。注意！我们生活中，这种现象处处可见。经常规定孩子做什么事情，几点做，包括几点钟睡觉。一个朋友跟我说，以前对孩子限制得比较死，上完我的课之后，不再限制孩子几点钟睡觉，他几点睡随便他，玩累了再睡，在沙发上睡着也没关系。他说很奇怪，本来以前上幼儿园，每天早上都要哄他一阵子，自从不限制他之后，上幼儿园他不哭不闹了。选择权的范围很广，带孩子去买零食也好，买玩具也好，上才艺班也好，一定让孩子自己自主选择，家长把选择权还给他。

女学员 E：古老师，孩子喜欢吃垃圾食品怎么办？

古老师：你孩子几岁？

女学员 E：四岁。我觉得这些不好吃，小时候从来不给他吃。他大点了，去超市时老嚷着要吃。

古老师：我认为吃东西这件事很复杂，别小看一个吃哦，不完全是口味的问题，也有心理的问题，还跟满足自己的自尊有关系。

女学员 E：越不给他吃，他越要！你告诉他是垃圾食品，他会说：我就爱吃垃圾食品！

古老师：你看到没有，"你不让我吃我偏要吃"，这已经不是吃的问题了，有很多心理上的问题。

女学员 E：那怎么办？

女学员 L：他会吃厌的。

女学员 G：有的孩子越吃越爱吃。

女学员 L：是身体的伤害大还是心理的伤害大？

古老师：（古峰举手）好，你来说说。

古峰：吃垃圾食品，比如吃薯片，有那么严重吗？我们之中有没有吃薯片长大的小孩？我的意思是说，当你越是限制，越是紧张的时候，你已经认定这件事的可怕了。如果你觉得这不是一个可怕的事，你就不会去限制。对孩子没有限制的话，他就不会老去要。

男学员 H：我的一个内弟，他是从小吃所谓的垃圾食品长大的，也没有生什么病。小孩的心态是：你说是垃圾食品对不对？别人都在吃啊，为什么都没事？你觉得垃圾就是垃圾吗？我不觉得是垃圾啊！为什么别人都可以吃，而我不可以吃呢？我这是尝试着模拟一下小孩的心理，并不是说这个食品本身的问题。什么叫垃圾啊？扔掉的东西才叫垃圾！垃圾为什么摆到超市里？你们大人这话啊，就是让我反感！

女学员 G：垃圾食品还是有一定副作用的。带孩子到超市去让他自由选择，他会拿很多，但是我想他也不知道什么该吃，什么不该吃。平常呢，我们会给他选择很多，然后买回家。因为我女儿从小就是吃正餐为主，没怎么吃过零食，她对这种口味可能也不太适应。有时候她吃一口就还给我了。她觉得吃饭香，有时候能吃两碗。她想去吃垃圾食品时，我就说：你去吃吧，妈妈喜欢吃完饭后再吃这些东西，不然我等会儿就吃不下饭了，妈妈喜欢吃饭菜。她就说：嗯，我也觉得饭菜好香！

古峰：小时候爸爸不给我吃冰的，他觉得吃冰会伤身体，伤胃。四岁的时候，有一次，我跟妈妈上街，看到路边卖冰激凌的，就去问妈妈要。妈妈说：孩子今天你很乖，跟着我不闹，好，妈妈给你买，记得回去不要跟爸爸讲。哎哟！我第一次吃，以前从来吃不到的，于是，回到家第一件事就兴奋地跑着叫：爸爸，今天我吃冰激凌啦！（众笑）谁知"咚"，头就被爸爸敲了一下。（笑声持续）

男学员 A：哦！（向古老师）您也打过孩子。（众笑）

古峰：我是说，刚才大家把这个所谓垃圾食品问题看得很严重，其实，没有你们想象的那样严重，不要自己吓自己。只要不过量就可以，让孩子自己去把握。不能绝对地限制。你要是限制，他永远有好奇心，等到他十五或二十岁，他还是要去吃。我小时候的感受就是，家长越限制越烦。孩子不能什么都听家长的，况且，家长也会犯错，就像我爸刚才说的，其实他开始也不会教育孩子。

古老师：等我会的时候，孩子已经被我伤害得差不多啦！（众大笑）

古峰：也不要以为老师不会犯错，人都会犯错，何况孩子。其实，人是在不断地犯错中成长的，所以不要怕犯错，更不能一犯错就惩罚。

女学员 L：我们孩子刚上幼儿园，她的老师给我讲了班里一个孩子的故事。这孩子的家长是不让他吃垃圾食品的，薯片当然也是不让他吃的。结果，别的孩子带了薯片到班上，不小心掉了一点渣渣在地上，他就捡起来吃了。所以，弹簧越压弹得越高，你不给他吃，他总会有方法得到，而且变本加厉。

女学员 N： 我孩子以前喜欢吃冷饮，后来我知道经常吃冷饮对身体不好，我就这样对孩子说：冷饮是冰冰凉凉的，你有时候一口冰水喝下去，那个肚子啊，它肯定不舒服，它会说：你一口下去灌给我那么多凉的东西，我能舒服吗？怎么给我喝这么凉的东西？不舒服它就要叫，于是，你的肚子就痛啦！我们这么交流过以后，孩子真的很少吃冷饮了。

古老师： 交流沟通和引导很重要，不要动不动就训斥、限制。让他感受到这么做的后果，而不是把家长的意志强加给他，这样才会收到理想的效果。还有，再小的孩子都有审美观，而且审美能力并不比大人差，比如买衣服，什么样的颜色、什么样的样式，很多东西他自己都会选择。我们也经常看到，把孩子的自主权剥夺掉，该做什么、几点钟做，你都给他规定好，然后再埋怨孩子不会生活自理、不会管理自己。

女学员 Z： 古老师，我想请教一个问题。您年轻的时候就跟南怀瑾老师学习传统文化，还成立了老古出版社，您对佛学也有那么深的研究，您觉得是不是应该从小给孩子这方面的教育？

古老师： 好，这个我可以告诉你。我跟随南老师很久，南老师身边也有孩子，我和他的孩子也很熟。我跟各位讲，南老师的孩子跟我们一般孩子一模一样，没有什么特别的。我儿子（古峰）、我太太（余老师），我从来不跟他们谈佛法，他们可以做证的，他们在点头，看见没有？（大家笑）别忘了我们都是人，就像"二十三号女生"一样，做一个很平凡的人，就可以了。不要认为平凡有什么不好，要真做到平凡很不容易哦。以我的经验，做普普通通、平平凡凡的人是最舒服的、最快乐的。你要让自己变成英雄啊，那会累死人的。余老师好像有话要说？

余老师： 我们是一个很单纯的家庭。我想讲的就是，我们从小就给孩子灌输很多观念，不可以这样，不可以那样，使孩子不能够有自己真实的想法。比如选冰激凌的问题，做妈妈的吃巧克力口味的，就想让孩子选择这种口味，这是强行的灌输，妈妈是用自己的想法去限制孩子。或者你什么都帮他选择好，使得孩子失去自己真实的感觉，长大之后就自我分裂，无法面对社会，那么最后结果就是不选择，或者是逃避。我们大人的内心是复杂的，孩子的内心是正常的、平常的，孩子天生是有分辨力的，我们要相信孩子。(大家鼓掌)

古峰：我们刚提到的什么是关爱，一般的误区就在于，我们认为对的，我们认为好的，孩子就应该去做。我们有没有尊重他，有没有问他喜不喜欢这个？我们认为好吃的东西，就"你吃，你吃"，他可能不需要，或者他根本不觉得那东西是好吃的。他需要的是什么，我们并不晓得。也许亮亮的爸爸妈妈会担心这样的情况，所以会紧张地问您是不是要把亮亮培养成和尚。我们常常把自己认为好的东西强加给孩子，让孩子学佛啊、学钢琴啊，都是一样的。学什么本身没有对错，问题是这个行为是否是孩子的意愿，怎么样把选择权还给他，尊重他，让他自己来做决定。

女学员Z：我还想请教一个问题。我们确实不应该用大人的意志去强迫孩子做什么，但是，究竟需要不需要给孩子一些引导？

古峰：其实引导已经带有你的价值观了，已经在灌输了。你要引导，也可以，关键是你有没有办法做到公正。我的一个熟人，他的女儿要念初中了，他希望女儿来上海念国际学校，问我选择哪个好。正确的引导是什么？一个事情都有正反两个方面，有好有坏，孩子在当地念初中一定有利有弊，来上海念国际学校也一定有利有弊。我们的引导就是把这样做的好处和弊端，客观地把我们作为过来人的经验、判断都告诉她，让她自己去做决定，而不是说一味地告诉她这个好、有多好，往这个方向走，那样的话孩子就不会判断了。

古老师：对，我们不要替孩子做选择，把选择权还给孩子。还有，我们是否在乎别人的看法，是否过于在乎别人的看法？没有自己的想法，只听别人的意见，这都会有问题。你希望不希望你的孩子这样？不希望，那就允许你的孩子有自己的想法、看法。如果你经常替孩子做选择，他没有他的想法，只遵从你的想法，那他长大以后就没有主见，这是一件很可怕的事。但是你也不要担心，孩子青少年时期，他很多自我的东西会自然出现，他的很多想法会和你不一样。他要学着做大人，做大人就是有自己的想法，父母这个时候要尊重他、支持他。

信任你的孩子

男学员 X： 老师，前面谈到关爱和纵容、关爱和强迫的问题，以及孩子吃垃圾食品的问题，还有其他一些方面，比如小孩子看电视，电视节目有健康的，也有不太适合孩子的，我们该怎么把握这个度？

古老师： 你的孩子几岁？

男学员 X： 我的孩子还没有出生，但我也在观察。

古老师： 好！关于看电视的问题。小孩子喜不喜欢看电视？喜欢。大人喜不喜欢？也喜欢。

男学员 X： 可能小孩子不喜欢看电视，但是某些事情导致他养成这种习惯，这个时候大人才注意到，很大一部分原因是自己喜欢看电视。那么怎么办呢？

古老师： 看电视这个话题里有很多问题值得探讨。第一，有没有很好的儿童节目？

学员： 有。

男学员 F： 孩子喜欢看的是《奥特曼》《蜡笔小新》之类的。

古老师：《蜡笔小新》，还有日本的几部动画片，像《龙猫》《哆啦A梦》这些，都很值得我们探讨。好，我们来讨论一下，各位对这几部怎么看？

女学员 N2： 我一个同事的孩子，特别好的一个孩子，他也特别喜欢《奥特曼》，同事去书店给孩子买了一些好的动画片，但孩子就是要看《奥特曼》，大人也没有办法，虽然明知不好。

古老师：《奥特曼》是什么内容？

学员：有救人的，有帮助弱者的，是通过暴力打斗的方式，总之很有争议。

古老师：打斗的方式小孩子很喜欢，是吧？

众学员：对！

女学员Z：《奥特曼》《蜡笔小新》我们家都有，孩子爸妈买回来的，开始我们（外公外婆）不知道。我发现三岁左右的孩子看了《奥特曼》，会非常喜欢。看到激烈场面的时候，他会害怕，要拉着大人一起看，但是他舍不得离开。《蜡笔小新》里面确实有很多镜头很吓人，我认为它给孩子带来的负面影响比较大。好在爸爸妈妈是空中飞人，基本不怎么跟孩子在一起，孩子的事我们可以主导。所以，片子买回来，没多久就被我们扔进垃圾箱了。（大家笑）

女学员O：我想说一些不同的理解。之前我先生因为女儿看《蜡笔小新》发了大火，他感觉《蜡笔小新》是非常不好的动画片，他希望她看一些比较向上的。我的观念和他相左，我觉得小孩总有一天要面对是是非非，她要自己去判断什么是错与对。在她不知道什么是对与错的时候，你只让她接触对的，她就永远不知道什么是错的。所以我个人认为有一个正确的观念引导比较关键，这个方面我跟他的冲突还是蛮大的。

古老师：一定会有不同的观点，还有没有别的意见？

女学员R：我们家孩子小的时候看动画片，我就发现《蜡笔小新》和《哆啦A梦》都挺可爱的。就像刚才老师说的，每个人心里都有一个小孩子，小的时候不能得到满足，大了之后也总想满足自己，这些我也比较喜欢。所以，我们没有限制他，放各种各样的动画片给他看。但后来，孩子变得很粗鲁，就像"叮当猫"那样叫，跟我们说话也是那种口气。所以,我先生说不能看了,在这个问题上我们没有矛盾,后来我们就偷偷地把片子藏了起来。他大了以后,不知道是不再看那些动画片的缘故,还是他自身成长了的缘故,粗鲁言行自然就消失了,我们也很困惑。

男学员 K:我觉得孩子在幼年时期还是不要接触这些比较好。因为他没有分辨的能力。小孩子的学习是先从模仿开始,所以,这些东西看多了,他下意识就会去模仿,不加分辨去吸收。我就从我的孩子身上体会到这一点,这些东西里面宣扬的暴力啊或什么东西,就影响了他的世界观,以后再去纠正他,我觉得很难。所以在孩子刚发芽的时候,我们要输入正确的东西。其实,也不能要求小孩子不去接触社会大环境,但是要等他有分辨能力之后再去面对,再加上家长的正确引导,我觉得这才是健康的教育方式。

女学员 Y:我跟我弟弟是"80后",小时候基本上把我们那个时候的动画片看遍了。《哆啦A梦》《叮当猫》看过,还有什么《圣斗士星矢》《魔神坛斗士》等。《奥特曼》也看过。

古老师:哦,是吗!我们来听听她怎么讲,这个很重要。

女学员 Y:但是,这对我和我弟弟没有什么坏的影响啊,而且动画片能传达很多信息,有正面的也有反面的,我跟我弟弟从里面主动吸收的都是正面的东西。也就是说关键在孩子和家庭本身。谁影响孩子最多?我觉得还是父母。因为我们从小就跟父母生活在一起,虽然也看电视,也看动画片,但是看得最多的还是父母在眼前演的戏。(热烈的掌声打断了 Y 的发言)也就是说,父母的言传身教才是最重要的,其他方面都是次要的,这是我的看法。

古老师:说得好啊!这是最真实的。(掌声持续)来,这边还有人要发言。

男学员 T:古老师,我想说一下我的想法。我没有小孩,但是,我童年的记忆至今还非常深刻,我想和大家分享一下。我看大家都非常爱自己的孩子。小时候我就一直觉得大人把我们小孩想得太傻了。（笑声，掌声）是真的！我觉得《哆啦A梦》绝对是一部非常优秀的动画片，而且可以说它关爱到了孩子被家长忽略掉的地方。至于《叮当猫》嘛，当孩子的需求不能得到满足的时候，叮当猫可以充当理想父母这个角色，这是小孩喜欢看《叮当猫》的一个非常重要的原因。小孩子喜欢看，不是大人觉得好他才喜欢，他喜欢一定有自己的理由。而且他的分辨力我觉得足够了，他的正义感、是非观念要比成年人强很多！其实，孩子的这些观念不是靠看动画片去建立的，应该是生活中就建立好的，建立好之后他自己会非常严格地去执行这些原则。我就觉得对孩子应该放开一点。（大家鼓掌）

古老师：说得很好！我们从看电视的问题谈到《蜡笔小新》等动画片。刚才两位年轻的朋友（女学员Y和男学员T），分享了自身的经验：不要把小孩当成白痴，不要觉得他智商很低，他有选择判断的能力，这是第一；第二，孩子有他的道德观，这主要还是来自父母，父母的影响才是最重要的，影片不是最重要的。这是他们二位的现身说法，各位觉得有没有参考价值？

学员：有。

古老师：我想用掌声来谢谢他们（响起热烈的掌声）。我们经常猜测别人，而没有去真正地了解别人。对孩子也是一样，我们都是用猜的方式，猜他会怎样，猜他一定是什么样。看《蜡笔小新》也一样，家长总是以大人的想法去看孩子，都以为小孩子看过《蜡笔小新》之后会变坏，也会学那个坏的东西，其实，那只是我们的猜测。注意！要看事实，还好我们有几个现成的例子，比如，我儿子就是看《蜡笔小新》长大的。孩子为什么喜欢看？因为对小孩子来说那很好玩、有意思，小新很顽皮，他会脱裤子。昨天吃饭时谈到为什么限制孩子看《蜡笔小新》，为什么会认为小新下流——因为小新脱了裤子，露着小鸡鸡到处跑，（大家笑）大人觉得很下流，对吧！我儿子说："我看过之后，我也没有学他那个样子啊！"（大家持续大笑）其实，事情没有我们想象的那么可怕！不要忽略小孩子的分辨力，他又不是白痴，他也有他的判断能力。

男学员 T： 还有模仿奥特曼的情况。我看上海的新闻，玩充币游戏机的小孩模仿游戏中的暴力场景。为什么有的孩子会去模仿，而且这样的孩子还不少？我知道这不完全是电视或游戏的原因。我小时候也看过像《西游记》这种电视剧，里面也有暴力场面。

古老师： 好！关于暴力，昨天也提到过，我个人认为，最关键的是父母，父母暴力的话，孩子必然暴力；可能只是刚好父母比较暴力，孩子又喜欢看暴力的卡通，配合上了。可是社会不会怪罪父母，只会怪罪那个卡通，这是我的看法。

男学员 G： 我也想谈谈我的想法。在我青春期之前，我是当地一个有名的坏孩子，坏孩子中的一霸。

古老师： 你啊？哎哟！真的看不出来。

男学员 G： 这个还真和家庭有关系。

古老师： 等一下，你说说看，你是怎么个当地一霸？

男学员 G： 举个最简单的例子。我们家住在街口，经常有乡下人到我们那儿赶集。在傍晚的时候，我就会拿个弹弓守着，别人从那儿过，我就打人家，打完了之后我自己躲起来。还有，喜欢搞恶作剧，天黑了，在大树之间拉根绳子，专门绊人。我们躲在一旁看热闹，偷着乐。反正人家都说，这孩子将来学不好的。

古老师： 看不出来，做过这么多坏事。

男学员 G： 人家教唆我"我给你糖吃，你去骂某某"，我就去骂。偷鸡摸狗的事也学了一些，包括到仓库偷东西啊，还有到山上偷东西，偷农民的红薯、橘子啊，到电影院看电影不买票啊。我们经常在山石崖边玩，一不小心就会掉下去，我自己有时候也吓出一身汗来，现在想起这个事也不可思议。我们家附近池塘比较多，潭穴很深。我经常独自一个人或者跟小伙伴在池塘边玩。离家不远处有条河，河边有悬崖，经常有蛇出没……就是说我们小时候的环境，现在回想起来还挺危险的，但出事率也不高，摔伤致残、死掉的小孩也没有。

如果父母对孩子没有坏的影响，没必要太过担心。就算孩子暂时有点坏习惯、坏毛病，他还是会改掉的。我自己就是个例子，谁都想不到，我这个顽皮透顶的小孩，没事脱裤子玩的"小流氓"，没事在街上乱跑，带着一群"小坏蛋"到处闯祸的孩子，最后能上大学。我觉得重点还是在父母身上，我们当时的升学率还很低，能上大学的人是很少的。

古老师：你觉得你父母是怎么样的父母？

男学员 G：我觉得他们很在乎别人的看法。

古老师：他们对你怎么样？

男学员 G：父亲不怎么管我，管的时候就有些暴力倾向。因为那时候他为生存而奔波，几乎没有时间来管小孩，基本上我是自由的。但他一旦发现不对劲，要来管你的时候，也会很凶。最严重的一次，他知道我去偷人家仓库的时候，把我吊起来打，这种情况有，但比较少。因为我属于成绩比较好的孩子，那个时候大家都比较看重成绩，所以，他们心理上是认可我的。他们在外面说起来，觉得自己小孩还可以，心里会感到满足，他们到现在都很看重这些。

回忆我的成长历程，我觉得要么你非常懂小孩，你可以去教育小孩；要么你干脆不要管他，你把自己的事做好就行，不然会越管越糟糕，越管越麻烦。

我就得益于爸妈不管我。因为我爸喜欢看武侠小说和其他一些乱七八糟的书，当时他也是个年轻人嘛，但他就是不喜欢我看他的书，他把书都藏起来。他还有很多个人的爱好，比如喜欢打牌之类的，就没空管我们。我就很好奇，你不让我看，我就偷着看。他的书我都看遍了，当然也有那种不良的书，现在可以讲了，有些书对我后来影响也很大，我也曾很困扰，但是也没有大家想象的那么严重，我还是能克服的。

古老师：你说的是一些黄色小说？

男学员G：对，有啊！在青春期的时候就看过，反正对我影响挺严重的，但还是能走出来的。我的体会是，家长给孩子太多约束啊、压力啊，他可能就没有自我了，不会面对自己的问题和自己的生命。

古老师：说得好，这是亲身的体验。他刚才谈到如何做父母的那句话，很有道理啊——要是你很了解孩子，就去好好地带他；要是你不了解的话，你就不要管他，那样孩子反而长得好。把土壤弄好了，去好好关怀他就好了。束缚孩子的管教，会让孩子思想受到限制，所以不管也好。如果乱整，整到后来都变成抑郁症了。

大人不要掺和孩子的事

女学员H：古老师，我有个问题。

古老师：好，请讲。

女学员H：我的孩子，他性格很内向。喜欢的玩具被别的小朋友给抢走了，他不像一般孩子会哭之类的，他只是呆呆地站在那儿。我该怎么鼓励他，让他自信起来，或者当场怎么处理这种事？当然回到家我肯定会安慰他啦。我只想说，如果孩子被老师当面批评，或是被其他小孩子欺负，我们怎么来保护自己的孩子？同时又能比较圆融地处理问题？我觉得挺难的。

古老师：你孩子玩具被抢的时候，他具体的反应是什么？

女学员H："啊——啊——"两声，再看我两眼。比如玩具被妹妹抢走的时候，我会跟他，你去跟妹妹说："这是我的。"他不说，他一会儿情绪就过去了，也就算了。我其实很希望他冲上去打一架。（众笑）我一直觉得他不够自信，我就想，这类事情我一直都不去干预的话，我要怎么培养他的自信心？我希望他有这种气魄："这是我的东西，我要保护我的东西！"

古老师：我希望当你的孩子碰到这种状况的时候，你能多观察他。我们经常会用大人主观的想法去看我们的孩子。就拿你孩子的玩具被抢这件事情来说，他会"啊"两声，之后呢？

女学员H：他就到别的地方去玩了，或者是跑掉了。

古老师：那不就没事了吗？（笑声）他"啊"两声就没事了，他会不会把这件事情放在心上？

女学员H：不会。

古老师：那你担心什么？（众笑）

女学员H：我就是觉得……

古老师：等一下，这是妈妈的问题，不是孩子的问题。

我们再来描述一下你孩子被抢玩具时的状况，你就会很清楚了，就会明白观察孩子的重要性了。好，你孩子玩具被抢了，他会"啊"两声，"啊"完之后怎么样？然后就去玩别的了，这种事情对孩子有没有伤害，或者说伤害大不大？

学员：不大。

古老师：孩子已经没事了，只是对谁伤害挺大？（众笑）

女学员H：大人。

古老师：孩子没事，妈妈耿耿于怀？

女学员H：我其实最初……

古老师：等一下，你现在弄清楚了没有？

女学员H：我现在弄清楚了。

古老师：你还要学会静下来观察你的孩子，不然你会一直担心下去，你总会认为他……

女学员H：不正常。

古老师：对。

女学员 H：我认为正常的反应应该是去抢回来（笑声），或者是向我求助。偏偏我儿子就是显得对它无所谓。

古老师：无所谓不是很快乐吗？那不是很好吗？（众笑）这不是我们大人要教的吗？是不是要让孩子学会谦让？尽量让着别人，对吧？（笑声持续）

女学员 A：那么孩子……

古老师：等一下，我们大人的世界，如果能这样的话，东西被别人拿走了无所谓，是不是修养很好？（众笑）

学员：是。

古老师：孩子已经做到了，你还不乐意让人家这样？（众笑）

女学员 H：我不是不希望，我觉得他应该有自我保护意识。

男学员 A：怕孩子吃亏。

古老师：（向女学员 H）我问你，孩子有没有觉得他吃亏？

女学员 H：我还不知道。

古老师：所以你要去观察，你要去看他有没有觉得自己吃亏。

女学员 I：我觉得他这样子不对，正常的孩子不应该是这样的。

古老师：那是你认为他不正常。

男学员 S：现在很多家长就是这样，希望小孩子稍微野一点，要他厉害一点，省得以后在社会上吃亏。

男学员 A：小孩子在一起玩，为了鸡毛蒜皮的一些小事争吵是常有的事，有时还会动手打起来。像我们小的时候，家里孩子比较多，孩子养得不那么娇，家长忙于生计和家务，一般不太干预孩子的事，即使知道孩子吃了亏，也懒得管；即使是管，也是比较宽容的，不那么"护犊子"。

男学员 S：因为现在小孩子都是很娇惯的，你不让我，我不让他。如果你让别人的话，可能就会被其他更多的小孩子欺负。所以我教孩子的时候，其实也挺矛盾的。

男学员 A：对，现在好像不一样了，每个家只有一个"宝贝疙瘩"，发现孩子之间闹矛盾，家长往往要亲自出手干预，并且多是护着，好像自己的孩子不能吃一点亏。有的拉着孩子到别人家告状，有的甚至还动手推推搡搡的，把小孩子之间一时的小冲突升级为大人间的矛盾，实在不值得。

其实，孩子之间闹别扭，或动动手，都不是因为什么大不了的事，就是孩子们在按自己的方式处理问题而已。小孩子一般是不记仇的，要是家长不掺和，没准儿他们一会儿就和好如初了；如果家长干预，就会把简单的问题复杂化，还会伤了家长之间的和气。

古老师：对，大人干预起来，家长之间较起劲来，没完没了，可没过多久，刚才还闹矛盾的孩子，已经在一起亲亲热热玩耍起来了，把家长弄得很尴尬。孩子之间的事，无非就是打打闹闹。家长要相信孩子，让他们自己解决，这样可以锻炼孩子处理和解决问题的能力。所以，孩子之间发生矛盾或冲突，大人最好不要掺和。

男学员 A：嗯，父母和老师尽量做观察者，不要做评论员和裁判员。

男学员 S：从修养的角度来说，应该教孩子学会忍让，让他知道这些事情没什么好计较的；但是，另一方面，又怕他被别人欺负，变得懦弱，所以，才有这方面的担心。

古老师：所以很难，对吧？你的孩子几岁？

男学员 S：我的很小，才两岁。

古老师：小孩子玩具被抢会不会打架？

学员：会。

古老师：你担心不担心？

学员：担心。

古老师：被打也担心，打了别人也担心，没错吧？（众笑）不还手你担心，怕他被别人欺负，怕他懦弱；还手打别人你也担心，怕他有暴

力倾向，好像他做什么都不对。（众笑）

女学员 A：很矛盾。

古老师：小孩子打打架，一般情况下不会怎么样的，没有关系，没那么严重，我儿子都升高中了还打架呢。古峰说说你打架的体验，你来补充一下。

古峰：（笑）我正准备说这个。第一，如果他年纪还很小，七八岁或五六岁，我觉得这还好。如果我是家长，可能我会先安抚孩子，因为你打他，他打你，这种细节不重要。父母需要做的是先安抚，等情绪抚平之后，再去问到底发生了什么事情。先不用去下判断或做什么指导。

说起我以前打架的事，那个时候我已经十七八岁了。我们学校办了一场篮球比赛，我们是高年级的学长，跟低一年级的学弟比赛，最后我们赢了很多分。有一个转学生，也不知哪里来的，我们在场上打球，他就莫名其妙地一直在骂我们班。其实我们跟学弟平常的关系还不错，他这样一骂，我就警告他："你在干吗？"两次，三次，莫名其妙一直吼，说裁判不公平啊什么的，其他学弟都在场内，就他一个人在场外，我就问他："你到底想怎么样？"两个人就开始推打，后来被拉开了。

中场休息时，他打了一个电话，好像是要找人来帮忙。其他同学就跑过来跟我说："学长，他打电话叫人了。"他是个转学生，而我在这个学校很久了，我就打了一通电话，但我不是叫朋友来打他，只是跟他们说：我在篮球场跟人吵架，你们过来看一下。因为我不知道他是谁嘛，我当然要保护我自己，结果一下来了五十人。（众笑）本来我跟他们说我在吵架，没说在打架，但是他们一来看到我的衣服被抓过，那只是之前我和他之间推推打打时抓的，他们马上把他围起来一顿打，我还去拉他，去救他，十几个人打他，真的很惨。学校的教官问我：你怎么会打架？平常看你还蛮乖的。然后把我父亲也找来，最后赔了钱。（师生笑）

我父亲一开始当然也是很不解："你搞什么东西？"后来了解了整个事情的经过，也跟对方沟通，为什么会这样，来龙去脉如何。然后对方也给我们认错，可是他的母亲坚持要赔偿，我们跟她沟通很久，最后还是没办法，给了赔偿金。这是我以前很惨的一个经历，谢谢！

古老师：注意哦！他不是乖孩子吧？所以孩子小时候跟人打架的事情，没那么严重。他那么大还打架，我也没有大惊小怪啊！

女学员M：古老师，我孩子有一次在和小朋友玩耍的时候，玩具被另一个小孩抢走了，他也不叫，也不去抢，只是跟在几个孩子后边跑来跑去的，始终也不说玩具被抢的事情，像这种事情怎么办？

古老师：别把事情看得那么严重，只要他无所谓就无所谓啦，也不需要要求他刻意去把玩具抢回来，他可能所有权的概念还没有形成。假如他没有形成这个概念，就不要强迫他去形成，让他自然发展。他觉得很好玩，觉得无所谓就好，只要他高兴快乐就好。

女学员M：他要是有所谓呢？

古老师：有所谓，大人就可以比较重视，清楚吧？

女学员M：明白了。

女学员G：古老师，孩子的玩具被抢了，我去安慰他，也表示对他的理解：你的东西被抢走了，你很伤心，那我该怎么办？是妈妈帮着把它抢回来，还是怎么样？他就哭：这是我的，我一定要要回来，妈妈帮我去要。我要去帮他吗？

古老师：可以呀，为什么不可以呢？

女学员G：那假如不是自己的玩具，大家在公共场所，玩公共玩具呢？

古老师：好，假如在公共场所，这就有规则了，玩具是属于大家的，什么样的规则？

学员：先来后到，有先后顺序。

古老师：对。谁先来，谁先拿到，谁先玩，这就是自然产生的，约定俗成的规则。

女学员E：假如孩子在学校被打又被老师批评怎么办？

古老师：好，还是回到那个原则，注意！这时候孩子已经有两重的委屈了，第一重的委屈是被打，第二，老师没有公平地处理，所以他回到家了，至少要让孩子觉得爸爸妈妈是跟他站在一起的。另外，考试成绩不好也是一样的道理。考试考不好，已经很难过了，又受到老师批评，回家还要挨一顿骂。小孩子最怕的是什么？在外面受到伤害了，回到家又受到父母的谴责，这才是最严重的事情。

只要这个大原则抓住了，其他的就不那么重要了。不管是跟别人打来打去，还是其他问题。因为那个年龄段一过，这些问题都不是问题了。随着年龄的增长，他自然知道碰到问题该怎么处理。最重要的是，孩子在外面受到委屈受到伤害，回到家里可以疗伤。

课程的来源

古老师：好，我们现在来谈谈了解。了解是和别人交流的前提，也是做好一切事情的基础。我们这个课程，其实最早不是"如何爱孩子"。最初是因为我工作的关系，我过去在保险业做了二十几年。从推销员一步步做起来，到后来要带一两百人，要把业绩搞起来。但我的工作是很特殊的，不像一般的单位领导是有权力的——你的薪水决定权在我手里，这是权力，你晋升与否掌握在我手里，这叫权力。过去帝制时代，你的生死掌握在我手里，那个权威是很厉害的。现在一般的公司主管至少有两个权力：一个是薪水，一个是晋升。所以很多老板一上台就抓两个方面：一个是财务，一个是人事。这两个权力是最重要的。我工作的单位呢，薪水采用的是佣金制，论件计酬，你做多少算多少，决定权不在我手上。我虽然带了好几百人，但是我的工作没有权力。一般你们当老板或主管都有权力——不听我的我就不给你加薪，不听我的就不让你晋升——有权柄，有权威，我至少能压着你，可是我没有这个权力。

保险公司的制度是透明化的，业绩达到了就晋升，虽然需要主管签字，那也只是做做样子而已。薪水是佣金制，你做多少拿多少，薪水按你的业绩走，不是我想给谁加薪就加，是否加薪与我无关。所以薪水我没法控制，晋升我也没办法控制，这两个权力我都没有啊，我哪儿有权力控制下面的人？没有啊！在这种情况下要把业绩带上来，我碰到难题了。没有权力我又得把这些人带起来，于是我探索啊，学管理，结果，摸摸摸就摸到这里来了。

我开始研究人。因为我想如果在工厂里我面对的是机器，我就要把机器研究得很透彻，我现在面对的都是人，那我就要了解人，对人都不了解的话，我怎么带这些人啊？所以我必须研究人，了解人，才能把人带好。要研究人，所以我去学心理学，研究人的心理，探索人的心理。于是我找了留学英国的心理学博士请教，还跑到美国去学习。这位英国心理学博士很有意思，我问他：你能不能介绍几本经典的心理学的书给我看？他回答得很妙：没有，你要看就直接看人，没有好的心理学书籍，去读人，不要看书。

后来我去看人，发现大人不好看，大人很虚假，会掩饰自己，在他们身上看不到人真实的面目，看到的都是经过掩饰的东西。还是研究小孩最好，因为小孩不会掩饰，小孩最真实。于是我从孩子入手了解人，然后用到工作中，效果很好。我管理上的灵感都是从孩子身上来的，从研究怎样做父母这里来的。没想到十几年之后，现在又把这些理论用回到孩子身上，回到父母身上。所以只要是研究人，道理都是一样的，都是相通的。

我因为研究小孩，就接触了父母如何去带孩子。我发现带孩子跟做领导，面对的都是人，道理是相通的，从中能总结出很多经验。另外，因为工作性质的关系，以前做保险推销员的一天到晚地要去见客户，而见客户面对的都是拒绝，回来之后要给他打气，气打足了，劲头足了又去冲了。在做这个工作的过程中，当然也碰到一些问题。过去的主管，公司会给他培训一些方法，这些方法是不是很管用呢？有短期效果，但是还存在问题，我就加上自己的体验，再去探索。后来我发现，其中有心理学的问题，你要了解人，就要研究心理咨询。

大家知道，心理咨询面对的问题通常是比较严重的，比如通过心理咨询把一个想自杀的人挽救回来，让他不再轻生，而去面对人生。我就在想，一个想要自杀的人都能挽救回来，那我碰到客户的拒绝，丧失了斗志，跟这个比起来，那还不是小菜一碟。我想我如果去学怎么样做心理咨询让人不想自杀，把这套方法学会了的话，拿过来用在工作中不是很好吗？后来我就去学心理咨询，把它的精髓吸取过来，用在工作上，效果很好。把心理学的东西加上对孩子与父母的了解全都糅合起来，再加上对人性的了解，综合起来在工作上推广，因为效果很好，业绩就上来了。因为业绩好，公司别的部门就请我去讲这些经验，很有意思，本来是讲工作上的东西，有人学了之后用到自己的孩子身上，效果马上就不一样，受益的是自己的孩子。所以"如何爱孩子"个课程，是这么来的。

我们谈到人性，了解人要的是什么，人在乎的是什么，人与人相处最重要的是什么，把这个重点抓到的话，问题就比较容易解决，矛盾就比较容易化解。人与人之间的关系就不会闹得这么僵，会变得缓和，会有改变的余地。

被了解，才能治愈

你了解你的孩子吗？

古老师：好，上面对我们的课程做了一点补充说明。继续我们的重点：人性的需求，人要的是什么。前面我们讲到关怀、关爱、尊重，那么今天跟各位一起进入下一个主题：人性需要被了解、被理解，包括被谅解。

你都不了解你的孩子，不了解你的妻子，不了解你的父母，不了解你的下属或上级，不了解人，你怎么能够好好地跟他们相处呢？

好，我们来看看什么是了解：

——了解是放下自己的评断，去探索事实真相。

——了解是将心比心，感同身受。

——了解是换位思考，以对方为中心。

——了解不是猜测，不是我认为，而是以事实为根据。

——了解要静下心来观察。

——了解是听他说，多问，了解之后，不批评，不劝告。

——多一分了解，则多一分信任，多一分宽容，多一分亲近，多一分关爱。

——一个人被了解认同之后，就不再坚持己见。

"了解是放下自己的评断，去探索事实真相。"我们遇到事情经常会马上下判断，或者产生很多猜想，并把猜想当成真的，而对真相却没有去了解。

"了解是将心比心，感同身受。了解是换位思考，以对方为中心。"就像前面我们做的那个活动一样，我们蹲下来的感觉是什么？有人说，其实不只身体要蹲下来，心也要蹲下来，要从内心站在孩子的立场去感觉；夫妻相处也是一样，我们要试着将心比心。中国人讲宽恕，讲"恕"道，这个"恕"，就是"如心"，"如心"就是将心比心，换位思考。

"了解不是猜测，不是我认为，而是以事实为根据。了解要静下心来观察。"尤其是对小孩子，我们一定要静下心来看看，他下一步会怎么样；当你懂得去观察孩子、了解孩子的时候，你就会懂得欣赏孩子，你会发现孩子是很有意思的。

"了解是听他说，多问，了解之后，不批评，不劝告。"孩子功课不好，我们要多问，多听，不要多说，更不能随便批评、指责。

"多一分了解，则多一分信任。"我们对孩子都是不信任的哦！我们对孩子的心理都是不了解的，都担心孩子会变坏，所以管得很紧，对吧？

"多一分了解，就多一分宽容。"我们前面讲过，男人的休息跟女人的休息不一样，对于女人来说，逛街、洗头发、做脸、聊天、吃零食这些都是放松休息。男人的放松休息是看电视、看报纸、喝酒、打牌、玩电脑，等等。前面我们举了一个例子，有位丈夫一回来就钻到房间看电脑。这时，假如太太多一分了解的话，知道他在休息放松，就让他安静地在里面待一会儿，只要他休息够了，会不会出来？会的，你放心好了。（众笑）不可能一直锁在里面的。

男学员 A：出来会跑得更远。（众笑）

女学员 B：那样更活跃精神哦！（众笑）

古老师：除非太太骂他，否则他不会一直躲在里面。你向他抱怨、骂他，他就烦了，干脆钻进去不出来了。如果你真正理解他的话，要怎么说？"你回来一定很累了，那就好好休息吧！等你休息够了，我希望你能够多陪陪孩子。"注意！你还是可以提出你的需求的，接着你也可以说："这礼拜我一个人带孩子也是很累的。"这是可以沟通的。最重要的是能够理解双方不同的休息方式，不理解的话，你会觉得他不关心你；其实不是他不关心你，而是这个时候他需要休息。那么怎么去了解呢？有两种途径，一个是通过多读相关的书籍，去了解人，了解男人和女人的差别；另一个是通过沟通去了解人。（古峰举手）你有话要说？好，你说。

古峰：我想说的是，古老师讲了很多的尊重、了解，我希望大家不要只把这个当成一招，不加消化地就直接拿过去用。我们讲的理解，是要把自己的心态真正放下来去理解孩子，而不是仅仅做出一些理解孩子的言行，然后希望孩子马上变得很配合，以后孩子就会乖乖听话，好好学习。我就碰到过这种情况，父母表面上是尊重和赞美，但是背后是有目的的。背后的目的什么？使孩子的功课好。

你要是突然对孩子表现得特别理解，对他特别好，但是背后却隐藏着目的，孩子会感觉到的。孩子太敏感了，他会嗅出你有问题，（众笑）心想你在搞什么鬼。只要你心里有一个希望他怎样的动机在，或者是另有目的，你做的这些就是无效的，所以我希望大家把古老师讲的这些真正地吃透，而不是只是学到一个招式，拿回去用。谢谢！

古老师：他补充得很好。我们继续课程，"一个人被了解认同之后，就不再坚持己见"。所以，认真听，真心去了解，可以化解很多问题。昨天有朋友谈到人在什么时候会生气，我说人被误解的时候会生气，不被了解的时候会生气。尤其是我们的孩子，因为孩子小的时候不会表达，我们大人忽略了他的感受；等他会表达了，到了十二岁以后，他自我意识形成了——我们经常会听十二三岁的孩子抱怨说：爸爸妈妈都不了解我。所以，人是很希望被人了解的。

前面我们也举了很多的例子。比如小孩子跌倒、吃药、打针，其中都包含着了解、理解；孩子碰到桌子很痛，你说"不痛不痛"，那你就没有了解情况，不理解他；他真的很痛，你跟他说不痛，那是不理解，是扭曲的。若是你了解他，"那真的很痛"，那个是理解。当一个人真的被理解后，情绪就会平静下来。比如说生气，人为什么会生气？你能把那个原因说出来，能够理解他，并且说"这种事情真的会让人很生气"，他会感觉到被别人了解了。相反，他明明很生气，你还去跟他劝说：这个事情怎么能生气呢？你应该看开一点。我们经常会碰到这种情况，甚至说这个事情有什么好气的，你度量要大一点！那么他的感觉是什么？

学员：被否定，不被认同，不被理解。

古老师：对，感觉到你根本就不了解我，有隔阂，你没有办法去贴近他。昨天也谈到《蜡笔小新》，或者是《奥特曼》，小孩子都很喜欢看这些东西，还有电脑、电脑游戏的问题，这就关系到小孩子是否被理解。你为什么会担心他去看这些东西？那是因为你对孩子不够了解，你对这个状况不够了解，所以你才限制他。

有一次一对夫妻找到我，说他们有一个读高中的孩子，正准备考大学，却不读书，还在玩电脑。现在的父母很怕孩子一天到晚沉迷于电脑。我问那个高中生："假如你爸妈都不管你，整天让你玩电脑你愿不愿意？他说不愿意。"我问为什么。他说："我也要温习功课啊。"我问他为什么要玩电脑，他说："没有那么严重啦，只是学习压力大，玩玩电脑暂时转移一下，只是消遣。"我问他放学回来在电脑上花多少时间，他说花半小时或者四十分钟就够了。我说："那你为什么不把时间全花在电脑上？"他说："不会啊，我会考虑到我的功课这些事情。"他父母却紧张得不得了。他说得很合理啊，你们说他在学习上有没有压力？

学员：有。

古老师：我们工作也有压力，我们要不要疏解一下压力？

学员：要！

古老师：大人要休息，小孩子念书需不需要疏解压力？

男学员 C：需要！

古老师：对啊！大人有工作，小孩的学习，他的功课就是他的工作。孩子需要的消遣比大人还要多，但是大人允许不允许他疏解压力？他在疏解压力的时候，我们就唠叨他。所以，做父母的应该好好反省一下有没有去了解孩子，应该好好去跟孩子谈。刚才讲的那个高中生玩电脑是一种消遣，我们成人看电视是不是消遣？我们有时候唱卡拉 OK 是不是消遣？都是。孩子也要消遣呀！所以小孩很可怜，只准他念书，不可以消遣。这些都是误区，是你不了解孩子造成的，不了解孩子的需求，就产生隔阂。

另一方面，孩子有网瘾，迷恋网上的游戏。网上的游戏好不好玩？那是很好玩的哦，很有成就感。你们知道吗？你们玩过没有？

女学员：没有。

古老师：没有？那你们应该去玩一玩，有没有玩过那个"偷菜"？（众大笑）

男学员：哈哈！玩过。

古老师：偷菜有没有成就感？

男学员：有。

古老师：好不好玩？

部分男学员：好玩，你偷我俩萝卜，我偷你一筐土豆。

古老师：我们大人都觉得好玩，小孩子一样觉得好玩啊，很有成就感的。人要不要有成就感？

女学员：要。

古老师：现实生活中，孩子整天面对功课，压力比较大，去哪儿去找成就感?

女学员F: 玩游戏。

古老师: 昨天我爱人还谈到,经常有人来问很多问题,把我们当专家。我也经常会说,不要问我们啊,去问你的孩子;不要问什么专家,去问你的孩子,他很清楚他要的是什么;你问你的孩子,问他"妈妈要怎么对待你",孩子会跟你说的。有一次,一个妈妈带着五岁的孩子来找我们,也是问类似的问题。我们就当场跟她说,不要问我们,去问问你的孩子,结果孩子跟她讲得很清楚,问题马上就解决了。

我们带孩子,假如从小带起,你想要了解他的话,你要带着科学精神去观察和探索,看他对事的反应。举个例子,对于孩子跌倒这件事,中外父母的反应不一样。国外的小孩自己在那儿跑着玩的时候(当然他玩乐的区域在父母的视线之内),父母一般不会紧跟在身边,就在旁边看书,只是偶尔会看一下孩子。孩子跌倒了的话,父母也就看一下,知道孩子状况,没有那种"哇!宝贝摔坏了没有?"的大惊小怪,小孩子自己也是无所谓的。中国的小孩跌倒了大人赶紧跑过去,"痛不痛呀",哄一番,然后小孩子就哭了,大人就要去安慰了,这很值得去深思。假如你孩子很小的话,遇到上述事情,父母不要那么急着出手,你在旁边观察,看他会有什么反应。

尤其一两岁的孩子,他对周围的环境会有探索精神。还记得我小时候,很喜欢去开抽屉看,甚至到别人家里我也会自然而然地去开抽屉,还好,爸爸、妈妈在外面也没太管我。假如大人认为很严重,还以为我要当小偷的话,那就完蛋了,会有人认为你开抽屉是要拿东西,其实不是,那是要探索,觉得好奇,要看一看,如此而已。

生活中有很多这样的例子,对于小孩子我们需要有意识地去观察他、了解他。你常常在旁边看,你会觉得很有意思,很好玩,带着这样的心情,去跟我们的孩子相处,跟我们身边的人相处,就能慢慢了解孩子,了解他人。

另外，谈到理解、了解，中国过去有一句很重要的话"己所不欲，勿施于人"。人与人相处，要将心比心，有时候要学会换位思考，夫妻之间也是一样。问自己，假如你是他的话，你会如何？昨天有一个朋友谈到，自己做了母亲之后，才懂得父母的心情，正是如此。因为你没有站在那个立场，没有换到那个位置的话，你没有办法体会他的那个状况和感受。学会换位思考，将心比心，这就是人可贵的地方，不然人跟动物就没有什么差别了。

好，谈到了解，现实生活中，我们经常不是去了解别人，而是猜测别人。夫妻间也经常是在猜测哦。例如你的爱人晚上十二点多没有回来，你心里开始紧张，睡不着觉，这个时候你胡思乱想，然后就开始猜测。那猜测只是幻想、想象，但是我们却经常把它当事实，即使吵架也不愿承认那只是自己的猜想。当你真正冷静下来的时候，才会发现，自己正在以猜测的方式对待别人，而且我们还经常猜错。

用心听才能了解

古老师：了解的前提是什么？是问，是听。你想要当一个好领导、好父亲、好母亲，记得一个诀窍——学会听，多听，少说。反过来，如果你说得太多的话，一定不会是一个好领导、好爸爸、好妈妈。一定要学会听，听比说重要。时下有一个新名词叫"领导症候群"，指的是什么呢？就是官员和企业高管，职位越高的话，耳朵会越来越小，嘴巴会越来越大，官大学问"大"，说得就更多，对部下教训得也多，到处开会作指示。其实，对于一个真正的好领导来说，说不是最重要的，学会听才是最重要的。我们小时候都有听教训的经验吧？在家里父母要给我们讲很多道理，到了学校，老师要讲很多道理，上学都是听着长大的。

请问大家喜不喜欢听训？

学员：谁都不喜欢。

古老师：人是不喜欢听大道理的。这是人性哦！但是，当你坐上这个位置，当上父母或什么长的时候，你从前最讨厌的东西就出来了，很喜欢去教训别人、讲很多道理给别人听，所以，要注意。

真正的好父母会问问自己：跟孩子相处的过程当中，我是说得多还是听得多？记住！你想要了解对方，只有多问、多听、少说、少批评、少给意见、少劝告。我们强调听很重要，这里面包含什么？没有听就没有尊重，没有听就没有了解。听完之后该怎么做呢？我们大多数人在听完别人倾诉之后，经常会给意见，告诉他要怎么做。问题来了，你要小心啊！不能随便给意见，为什么呢？每一件事都不是独立存在的，一定还有你不了解的与之相关联的状况。

我的一个朋友甲给我讲了一个真实的事例，好玩又好笑。甲的一个很要好的朋友乙跟老婆吵架了，好朋友一起喝酒聊天时，乙就跟甲诉苦："我这个老婆对我太过分了，什么都得管，把我弄得很惨。"甲这一听：啊？把我朋友整成这个样子！很气愤。甲就告诉乙怎么去整他老婆。现实生活中经常会有这种情况，赶紧给朋友出主意，不能看着自己的朋友受欺负。好，一两个月之后，甲去乙家做客，刚一进去，就被乙的老婆用扫把打出来了，哈哈！甲觉得莫名其妙：为啥一进去就被打呀？后来弄清楚了，你们说怎么回事？

女学员 A：估计是乙跟他老婆说了。

古老师：后来夫妻俩和好了，乙就把这一段跟老婆说了，所以，甲一进门就被扫把打出来啦。这个比较好玩，但很能说明问题哦！还有当别人很难过很伤心的时候，你告诉他不要伤心，不要难过，不值得这样，然后告诉他应该怎么做，这里面也存在很多问题哟！我不晓得各位有没有经验，我们反过来感受一下。当你们非常伤心难过的时候，人家这样劝你，告诉你这些方法，对你有没有帮助？没有，甚至会增加你心理上的压力。另外，你好心地告诉他应对的方法，他会不会照着你的意思去做？

不一定会。我的经验是，大多数时候是不会的。好，你给他想的办法，他不照做，他下次又回来跟你诉苦了，你这时候怎么办？你会说：上次我给你讲的做了没有？他说：没有。这个时候你气不气啊？他没照你说的去做，你很生气：你看看，活该！跟你讲的事情你都没去做，你搞成现在这样子，活该！是不是这样？

你给意见，他不见得会听，不听你又不高兴。本来这事跟你毫无瓜葛，结果你却被卷进去了，生活中经常会发生这种事。所以去倾听一个人，但不要给意见、出主意。

因为人们只是需要找一个人诉苦，这是人性的需求，如此而已。你真要去了解、理解别人，只要注意去听、去感受就可以了。

了解就是跟他感同身受，你应当这样跟他说：碰到这种事情真的是让人很难过，换谁都会很伤心，这种事情真的是不能忍受的，任何人都会很生气的……你讲这些话就够了，跟他感受一样就够了，马上就会产生共鸣。

有一次，我的一个同事非常难过，我了解了事情的起因后，就对他说：这个事情真的让人很难过，谁碰到都会伤心的。我话刚一说完，哇！他哗一下眼泪就下来了。为什么？他感觉到被了解：有人懂我，有人理解我。我们遇到难过的事，经常会觉得孤单、寂寞，那是你感觉没有人了解你，这个时候很渴望别人了解你，与你站在一起，如果真有人理解你、懂你的话，你的心里是很舒坦的。

讲到这里，我们来说说那些生活在痛苦中的人，遭遇不好的人，他们经常抱怨自己命不好：我怎么这么倒霉啊！这种人却有一个长处，曾经受过苦难就特别能够了解、体谅别人的痛苦。所以经受苦难、痛苦并不一定是坏事，甚至有时候是好事情。有这种经历的人，要好好发挥你这个专长。反过来，一直在过好日子的人、快乐的人，就很难懂痛苦是什么，他没办法体会。所以从体验的角度，人生各种经验都是好的，痛苦也是很宝贵的经验。

男学员 G：我的亲戚、朋友遇到问题，经常到我们家来聊天。他们经常会问："这个问题我怎么办？"我该怎么帮他？让我给意见的时候，我该怎么处理？

古老师：好！请坐。了解、认识我的人，一般知道我的作风。我的回应是什么？——"你说呢？"呵呵！"你认为呢？"（大家笑）我的经验是尽量让他说——他本来不知道该怎么办的，但在说的过程中，他的脑子就已经开始整理了，慢慢有思路了。所以他问你该怎么办的时候，你就丢回去："你说呢？"你只要听就好了。其实问题该怎么解决谁最清楚？他自己最清楚。但是这需要一个过程，他的情绪要出来。他脑子为什么会混乱？情绪没有出来。所以伤心、气愤发泄出来之后，听他不断地说，理性自然就出来了。

前几天一个温州的朋友打电话来。哇！痛苦得不得了，讲了老半天，什么胸闷，闷到血压升高啊，病都闷出来了，而且还说：积压了三四个月，古老师你说该怎么办啊？我就是在听——哦……哦……哦！嗯……嗯……嗯！听完之后，他说：怎么办呀，古老师？我说：你说呢？他的反应就是——我要怎么样怎么样怎么样做。我就说：是啊，是啊。他说：对！对！然后他说：哇！古老师，你真厉害！（大家大笑之后鼓掌）我听了都觉得好笑，所有的话都是他说的，所有的点子、解决办法都是他自己想的，却说我很厉害。我的厉害是因为我懂得听，如此而已，什么事情也没做。这就是说你要了解人性。

我在做心理咨询的时候，通常人们会跟我诉说碰到很多困难的事情，或者棘手的问题。在谈的过程中，第一，即使我知道该怎么处理，一般也不会说的，因为我说出来跟他自己说出来，效果是不一样的。一定要问、问、问，在他诉说的过程中，他的答案自己会跑出来。第二，在问的过程中，我自己也不清楚他的状况，我也弄不清楚他应该怎么办，这个没有关系，继续不断地问他，在问的过程中，他自己会有答案。

不要给意见，不要给方法，不要劝告，不要说：你要怎样怎样。方法、答案不是最重要的，你要通过问和听去了解他，让他情绪放松。他脑子慢慢理清楚了，答案就出来了。

男学员 G：这对咨询师的要求很高，包括他的品德修养。

古老师：你要了解人性，还要给对方宽松的环境。

男学员 G：因为人总是习惯性地急于表达自己。当说到某一件事的时候，就会习惯性地表达——我觉得事情应该这样、应该那样。这样就没有耐心再听对方说下去，更不用说开放式地引导了。我自己就有亲身体验。

古老师：对！当你想要表达的时候，你会没法听，和修养也有关系，就是这样！

男学员 G：是的，说起来容易做起来难啊。

古老师：没错！人都是喜欢说的，都是喜欢表达自己的。

男学员 G：我发现自己就很难克服，我管不住自己。

古老师：没错！这就是佛法讲的我相，人的我相、我执、我慢是很厉害的，都是"我"在作怪。《论语》中就讲："子绝四：毋意，毋必，毋固，毋我。"

了解才会信任

古老师：人与人相处，都希望能相互信任，少些猜忌。但是人与人之间要做到信任，不太容易哦！夫妻之间也好，父母与孩子也好，要做到信任也很不容易的。信任有一个前提，你必须了解他。不了解他的优缺点、他的状况、他的心性、他的家庭背景各个方面，你说信任都是假的。多一分了解则多一分信任，多一分了解则多一分宽容。你不了解他，你就不会对他宽容。家庭中为什么有那么多问题？说穿了，就是对孩子不信任，对爱人不信任。在座的都问问自己：对孩子、对爱人是不是有很多担心害怕？有担心害怕就表示不信任。孩子出去了，你就开始担心了；爱人离开你的身边，就开始担心、猜测了。人不在眼前就担心，为什么会这样？其实就是缺乏了解。根据我的经验，你一步一步越来越了解他的话，你的担心会一层一层地放下。放下自己的担心，才能让自己舒服；放下自己的担心，才能让对方轻松。不然会把自己绑死，也把别人绑死。所以，要好好了解我们的孩子，了解我们的爱人。

当然，了解不能仅仅局限在人的想法、感受、观念等，你还要了解他生活的环境，了解他那个时代的背景，才能知道他为什么是这样的状况，比如父母为什么那样权威、保守，你明白这些是他那个时代赋予他的，对他的宽容心就产生了。对孩子也是一样，孩子成长的时代跟我们成长的时代是不一样的。比如说接触电脑，现在、未来的时代不可能不接触电脑，不让孩子玩电脑是不可能的事情。玩电脑其实有很多好处，没有你想象的那么可怕。你真的了解的话，那个担心就能放下了，你就会包容他，就不会要求那么严厉了，他就会愿意和你亲近，你们之间的距离就拉近了。多一分了解，也自然会多一分关爱。你越了解他就会越喜欢他，反过来，孩子也是一样。

我们回想当初谈恋爱的时候，都想要多了解对方，是不是？了解多一分，亲近就多一分。夫妻结婚之后也是一样的，多一分了解，多一分信任，多一分宽容，多一分关爱。对人了解得越多，心胸就会越宽广，就更觉得生命可贵。

人被了解认同之后就不再固执己见

古老师：当一个人被理解、被认同之后，他就不再固执己见。了解这一点也很重要。对方的意见你能够认真听，听进去之后，你再表达不同的意见，这与你根本不听他的意见，马上把他否定掉，收到的效果是不一样的。我们谈了解、理解爱人和孩子，这和怎样带团队当领导是一样的道理，看你是不是能真正听进去，听比说重要。我的经验：你听都不听就把他否定掉，他的心里绝对是不舒服的。你可以不同意他的意见，只要认真听进去，听完你再表达自己的看法，他会接受的，这就是人性。

一个人的想法被忽略，不被理解，他容易固执己见；一旦被了解，他反而不会再坚持；你倾听他，越了解他，越认同他，他的固执慢慢就放下了。我们刚才谈到父母的想法常常跟子女不一样，处理这类问题的时候一定要小心，假如你认为父母的观念是保守的、老旧的，这个时候双方就会产生矛盾，父母也会很伤心。所以，碰到这种状况，重要的是怎么去了解父母的想法，怎么去尊重他、认同他。你越不认同他，他越认为他是对的：你们年轻人懂什么！（笑声）

我们之所以不能了解别人、认同别人，是因为我们不懂得换位思考。比如，我们的孩子会和同伴打架，有时候被打了，手指被咬了一口，他很痛，哭着跑到家长面前告状。各位，碰到这种状况你怎么办？

男学员F：问原因。

古老师：问原因，还有呢？

女学员C：给他吹吹手指头。

古老师：不错，还有没有？

女学员B：有没有咬痛啊？

古老师：哦，问"有没有咬痛"。还有没有？

女学员L：没关系的。

古老师：哦！"没关系的，不痛不痛"，对吧？好！从这个很简单的事情，我们来看看都有什么问题。

女学员J：再给他咬回去不就行了。

女学员 W：这好可怕！

古老师：你看这虽然是小事情，却反映了很多问题。各位将心比心，换位思考一下，假如你是小孩子，回到你小时候，当你跟人家玩的时候，被人家咬了一口，很痛，就跟父母告状。好，这个时候，父母说再咬回去，反咬一口。各位体会一下小孩的心理，孩子被咬跑来告状是为了什么？他会不会想去再反咬一口？

学员：不会。

女学员 W：一般不会，但个别的也会有。

古老师：在他心里，他是不想去反咬一口的。父母说你去反咬他一口，合不合乎他的需求？（众笑）有没有理解他？有没有了解他？

女学员 F：没有。

古老师：好，我们再来看。他被咬得很痛，你却说"没关系，不痛不痛"。在孩子的世界里，这到底有没有关系？

学员：有关系。

古老师：这件事情对他重不重要？

学员：重要。

古老师：注意啊！在这个时候，痛对他来说是很重要的事情。好，这里有两种回应，（向女学员 B）一是你刚才说的，"哪里痛"。

女学员 B："痛不痛"。

古老师：对，"痛不痛"。还有个回应是给他吹一吹。假如你是小孩，对这两个回应感觉怎么样？

学员：是吻合的。

古老师：是比较吻合的。还有一个更好的：哎呀！你被咬得好——痛——哦！（众笑）这个时候他感觉痛不痛？

学员：（笑答）不痛啦！

古老师：对啦！他马上就不哭了，就是这么妙！小孩子反应非常快，很直接的。你只要认同他被咬得很痛，他心里马上舒服了，不再哭了，沉静下来。因为他被读懂了，他的心被了解了，问题就解决了。生活中类似这样的例子有没有？

男学员 A：很多。

女学员 H：太多了。

女学员 W：受伤时他并不是要反击，而是要找安慰！

古老师：对。

女学员 G：有一个问题：如果这个小孩不是跑去告诉自己的父母，而是向咬人的孩子的家长告状，说"你看你们家小孩咬我"，怎么办？我女儿小时候就碰到过。

古老师：好，发生这样的情况，先处理谁的问题？先处理那个来告状的孩子和他的父母的问题，这个时候他有情绪，所以要先处理那个有情绪的人的问题。被咬的孩子和他的父母心里不平衡，怎么处理？最好的方式是什么？

男学员 B：道歉。

古老师：对，这个时候他要的是道歉，这对他来说是最重要的事情。所以，"对不起，我的孩子把你咬痛了"，事情就解决了。但生活中常常碰到这样的处理方式，自己的孩子把人家孩子咬伤了，人家来告状，于是就把自己孩子叫过来，在人家面前怎么样？

女学员 W：揍一顿。（笑声）

古老师：毒打一顿，对不对？注意啊！假如你是那个被咬的孩子的父母，去告状要的是不是这个东西？

众学员：不是的。

古老师：真正要的是对方说一句"对不起，很抱歉"，就舒服了，问题就解决了。

好，事情还没有完，等那个告状的人回去之后，我们要不要打孩子？千万不能这样。被人家告状，有时候大人会觉得很没面子，所以，回去之后通常会责备孩子。但你要清楚，被人家告状，是谁有问题？是大人有问题。

要知道，你这个时候是在情绪之中，带着情绪怎么能处理好事情呢？你的孩子有没有可能是被欺负以后出于自卫才咬对方的，被恶人先告状也有可能吧？好，这个时候孩子又被你痛骂一顿或打一顿，那会怎么样？你孩子会受二度伤害。

所以，碰到这种状况，让我们先沉下心来，不要急着去处理。先去看看自己，先了解我这个时候的情绪，我是有怒气的，我觉得没有面子，尊严受损，一定要清楚这个时候我是有问题的。你不能处理好自己的情绪的话，暂时先不要处理孩子的问题，因为这时候是处理不好的。

女学员 G：就是觉得自己不好意思，尤其是当着人家的面，自己的孩子打别人。

古老师：如果告状的时候被咬孩子的父母不在，最好的方式是抚慰一下孩子，也要跟他说一声对不起。说到孩子打架的事，其实，在过去的时代，一个家庭三四个、四五个孩子，孩子跟孩子在一起不可能不吵架的，甚至打打架也很正常，不要看得那么严重！你不理他们，孩子一会儿就好了。我们现在呢？小孩子好了，大人还没好。（众笑）

女学员 G：我女儿老是扮演打人的角色，我是想不去理它，但是被打的孩子的父母不这样认为，那我只好重视，怎么办？

古老师：对，会有这个问题。那你就不断地跟人家道歉呗！（众笑）

女学员 W：（向女学员 G）你要看你的孩子打别人的原因，一定是家里有人打，或者是跟她打架闹着玩，教会了她打人，然后她出去也就打人了。根源其实在大人，大人有打人的习惯，孩子就会有，孩子都是跟大人学的。

古老师：对，对，（向女学员 W）她说的正是我要说的。

女学员 W：行为来源于父母。

古老师：对，你孩子经常会打人，一定是经常被你打。

女学员 G：我打得不多，但是他爸爸会跟她玩打人的游戏。

男学员 A：哎哟！就是 W 女士说的那样。(众大笑)

古老师：对，所以你孩子会打人，都是父母教出来的。

男学员 A：凶手找到了。(众笑)

古老师：你孩子会打人，要看看自己本身，小孩子的模仿力是很强的，你是什么样子，他马上就会学成你那个样子。小孩子天生会模仿哦！孩子本身是单纯的，最初的学习就是模仿。

男学员 A：他没有善恶观念。

古老师：对，还有，在小孩的心目中，最崇拜的是他的父母哦！

父母是他的偶像！尤其是在 12 岁以前。做父母的要小心啊，你的一举一动，孩子都是看着的。不管你是对是错，是好是坏，孩子都是完全吸收的，像海绵吸水一样。

女学员 W：12 岁以后，发现你言行不一，他就开始反叛，他说你作假。偶像就被击毁。

古老师：对。

放下评判去探索事情的真相

女学员 M：我有个问题。我孩子如果玩具被抢了，他会表现得很暴躁。而我的反应，我先对他讲，希望他不要暴躁。(众笑) 我觉得没什么大不了的嘛！或者你自己想办法解决，不要把这个问题交给妈妈解决。而他希望大人出面解决这个问题，我就不愿意，也不会去安慰他。

古老师：好，关于小孩子玩具被抢的事情，大人要记得，小孩子都会有物权意识："这个玩具是属于我的。"假如这东西属于他，对孩子来说就不可以被人家抢走。我们大人对自己财产的态度是不是也这样？小孩子的玩具和我们大人的财产，概念一样不一样？

学员：一样。

古老师：所以，他（孩子）的东西被人家拿走，严不严重？

学员：严重。

古老师：对，对孩子来说，这是一件很严重的事情。所以问题是，孩子的这种暴躁行为，你允许不允许？你怎么看待这个事情？

谈到小孩子玩玩具，我们经常说大孩子要让幼小的。大的让小的，大的心里是很不舒服的，他会觉得不公平：明明是我的玩具，为什么要让给他！假如玩具是属于大孩子的，给小的玩，必须经过大孩子的同意。玩具是他的财产，大人不可以强迫他让，就如同你的车给你弟弟开，必须经过你同意，否则你一定不高兴。

不要吝啬你的赞美

为什么要赞美？

古老师：前面谈人性的需求时，提到过赞美的问题，昨天我们也谈到过赞美。人是需要被赞美的，人都喜欢得到别人的赞美。昨天讲过赞美令人喜悦而并不是令人骄傲，那为什么会因此而骄傲呢？就是他该被赞美的时候，没有得到赞美，好不容易被人赞美，他就会骄傲了。所以他该得到赏识、赞美的时候，你就慷慨给出的话，他是不会骄傲的，尽管放心好了。"这个事情你做得好！"你赞美他，他会不断地往前走。

小孩子更是需要被赞美，那么，赞美会有哪些神奇的作用呢？

——赞美令人喜悦而不令人骄傲。

——你想让他向上向善，越来越好，那就多赞美吧！你想让他心情愉快，营造快乐的氛围，那就多赞美吧！

——学会积极地看优点，就会赞美。也因赞美，人更加积极，会把注意力放在自己的优点上。

——放低自己的标准才会有赞美。

——赞美是发现对方的特质，予以欣赏。

——赞美需说出具体的事实，以事实为根据。

——赞美要说出内心的真实感受，有感而发。

——不断赞美，可以使一个平凡的人做出不平凡的事。

赞美不会使人骄傲

古老师：谈赞美，我们先要把一个问题弄清楚。我们谈到赞美时，大部分家长会担心、害怕，我赞美孩子把他弄骄傲了怎么办？几乎大部分中国人都会有这个想法，所以舍不得赞美。赞美孩子是天大的难事，而且平时也没有这种习惯。更严重的是，很多家长自己没有被赞美过，要去赞美别人也是很难做到的。所以，矛盾出现了，大人舍不得孩子又很需要，该怎么办呢？我想请问在座的各位，当我们考试考得很好，或把事情做得很好的时候，内心高不高兴？

学员：嗯，高兴。（高兴地笑）

古老师：是呀！很高兴，这是人之常情，结果，在这种情况之下父母经常会怎么说？

男学员 A：不要骄傲。（众笑）

古老师：对。不可以沾沾自喜，不可以骄傲。问题是，一个人把事情做好了，或做了一件很成功的事，很高兴，这是不是骄傲？高兴不是骄傲，要弄清楚哦！把事情做好了，高兴，那只是高兴而已。

男学员 A：不过，老年人看见年轻人做件好事就高兴时，他马上就板脸了。

女学员 W：他受不了。

男学员 A：他一看你的表情就觉得你骄傲了。（众大笑）老人就觉得你做完好事就要严肃，你严肃了才觉得你很谦虚。（众笑）

古老师：我们来看什么是骄傲。骄傲就是我做不到的事情我还要做，我没有那么高的水平，我还要表现得非常好，我做不到的事情我要故意膨胀自己。我有三分好，但我要说成十分，这就是骄傲。假如我有两分好，就说我有两分，这是不是骄傲？

男学员 B：这叫如实。

男学员 A：哦！夸大自己是骄傲。

古老师：对，我们再深入一步分析，当一个人把事情做得很好的时候，他首先是高兴，另外，还有一个心理的需求，希望别人看到，需要人肯定，需要别人赞美，对不对？如果这个时候得不到，心里是不是有失落感？为什么会有失落感？因为表现很好，却没有人看到和表扬一下，甚至有时候还会被斥为骄傲，你说他心理舒不舒服？很不舒服，结果他就开始变了。我做得那么好，但是你没有看到，我一定要让你看到。怎么样让你看到？

男学员 A：夸大。

古老师：还有呢？还有调皮、捣蛋，跟你对着干！是不是这样的？然后呢，（学着小孩走路耍横的样子）走路要这样。（大笑）

男学员 A：想引起对方注意。

古老师：因为你没有看到，我就是要让你知道。这个时候是什么状态？

女学员 A：反而要骄傲。

古老师：对了，反而要骄傲，这是我过去工作的经验。我在友邦保险工作时，曾经带过业绩很好的业务骨干，就是业内讲的大牌业务员。都说业务做得好的不好带，经常跟你对着干。在我手下业绩好的绝对不会这样，非常好带，为什么呢？因为我了解人性，他业绩好，做得好，他要的是表扬、赞美，我就给他，让他得到肯定、表扬。他会更加高兴、自信，然后业绩就更好。心理平衡了，就不逆反喽。

女学员 F：士为知己者死嘛！

古老师：对啊！所以我要业绩的时候，只要一喊，那些力量就全部调动起来了。他要的东西我给他嘛！还让他主动去做报告，业绩是怎么做好的，然后好好表扬他。假如是你的话，会不会骄傲？

部分学员：不会。

古老师：（向女学员 H）你会不会？（做动作）走路都这样横着走？（众笑）

女学员 H：不会。

女学员 C：那可能会高兴过头的。

古老师：没有关系，那仅仅是高兴，可以高兴，但那不是骄傲。这两个要区分开。

女学员 H：在高兴的时候，不要泼冷水。

古老师：对！不需要泼冷水，让他高兴。

男学员 A：她刚说的是怕高兴过头了。

古老师：不会过头的，你放心好了。

女学员 C：那些动作、肢体语言说明他很少受到肯定。

古老师：对，如果他要的这些肯定、表扬，你没有给他的话，他就会是这个样子。你真给他肯定，真的尊重他，真的欣赏他，以我的经验，他是不会骄傲的。除非他太缺那个东西，或者你没有给够。真正满足了，给够了，他就觉得那个无所谓，你真给得多的话，他还会觉得烦。掌声多了，他就不当一回事了。反过来，你不给他的话，那是很气的。人的心理就是如此。

男学员 A：就跟饥渴一样，你给他吃饱了，他就不再觅食了。

男学员 J：我们现在谈赞美，夸别人，特别是小孩。我侄子，大家都怕如果把他夸得自我感觉很好，出去得不到别人的夸奖他会受不了。其实，我觉得刚好相反。比如，我们平时在谁的面前感觉是最骄傲、最有自信的？我在没结婚之前，在父母面前我是最骄傲的；现在结婚了，我在老婆面前好像很骄傲，总是自信满满的样子。为什么呢？其实，就是因为父母比较吝啬去赞美你，就怕你出去之后没人夸你了，得不到赞美，所以就自己赞美自己，在父母或者在亲人面前就是自信满满的样子。实际上，如果在家里就得到了充分的肯定，对自己有一个明确的认识，出去之后反而能够很好地跟别人相处。

古老师：对啊！你说得没错，就是这样。

男学员 A：他吃饱了，眼都懒得睁，想睡觉了，哪里还会找事！

古老师：对！我们要把人性弄清楚，不要吝啬赞美我们周围的人，赞美我们的孩子。

赞美使人积极向上向善

古老师：对于自卑感很重、很少被赞美的人，赞美他就相当于给他吃药一样，因为他缺少那个养分，赞美可以治疗他内心的自卑感。但是，对于一个处于平衡状态的人，你的赞美可能对于他来说是无效的，你别以为赞美对每个人都有效。

如果一个人自信心起来的话，他心理平衡、正常的话，他就不需要这个药了。你赞不赞美他都一样，他觉得那没有什么，他心里是不受赞美影响的。但是大部分人还是需要这个东西，因为我们太缺了。所以，你要多赞美别人，多让人高兴，功德无量。

女学员 W：我可以说一下吗？

古老师：来，来，你请。

女学员 W：2006 年，我参加了一个课程，其中一部分内容就是学习如何赞美，主要是提倡大家坐下来，静下来，去发现别人的优点。活动的倡导者说现在有很多自卑的孩子，对于这种孩子的治疗方法，就是赞美他，还要教他赞美自己。

后来，我在古老师这里学了一个词叫"自我肯定能力"，是治疗自卑孩子的最好方法。我曾经听过闸北八中校长的一个讲座，刚刚又翻到了当时的讲座笔记，他说："成功是成功之母。"我接触的几个学校的老师，他们也这么认为：其实，一些正常的孩子是不需要我们教育的。从正常家庭出来的孩子一定是正常的，这不是学校教出来的。但是，也有不少孩子是处于非正常状态的，其中大部分是自卑的。我们现在面对的，接触的，包括很多成人，就是这样。我们为什么不会笑？我们为什么不快乐？我们现在不穷啊，不是以前吃不上饭的时候，现在我们至少衣食是丰足的，可是我们扪心自问：我们活得开心吗？我们愉悦吗？我是不敢面对的，我不感觉我活得很满意。

是不是我们不会快乐了？已经不会自我赞美、自我欣赏了？因为我们没有从别人那里得到这些东西，我们自己也不会，学来了以后很机械地用到孩子身上，但是用习惯了也好，总比一点也不用的强，这是我个人的感觉。我在教学中最怕哪种学生呢？非常安静、自卑、胆怯的，特别听话、规矩的，不问我不敢喝水的，不问我不敢上厕所的孩子，无形的网已经把他捆死了，他的那个正常的东西被自卑压住了，他不敢去做，没有勇气！我的孩子是个男孩，刚才提到了孩子吵架的问题，我们的孩子自卑到不会吵架，不会打架，同学之间、男孩子之间那种撞击啊，他都不敢去试。我给他买了很多拳击手套，那孩子不敢跟人对打，只敢打沙袋。（笑声）和男孩子对打，他只击打对方拳击手套，他都不敢击打他的胸。鼓励都没有用。教练站在那儿让他打，他仍然下不了手。哎呀！那个胆怯啊，那种封闭啊，就别提啦！所以我觉得那个骄傲的孩子，那个横着晃着走的孩子反倒好教。（众大笑）是真的，你稍微调一调，他就会正着走了。但是那个连走都不敢走的，就特难办，特累。有些孩子将来可能都不能独立，所以多给他鼓励，哪怕他骄傲一点，别怕。

很多初中孩子的家长，恨孩子恨得咬牙切齿啊，就真的想甩掉他。但是，你问他：你把孩子给我吧，你要多少钱我给你，但从此以后这孩子不属于你了，你也不可以来看。我试了很多家长，都说那不行，舍不得，你说家长烦不烦人？（笑声）不敢甩掉，又不好好珍惜。

家长把孩子的自信打灭了之后，孩子自我认可能力没有了：爸妈都觉得我完蛋了，我是笨蛋。他就觉得自己不行，表面上他不听家长的话，事实上他全听。我们对孩子的否定让孩子觉得自己连狗屎都不如，然后你再去扶他，那要几十倍的赞美啊，甚至对好多自卑的孩子要没原则地赞美，你别说放低标准了，没有标准可言了。

古老师：那也有效。

女学员W：有效，但是要很久，要长时间的鼓励。甚至犯错误都不能批评，他敢犯错误了就是好事。（笑声）

女学员B：我自己有一个亲身的体验。我小的时候呢，其实还是不错的。但是每逢别人来我家的时候，我妈的朋友也好，或者我的朋友也好，我妈总对人说我这孩子这不好那不好。其实我没有这些问题，但是我还小不会表达，只是觉得尴尬。

古老师：那个时候你几岁？

女学员B：也就刚上学吧。在这之前，我更小的时候，妈妈经常抱着我去邻居家串门，人家说你家姑娘打扮得这么漂亮啊！再长大我妈就老说我丑，家里一来客人就说，我们家姑娘怎么怎么丑。后来，我转学到新的环境，真的感觉我是最丑的。

每当我妈这么说，我都很尴尬。但是我不会去跟她沟通，她说我长得难看，她爱说就去说呗，就感觉她一直对我不公平。好多年后，我才跟我妈提起，我说：当年你怎么老是那样说我？我妈一听，愣了一下，她并没有意识到。她说，我们从小就是这么被教育的啊，人前不夸自己孩子，只捡不好的说，我是为了你，争取你做得更好。她说她小时候，我姥姥也是这样对她的。

古老师：就是这样一代一代传下来的。

女学员B：所以，这样就把孩子弄得没自信了，还非常委屈。就是说，你可能伤害他，他也无法表达不满。

古老师：对！没错！很好。（大家鼓掌）

女学员 W：真正的人才是从那些骄傲的、懂得赞美而且能自我欣赏的群体中出来的。我后来上了古老师的课才明白，我没有得到过别人的赞美，我也不会欣赏别人，我也不会欣赏我的孩子，更不会欣赏我的家庭成员。所以，我们可以搞一个家庭的赞美例会，每周全家人坐在一起，找别人的优点，也找自己的优点，教孩子欣赏别人也自我欣赏。能够自我欣赏，就会慢慢走出自卑。要训练，要上课，每周最少一次课，边吃边聊天，你别真的像成人开会那样，孩子会紧张。慢慢地孩子状况会改变，甚至连他的学习成绩很快都会上来的，我有这样的感受。

男学员 G：古老师，如果孩子小的时候我们非常赏识他，他自认为他做得很好，上进心不是很强怎么办？等他长大了……

古老师：等一下，认为自己做得很好跟上进心没有什么必然的联系呀。难道我赞美他，他感觉很好，他就不上进了吗？这是个误区哦，你要注意观察。

男学员 G：他会不会满足于现状？

古老师：你要仔细去观察。你担心、害怕如果赞美他，他会满足于现状，这是你的担心还是事实？这两者有差别的，你要弄清楚。

男学员 G：在我成长的过程中，父母对我要求严格，长大以后步入社会，我的生存能力会稍微强一些；父母对弟弟妹妹要求稍微松一些，他们长大以后比我要差一些。他们现在有时候会埋怨：小时候父母对自己不太严格，造成现在这个样子。

古老师：你的弟弟妹妹会有这种想法？

男学员 G：是的。

古老师：你是在父母的严格要求下长大的？

男学员 G：是的，我跟弟弟妹妹相比，早期生活条件不是特别好，所以父母就对我的学习和成长比较关注，要求特别严格。后来生活稍微宽裕一点，父母对弟弟妹妹娇惯一些。我担心我们的孩子将来……

古老师：事实并不像你想象的那么简单。这是你弟弟妹妹说的话，是不是？

男学员 G：是，他们在我面前说的。

古老师：那他们是什么时候说这话的？

男学员 G：就是在我爸爸妈妈说我好的时候，说他们不如我……

古老师：好！注意！问题来了。是在爸爸妈妈说你好，说他们不好的时候，他们才说的这话。所以，他们是在被批评指责的时候说这种话的，对不对？当一个人在被批评指责的时候，当别人说我不好的时候，我的心理反应是什么？你说我不好，那我要不要找理由、找借口？所以要知道这是他在找理由找借口，而事实是不是这样？

男学员 G：我还有一个担心，他们看到别人比自己好，而自己能力又跟不上，这个时候他们就会……所以感觉小时候应该对孩子严厉一些，以便他长大后能更好地适应社会。

古老师：等一下，要求严格和适应能力有没有关系？是不是你对他要求严格，他的适应能力就强了？

女学员 K：不是。

男学员 G：我一向都是这么认为的。

古老师：但这是一个误区哦！是不是严格要求他，他的适应能力就强？（女学员 J 举手）你有话要说，请。

女学员 J：这个问题我想我们家的几个例子可以很好地回答他。他刚才说孩子从小严格要求，长大了会比较有成就，比较自信，其实这个不是因果关系，严格要求和适应能力强也是没有因果关系的。要求严格之下，他可能做得比较好，得到了赞扬才有自信。比如我先生，他是家里的长子，他们家里对他要求就很严格，从小进行超前教育，把他当成神童来看。尽管父母对他要求很严格，但是严格背后是以他为荣的，这一点很重要。虽然在家里父母对他很严格，但是在外面他也是父母的骄傲。其次是社会和老师给予了很多认可，这样他就会更自信。不是因为严格而自信，而是因为得到了认可才自信的。严格要求之下，他表现出众，得到赞赏才会自信。我跟我姐姐的境遇就不同，小的时候妈妈对我姐姐要求很严格，批评特别多；由于我小时候身体不好，挨批评的话，情绪不好就会生病发烧，所以不能骂，不能打，因此，我妈妈后来只表扬我、肯定我，我跟我姐姐现在学业、成绩都不一样，性格完全不一样。

古老师：怎么不一样？

女学员 J：我姐姐很自卑、很敏感，然而我很自信。我妈妈对前面的几个孩子，都是要求很严格的。现在我回忆起来，应该在我性格的发展期，我妈妈比较照顾我的情绪。再者，老师对我赞赏也比较多，我很自信，而我姐姐就不行。所以因果关系应该是赞赏会提高自信，而不是严格会建立自信，谢谢！（热烈的掌声）

赞美须以事实为根据

古老师：赞美很重要。假如你一下子赞美不出来的话，先学会欣赏，静静地欣赏。你如果真的欣赏对方的话，他也会感觉到哦！反之，你讨厌对方的话，他也是有感觉的。我们要慢慢学会欣赏。还有一点要注意！不要随便赞美，赞美要以事实为依据，用你看到的事实来赞美。

男学员 H：古老师，我有一次和朋友聊天，觉得我们对赞美和恭维的理解是不一样的，那小孩子能否区分赞美和恭维？还有一个问题，是我和其他家长交流的时候发现的，很多家长是在恭维小孩子，这可能会有意无意地误导孩子。我们要怎样把握赞美的度？

男学员 A：不能来虚的，虚的就是恭维。

古老师：你刚才讲的恭维就是讨好。有一次，我在浙江讲这个课，家长和孩子一起来上课，谈到赞美的时候，一个十岁左右的小女孩举手发言，她站起来说："古老师，赞美不是讨好！"讲得好吧？赞美不是讨好，不是恭维，孩子心里清楚得很。我们了解了人性，懂得人是喜欢被赞美的，所以赞美就跟利益挂钩了，谁能给我利益我就去赞美谁。赞美我的领导、我的上司，让他对我印象好，让他高兴，因为赞美是人性的需求嘛，赞美是让人很舒服的，所以有时候人们利用赞美去讨好与之利益有关的人，这就变成什么了？就是拍马屁了，其实问题就出在这个地方。真正的赞美不是恭维，恭维已经是赞美的扭曲版了。

真正的赞美必须把握两个原则，第一要以事实为依据，第二要说出内心真实的感觉。当你赞美人的时候，必须是出于你内心真实的感觉，真的喜欢他或者真的欣赏他，你内心被触动，心里怦一下，哇！你的衣服搭配得真好看。你这个蓝色上衣和整个搭配显得很大方，显得你非常有气质，我非常喜欢。第一，说出具体的事实，事实是什么？你这蓝色上衣的搭配让我感觉你很有气质，这是事实。让我很喜欢，这是内心真实的感觉。这跟说一句话"哇！你好漂亮"感觉一样不一样？

女学员：不一样。

古老师：真正的赞美要有事实做根据，不是乱讲的，这个要清楚哦，没有事实做根据的话让人感觉不踏实。第二，必须是你内心真实的感受，这样才能感染人。具备这两个条件的话，赞美是鼓舞人心的事情，不会把人家赞美坏了，放心！

女学员 B：那么别人当着我的面对孩子的赞美，是恭维吗？我害怕孩子判断不出来啊。

古老师：怕什么？

女学员 B：怕孩子被恭维坏了。

古老师：不用怕，不会的，真正的赞美不会把人赞美坏，你放心好了，只有批评会把人批评坏。赞美要强调事实，你做的那件事情让我很欣赏，很敬佩，要把赞美的具体事情说出来，把真正内心的感觉说出来，要把握这两个要点。

女学员 N：我想分享一个我个人的体会，关于父母对待孩子。我小的时候，爸爸总是在别人面前表扬我，我的女儿怎么怎么好；但是在家里，他总是说我这不好那也不好。所以我感觉他在别人面前表扬我，并不那么真诚和真实。我会认为，我在他心目中最真实的形象还是不那么好。有一次我跟他谈这个问题，我告诉他："其实我在你面前经常是很不自信的。"他就不能够理解，他觉得"我一直很鼓励你啊，包括在别人面前都表扬你啊"。但是从我的自身感受来说，我感觉我是很灵敏的，我知道他心里对我的认识程度是怎么样的。所以我觉得要赞美小孩，还是要真实、真诚一点，他做得好要鼓励他，而不是说在某种情形下做出来给别人看，我觉得这个非常重要。（大家鼓掌）

古老师：很好！

女学员 G：有一次……我现在不记得当时为什么表扬我的女儿了，然后她就跟我说："妈妈，你表扬我，我好开心哦！我真的好开心哦！"我当时很受触动！

古老师：这就是人性啊！这就是人性需要的东西。更妙的是，各位去体验一下，当你真诚地赞美别人的时候，对方是很高兴的，而且你自己也会很高兴哦！你学会了赞美，能给出赞美，你自己也会很高兴的，这是很妙的一件事情。

放低标准才会有赞美

古老师：我们有一个很大的误区，就是我们常常对别人把标准定得很高，尤其对自己的孩子。标准太高，就看不到对方的优点。只有放低自己的标准，才会有赞美。讲到这里，我想请问各位一个问题：孩子没有出生的时候，还在妈妈肚子里的时候，我们对小孩的期待是什么？

女学员：健康。

古老师：好，健康。只要孩子生出来健康，你就很高兴。孩子慢慢长大了，等他上小学的时候，请问你对他的期待是什么？

男学员：优秀。

学员：出类拔萃。

古老师：要听老师的话，还要多才多艺，我们对孩子的要求越来越多。出生时只要他健康就好，等他上小学、初中了，对他的要求越来越高。注意！如果对孩子的要求越来越高的话，你的赞美是给不出来的，因为你的期望很高，要求的是完美，所以你眼里只看到他不完美的部分，看到的都是他还没有达到你理想的那部分。

在这种情况之下，孩子得不到赞美和肯定，他就没有动力，他就会萎靡，就没有劲儿。于是恶性循环开始了，你看到他颓靡的样子，更加伤心失望，批评指责他，打压他，他就更没有动力了。事情经常就是如此。

男学员I：关于赞美的问题，我谈点体会。

古老师：好，请讲。

男学员I：我觉得作为家长、教师都应该反省自己，这方面大家做得很不够。第一，要放低标准，我们总是要求孩子做到什么什么，我们反问一下自己：我们做得怎么样？我们要求他考上清华、北大；实际上我们也没有考上清华、北大。我们家长对孩子是要求过高了。第二，其实我们每个人都期待赞美，但是，我们又吝啬赞美他人，这其实是一种自我傲慢的表现。我对学生是要求高、批评多、赞美少，对孩子也是这样。通过这个课程的学习我想改变这种做法，让孩子、学生更活跃一些，这样进步才更大。（大家响起热烈的掌声）

古老师：说得很好！

女学员M：还有一个问题啊，在幼儿园里孩子们都是在一起的嘛，孩子与孩子之间是有差异的。某些方面，个别孩子表现得很好，有的孩子就不是很好。这个时候你赞美表现好的孩子，那其他的孩子会不会受到影响呢？

古老师：你是幼儿园老师吗？

女学员 M：对。

古老师：好！有一位上海教育局的督导，在一次演讲的时候，说到他去国外参观访问的经历。他去一个小学参观，看到墙上贴着小朋友的画，他发现所有小朋友的画都贴在墙上，他觉得很奇怪，于是问：这么多画，哪一幅是最好的？那个学校的老师说：哪一幅都是最好的啊，只是画法和风格不同，每一幅画都是最好的！而在中国，小朋友在学校上美术课，画得好的才挂出来，还评奖什么的，是不是？

学员：是的。

男学员 A：我们的学校称为"筛选""评优"。

古老师：对呀！这就是文化的差异问题。

男学员 A：我搞艺术教育，比较了解这个。所谓"好"的画，只是老师自己认为好的画。其实，儿童画哪有好坏啊？只是想象力的不同而已。

古老师：这个老师心目中每一个小孩子的画都是最好的，不分高下。假如说我们非要挑几幅所谓的好画，把贴出来的认为是好的，请问贴出来的多不多？不多！只占百分之二十，大部分没贴出来的都是不好的，占百分之八十，请问这些百分之八十的孩子心里感受如何？肯定不好受的！

男学员 L：我想请教一下。我们家有仨孩子，我跟我哥、我妹。小时候，我爸对我们都很凶，他生气的时候，有时直接拿东西打孩子的头。有点小脾气，无缘无故就会打我们。我跟我妹也可能是吓怕了，看见我爸打我哥就很害怕。我爸对我们的要求就是学习成绩好，在这一点上，我做得要比我哥好很多。但我也常常无缘无故地被我爸打，而我记忆中自己并没有犯错。

最搞笑的一次是我三岁的时候，睡得迷迷糊糊的，床边有双拖鞋，我起来把那个拖鞋当成尿壶了，然后就尿在那里面了（笑声）。我爸起来一穿拖鞋水淋淋的,(师生大笑)半夜就把我拽起来,扔到窗外。(师生惊愕不已)这个事情是后来我听我妈我哥说的,自己也想不起来,当时能做出这种事的家长,实在罕见。整个孩提时期,我哥被打得比较多,我跟我妹被打得少一点,我跟我妹成绩好一点,打得少一点,大概算是对我们的肯定吧。甚至我爸拿我跟我妹的成绩在外面炫耀,结果我哥无论在亲戚面前还是在我面前,都比较慌张、沮丧。我自己在我哥面前莫名其妙地就很低调,在外面或爸妈面前不会,我也不知道是为什么。

古老师: 这是自然反应,大家看到没有?这是兄弟之情,能够体谅哥哥,这是人的自然反应,不用人教的。人的心灵是能够相通的,知道哥哥伤心的时候,我不要去伤害哥哥,你看这些人性中美好的东西都出来了。

男学员L: 这个问题还是很难解决。这四五年来,我爸爸似乎意识到这个问题,有些事情他是偏向我哥的,但似乎我哥还是不太满意。

古老师: 对!那是一定的。

男学员L: 那要怎么办呢?

古老师: 这是小时候受到的伤害所造成的,那种亲子关系已经被破坏了,这就很麻烦,还是需要做一些调解。

男学员L: 从另一个角度来说,我和我哥比起来,我为什么没像我哥那样丧失自信呢?在我的印象当中,我爸对我的影响有两个阶段:首先,在我成长阶段,他一直在外面跑,在外两三个月,回来待半个月,离多聚少,我就不会想他;第二,在我读高中的时候,就离开家住校了。我就一直很困惑,为什么我就没被打坏呢?

古老师: 为什么没把你打坏?因为打得不够多(大家笑),因为他比较忙,他要是一天到晚待在家里,整天看见你,打得多的话,那就打坏了。

男学员L: 假如没有我哥哥,他打我可能就多一些。

古老师：你爸爸打你少一些，在家更疼你一些，所以内心会有一种平衡的感觉。所以，为什么没有把你打坏，还好你爸爸很忙。（师生大笑）你们哥儿俩被伤害的程度是不一样的，哥哥受伤害的程度比较大，你相对来讲比较小。我经常看到为了教育把亲子关系破坏掉了，甚至等到年纪大了，关系都没法修复。这种例子太多了，所以要记住，亲子关系比教育更重要。

课程进展到这里有点感觉了，什么感觉呢？刚才有个朋友跟我说：嗨！课上到这里，发觉自己的问题越来越多，（笑声）这是正常现象，这就是进步！最大的问题是认为自己没有问题，都是别人的问题。只要意识到自己有问题，那就没有大问题了，然后要进一步知道我的问题在哪里，如何解决，那就对了。

赞美可以使平凡的人做出不平凡的事

古老师：刚才讲到赞美的标准，我们必须放低标准才会发现和欣赏对方的特质，才会有赞美。所以，要把孩子当人看，懂得去欣赏他。我们再来看看，小孩子在刚学走路的时候，我们会不会给他鼓掌？会的，经常给他鼓励。当孩子慢慢长大，大人就开始求全责备了。小孩子的年龄越来越大，他得到的掌声越来越少。学走路的时候还有掌声；两三岁自己学吃饭的时候，吃得乱七八糟的，这个时候有的妈妈已经开始骂了：你看你吃饭吃得满地都是，筷子都拿不好！孩子玩过玩具之后呢，又开始骂了：你看玩具都不收好！学写字呢：你看你写得歪歪扭扭的……所以你看，小孩子在整个成长的过程中得到的赞美太少太少了！但是，他所得到的批评指责不晓得超过赞美多少倍。

女学员 G：我可以讲一个故事吗？

古老师：可以啊，请讲。

女学员 G：我看过一篇文章叫作《看见自己的天才》，里面讲的是一个儿童，他小的时候发高烧导致了智力障碍。上小学的时候，他经常考 0 分。有一天他考了 10 分，他父母高兴得不得了。"哇！我的孩子考了 10 分啊！"回家把最大的鸡腿给他吃，那个时候条件很艰苦的。而同班的另一个小孩考了 98 分，但是他爸爸仍然很生气，回家就把他揍了一顿，当着很多人的面。这个爸爸就对考 10 分的孩子的父母说：你们怎么能这么宠孩子，考 10 分都可以吃个鸡腿，那我们家孩子岂不是天天都要吃鸡腿啊？他还说：人家都说我家儿子考得很好，考 98 分，但是没有考满分，所以，我还是不满意。

后来，这个考 10 分的孩子在他父亲这样不断的肯定中，慢慢地成绩越来越好。他父母就觉得儿子会越来越聪明的，而且他父亲是发自内心地这样想的，这样做的。这个孩子认为父亲的话是正确的，他始终认为自己会越来越聪明，所以，第七次参加高考，他终于考上了，后来非常优秀，他终于战胜了自己。但是那个考 98 分的小孩，后来反而没有出息了。

古老师：这就是自信心的问题啊！这是 EQ 的问题，我前面讲过的。怎样培养孩子的自信心，成绩很好，不一定有自信心哦！

男学员 P：古老师，我特别赞同这个观点，我来分享一下我个人的经历。我父亲快 70 岁了，原来是一个大公司的董事长，一个月前他给我打了一通电话。我从小就受他这个模式影响很深。

古老师：什么模式？

男学员 P：就是赞美、肯定。

那天他喝了一点酒，他打电话告诉我，他曾跟别人说"我以我的儿子为荣啊"。之后他跟我说："儿子，我觉得我能做你的父亲很荣耀。"他真的是这样想的，这是他内心的感受。然后呢，他说一个事实："最近几年，虽然你从很大的外企里出来，但是呢，你自己的事情都靠自己做到了，你没有靠你老子任何的支持和帮助。你自己无论是做律师也好，咨询也好，还是有些小小的成就的。你靠着自己，把家庭也处理得很好，和太太关系也越来越好。"

我当时心里真的很感动！你想你成年之后，父亲竟还能对你这样肯定、赞美！我回来就跟我太太说："你看，这就是做父亲的榜样。好的家长就是这样，不断地赞美，让一个平凡人做成不平凡的事。"

还有，我父亲是很优秀的，他从小学到大学，都是学校里的尖子生。按理说这样的人应该有很高标准的，但是他对我没有标准。我学习成绩好的时候，只有从小学到初中九年，全校的优秀生。上了高中呢，就是全校倒数十名、二十名。我是勉勉强强混上个全国重点大学的，名次经常是全年级倒数，有一次我考了倒数第二。（笑声）我上大学的成绩是不能拿出来给人看的。但是，我出国留学是靠自己考出去的，考的GRE 和托福，我是在分数比较高的北京考区考的，所有人都很惊讶，说你怎么能做到！

我父亲说：儿子，我相信你一定能够考出来，因为你是有天资的。即使你没有天资，你的努力能补上你的天资。而且，他不断跟我讲：你小时候很爱看书，可能是爸爸帮你选的专业，没有按照你的意愿——我确实不太爱学我的专业。"说实话，一旦你选对方向，你一定会发出你的光芒。"他经常说这样的话。他经常跟我说，希望我把他当成生命中的朋友，而不要当成爸爸。所以有什么困难就直接告诉爸爸，苦恼也可以告诉爸爸。

他这样不断地鼓励，我自然就会很努力，我考研不仅是全校，也是整个北京校区专业第二。我的托福成绩是全北京的前几名。一个人原来成绩很好，后来突然一落千丈，一般家长是很难承受的。我也比较怕，比如说开家长会，你学习成绩很差，父亲又是大企业的董事长会很没面子。我回来都不好意思，我爸他说没事，下面接着做，你会做出来的。他从来没有给我施加压力。这是我自己亲身的经历，分享给在座的诸位。（掌声）

古老师：好，好。你很幸运，有一个好父亲。父亲赞美儿子，没有把他赞美坏吧！他没有骄傲吧！真正的赞美是不会把人赞美坏的，会把一个平凡的人变成一个不平凡的人。好吧！我们好好赞美自己一下吧！（掌声）

你允许犯错吗？

敞开心胸去接纳

古老师：孩子在家庭的环境里长大，就像植物在土壤里生长一样。对于孩子来说，家庭就是他的土壤。我们讲过，要让植物生长得好，土壤要怎么样？要"松"。同样地，我们要让孩子健康成长的话，一定要创造一个宽松的环境。太紧的话，他是长不好的。那么，怎样才是宽松的环境呢？很重要的一点，我们要学会接纳。我们来看看什么是接纳：

——接纳是允许不完美，允许伤心，允许难过，允许生气，允许做不好，允许失败，允许犯错。

——切记，人是不完美的。

——接纳是接受对方的缺点。

——接纳是不做评价、批判。

——有教训、有批评、有劝告就不是接纳。

——接纳是对过去的事不再计较，过去不等于现在。

——自我接纳程度越高，才越能接纳别人。宽恕就是爱。

——接纳是让我做我自己，让他做他自己，可以不一样。

——有接纳才有成长，才有改变。

——接纳是有容乃大，大而化之。

——接纳是化腐朽为神奇。让我们向大地学习吧！

古老师：接纳，换个中国的名称叫作宽容、宽恕。中国讲"宰相肚里能撑船"，那就是肚量很大，能容能纳。注意，假如我们的道德感太强，看人顺眼不顺眼？不顺眼。当领导的道德感太强的话，看属下就不顺眼。有一个故事：当年刘伯温帮朱元璋打天下，出了很多计策。当朱元璋把天下打下来之后，准备请刘伯温当宰相。刘伯温说，我不适合当宰相，宰相必须肚里能撑船，我这个人道德感很强，心胸狭小，我做不了宰相。因为朝中大臣各种性格的都有，包容不了就容易出问题。所以注意！道德感太强的话，心胸会比较狭小。

接纳就是你再怎么坏，你还是我的孩子，不因为你犯了错，你就不是我的孩子了，所以接纳不分好坏。你好，我就接纳你，不好我就不理你，这不是接纳；你好，我就爱你，不好，我就不爱你，也不是接纳。

我曾经碰到一个妈妈，因为工作的关系，孩子从小离开她，到了七八岁才带到身边。我就跟她讲，因为孩子离开你，孩子的感觉是什么？就是"妈妈不要我了"。现在虽然回到你身边了，孩子会不断地测验，验证妈妈是不是爱我，以及妈妈是不是真的爱我。那么他要用什么来测验呢？用调皮、捣蛋、使坏来测验妈妈是不是爱我，是不是真的接纳我。有一次，这个妈妈带孩子到了上课会场。我在上课的时候，他就跑到前面来跟我玩，很顽皮。一般人会给这个孩子贴一个标签叫"坏孩子"。这个时候，这孩子要验证，我就是个坏孩子，看妈妈还爱不爱我、还要不要我。这个使坏的孩子，他故意要测验你，但是他又讲不出来，他只是下意识会出现这样一个行为，来确认妈妈是不是爱我。在孩子心目中，别人怎么看我不是很重要，最重要的是爸爸、妈妈怎么看待我。所以，这个时候，妈妈要有耐心。

接纳，就是允许不完美。记住人永远是不完美的，完美就不会到这个世间来了。这个世界是缺憾的世界，所谓娑婆世界是不完美的世界，人生是不如意的，人是不完美的，人本就是有缺憾的。

我们对自己也要多一些认识，要多一些宽容，接纳自己，允许自己不完美，才会允许别人不完美。接纳自己才能接纳别人，接纳自己的程度越高，才越容易接纳别人，所以宽恕从宽恕自己开始。允许自己没那么好，告诉自己不完美没关系。接纳就是让我做我自己，让他做他自己，可以不一样，我是我，别人是别人。有接纳才会有成长，才会有所改变。你不接纳自己的那部分，通常是没法改变的部分。对自己的缺点不要痛恨、讨厌、排斥，而是要接纳它，"我就是有这些缺点"，告诉自己没关系，慢慢地就会改了。

接纳，就是不考虑目前各种状况，"我现在就是这个样子"，无条件接受它，不需要去改变它、排斥它。

男学员 R：但是很难啊（笑声）。

古老师：是有难度，接纳是不容易的，因为人是习惯不接纳的。不过，不接纳也没关系，"我现在不接纳"，就是这个样子，也没关系呀！（响起掌声）

允许不完美，允许犯错

古老师：我在讲管理课程的时候，曾经说过一句话：什么是领导？集合一群不完美的人完成一件完美的事情，这就是领导。人无完人，你要集合一群不完美的人，互相弥补，共同把一件事情做完美。当然这是理想，绝对完美是做不到的，尽量做完美一些。还记得什么是接纳吗？允许自己不完美，我有一些缺点，没关系；我有些自卑，没关系，因为人是不完美的。我有一些缺点，告诉自己。我就是有这些缺点，这是可以的；你不允许自己有缺点的话，你也不会允许别人有缺点。注意！对自己要求很严，也会对别人要求很严。

如果给孩子定的规矩太多，这样也不行，那样也不行，那么家庭这块土壤就紧了，就把他锁死了。所以我们要松土。所谓的"接纳"就是宽松，接纳使孩子能够在宽松的土壤里茁壮成长。接纳就是允许犯错。在座的各位，活了几十年，从来没犯过错误的请举手。没有。所以，要求一个人不犯错，这不可能。注意哦！就像我们学习骑自行车，学会之前会不会跌倒？会，摔跤是必然的。好，我们再来看看小孩子学习的过程。小孩子学走路会不会摔跤？

小孩 A：会！（小孩稚嫩的童声清脆地蹦出来，引得大人们都笑了）

古老师：学走路的时候不摔跤是不可能的。再比如小孩子学吃饭，刚开始会不会吃得到处脏兮兮，乱七八糟的？

小孩 A：会！

古老师：饭粒会不会弄得桌上、地上到处都是？

小孩 A：（扯着嗓子）会！

古老师：在学习吃饭的过程中，筷子会不会拿不好？

小孩 A：会！

古老师：一定会的。那么，大家知道应该如何看待犯错吧！犯错是学习的过程当中必然会发生的事情。不仅小孩子学习的时候会犯错，就算是大人，比如我们在这里学习这个课程，学了以后就能保证不犯错吗？还是会犯错。不要以为听了两天的课后就变好了，没有这回事！你还是会回到原来的位置的。记得告诉自己，父母不是完美的，不要相信"天下无不是的父母"，父母也会犯错。不要忘了我们都是人，人都是会犯错的，要允许自己犯错。再问各位两个问题：犯错有没有好处？能不能从中学到东西？

女学员 D：有好处。

古老师：人是在犯错中成长的，在犯错中学习，在犯错中进步。可是我们通常不允许孩子犯错，不愿意看见孩子犯错，怕他犯了错，将来会受苦受累，这样对孩子有没有帮助？没有。

我们怕孩子跌倒，怕他遭遇这样那样的危险，其实孩子跌倒并不是什么坏事哦！小孩子很多行为背后都是有心理上的原因的，所以要读懂孩子的心理，知道了他的心理，就能找出他行为背后的原因。了解到他的一举一动都是有根据的，你也就更能接纳他。

女学员 B：老师，你说允许犯错，犯错可以接纳，我很赞同。我想分享一下我带孩子的经历。我是两个孩子的妈妈。

古老师：孩子几岁？

女学员 B：大的孩子已经读大学了。

古老师：啊？不像啊，小的呢？

女学员 B：小的三周岁。

古老师：三周岁？哎哟！差那么多啊！

女学员 B：我想把我这个案例贡献出来，和大家一起分享。我的女儿成绩一直都是蛮好的，上高二的时候，在班上是学习委员。当时我在温州，她在上海，我给她在学校门口买了一套房子，还请了一个学心理学的研究生和她一起住。

记得那是个冬天，一天下午六点多，天已经黑了，她打电话回来，她说："妈妈，我今天心情很难受，连饭都吃不下。"哎？我觉得孩子都是一进门就会找吃的，她现在却饭都吃不下，这个事情肯定很严重。我当时想，女孩子嘛，她是不是早恋失恋了？但是我没这么问，只是回应说："没事，你说吧！"她说："可以，但是你不能骂我。"听她这么说我就想，可能以前我骂过她，自己都没注意。于是我对她说："不会的，我肯定不会骂你的，只要你把发生的事情告诉我。"她说："我今天考试偷看，被老师批评了，罚站了，还要写检讨，真的，心情很难受。"因为她一直是一个很好学的孩子，又是学习委员，挨了批评肯定觉得很没有面子。

当时我在温州，不能马上回到她身边，我就说："没事啊，不管老师怎么说你，你在妈妈心里一直都是最棒的！为什么说你是最棒的呢？因为第一，你是第一次偷看；第二，你也是最后一次偷看。如果你不是第一次偷看，你肯定不会这么难过，因为已经习惯了；如果你以后还想继续偷看，你也不会这么难过，也不会把这个事情告诉我。所以，你在妈妈心中是最棒的女儿，没关系的！"听我这么一说，她就非常信任地把很多内心的感受都告诉我了，她的心扉就这样打开了，我们交流了很多话，然后挂电话了。

电话挂了之后，我想她可能需要沉淀一下，所以过了一会儿我才又打电话给她，问她现在心情怎么样？她说还是吃不下饭，不过不那么担心了。毕竟她心扉已经打开了，接下来我只需要告诉她接纳的技巧。我说："那你这样好不好？要么你就在客厅里大声地喊出来，不管喊什么，只要你喊出来；还有，你要是觉得喊出来没效果的话，你就到小区里去跑，只管跑，跑到很累了，回来冲个凉，然后马上吃饭，你晚上就不用学习了。记住，不管你怎么样，不管你做了什么事情，妈妈都是喜欢你的。"

到第二天，大约是六点钟，我又给她去了一次电话，她说："妈妈你放心，我没事了。"又过了一个星期，我打电话给那个和她一起住的老师，问我女儿的情况。那个老师告诉我一句话，她说："我虽然是研究心理学的，但是老师再好，研究得再透，也不如妈妈。"

古老师：对！

女学员 B：谢谢！(掌声一片)

古老师：不错，你这个妈妈做得很对。你允许孩子犯错，很宽容，这就是接纳，标准的接纳，做得很好！所以只要是允许犯错，她自然会走回来的；你不允许、不宽容，甚至一味地埋怨、训斥，她越是拧着来，那她走下去的结果是不妙的。所以，在这个时候，你能够说"不论如何，你都是我的女儿，妈妈都是喜欢你的"，这就是接纳。

接受对方的缺点

古老师：好！这里所说的接纳就是接纳对方的缺点。接纳并不是我不知道你的缺点，恰恰是我知道你有这些毛病，我了解，所以我接纳。记住，要是有批评，有教训，有劝告，就不是接纳。

男学员A：就是对缺点还计较！

古老师：对！告诉他该怎么做，教训他做得不对，那就是没有接纳。劝告他应该做什么事情，也不是接纳。因为劝告背后有一个否定的意思，就是"你不行"。碰到心情很难过、内心很敏感的人，你一劝告，他内心的那种愤怒就会出来的。我太太就有这样的经历。过去她有一阵子确实非常难过，旁边有一个人很好心去劝她，她就很直接地发火，是不是有这么一段？

余老师：是的。

古老师：劝她的那个人一定觉得很没趣，心想：我好心劝告你，你还对我发一顿火。（笑声）为什么会这样呢？你劝告我，我感觉你是在否定我。所以真正的接纳，不容易哦！假如你想让对方有所改变的话，就必须先接纳他。如果你不接纳他，他是永远不会改变的。心理咨询很重要的一条就是"接纳"。作为一名心理咨询师，对于眼前的这个人，不管他什么状况，你都必须接纳他。因为寻求心理咨询的人，他心理上一定会有一些痛苦、一些困惑。你不接纳的话，他就不可能改变，不可能进步，你就没办法做一名很好的心理咨询师。这是把心理学上的东西拿过来用，其实道理都是一样的。真正要让一个人改过自新，就唯有——接纳他！

自我接纳才能接纳别人

古老师：谈到接纳，我们为什么经常不能接纳别人呢？那是因为我们不能接纳自己，对别人要求很严，说明对自己要求也很严。看别人哪一点不顺眼，其实是在内心排斥自己身上那个相同的东西，只是刚好那个人跳进了你的框框里了，所以你才不能接纳他。

自我接纳的程度越高，就越能接纳别人。宽恕就是爱。所谓接纳就是让我做我自己，让他做他自己。我和他是不一样的，不要要求别人和你一样，否则就没办法接纳了。我是我，你是你，我们两个可以不一样。有接纳才有成长，有接纳才有改变。

谈到接纳，让我们向大地学习。看看我们生长的大地，她孕育万物，容纳万物，像粪便这些脏东西，她都能全部吸收，都能容纳。我们把这些脏东西都丢给大地，但是她没有说不要，而是照单全收；吸收之后变成养料，化腐朽为神奇。大地孕育了树木，我们砍伐林木取火，烧完后变成灰，又还给大地，变成肥料；大地养育了我们，我们排出粪便，也还给大地，变成肥料，就这样不断地循环。

过去农业文明的时代，这些循环都是很自然的。但是现在我们的大地很可怜，因为人类太聪明了，制造了让大地没办法消化的一些东西。什么东西呢？像塑胶、尼龙、聚酯等，一些重金属和玻璃，以及其他一些高分子化合物，还有废弃的电器，这些东西大地没有办法吸收和消化。同时，现在的工业文明对地球的伤害很大，像化肥、农药等造成的很多污染都是对土地的伤害。当然，现在人类也意识到要环保。现在去超市用塑料袋是不是要花钱？为什么？就是为了环保。这是谈到接纳引起的题外话。

缺点可以变优点

古老师：昨天，有一个朋友说，他打电话跟孩子说道歉。很了不起。你愿意道歉，孩子会跟大人学的。哪天孩子自己做错事情也会跟你道歉的，这样就会变成良性互动。你不要以为道个歉，你就矮了半截，没这回事，孩子反而更尊敬你，更爱你，距离会拉近。所以人是可以犯错的，要允许孩子犯错，允许自己犯错。记住，做错比做对更有价值。

我在过去的工作中，为什么团队带得好？我曾经业绩不是很好，因为我知道业绩不好的时候，人的心理状态是什么样的，所以我特别能体会业绩不好时人的心情。对业绩不好的人，如何去鼓励他，让他重新站起来，我的体会特别深。假如业绩一直很好，就没办法体会到那种失败的痛苦，所以内心痛苦的经验，有时候反而是一件好事。有一些受苦、受难的经验，或者自卑的经验，哪一天你从中走了出来，那会转化成一个非常大的宝藏。你还可以感同身受地去帮助正处于痛苦中的人。

所以任何事情没有绝对的好坏。你所认为的缺点，哪天可能就变为优点了，优点和缺点也不是绝对的。至于犯错，人生都在犯错，很多企业家也是一样，不可能一次成功，经历了很多失败才能成功，而犯错的经验是很宝贵的。不要借口说是保护他，不给他犯错的机会。

女学员 A：古老师，我跟同学聊天时，发现我们家和他们家遇到了同样的问题，就是当我的小孩做错事情的时候，我会很严厉地批评他，我老公在旁边，他看到我用一种比较粗暴的方式责骂小孩，就会当着小孩的面批评我。可是如果孩子做错事情，被我老公先发现了，他自己控制不住，他也特别大声、严厉地骂孩子，有时候甚至会打他。这时我就觉得很不能够接受，我说，他又不是你的私有财产，你自己可以批评他，甚至打骂他，可是我这样教训他的时候为什么你要批评我。小孩子在旁边看，他就觉得妈妈不要他了，他不会接受；或者我比较严厉的时候，爸爸回来了，他就赶快告状。

古老师：孩子会钻空子，对吧？

女学员A：对，然后他爸爸就会当着他的面批评我，搞得我特别灰心。

古老师：好，现在孩子在钻空子，这个问题是谁造成的？

女学员A：大人。

古老师：对，所以可不可以怪孩子？

女学员A：不可以怪孩子，我们知道这种做法是错误的，就是没有办法去改正。

古老师：所以问题出在你们夫妻身上。这种做法不改的话，孩子永远都会在其中游走，游走于"两国"之间。

女学员A：是这样的。我们平常也会沟通，沟通了之后他总会说，"好！好！以后都不要这样了"，结果下次碰到事情又是老样子。

古老师：好，我们的课程接下来会讲如何处理犯错的问题。

责备打骂的后果

古老师：我们现在谈谈如何面对犯错、如何处理犯错。最常见的行为是，孩子一犯错，家长就责备、打骂。这样做的后果是什么？后果就是让孩子觉得自己很笨、很糟、很坏，感觉自己无可救药、一无是处。接着就自卑、自责、痛恨自己，甚至有负罪感。这个时候他会被情绪支配，陷在情绪里面；这个时候他反而看不到自己的过错，不敢认错，甚至找理由掩饰；更严重则的是报复、对抗。

还有，必须注意，当一个人犯错的时候，他内心知不知道自己犯错？知道。既然他知道犯错了，就不要再去责备了，你再责备就是多余的了。更重要的是——他犯了错，本来他有负罪感的，你再去打他，他的心理是什么，知道吗？两种心理：一种是自责；另一种是反正我被打骂过了，我不需要改过了，已经扯平了，不需要再反省了。所以当一个人犯错的时候，要慎重处理。你用严厉打骂的方式，只会让他感觉恐惧、害怕。当然，这种处理方式可以收到短期的效果，错误可能会马上得到纠正，但是也会有一些副作用，会产生另外一些问题。当一个人被处罚或被打骂的时候，他的第一感觉是什么？他会不会承认错误？

学员：不会。

男学员 E：即使承认，也不是真心的。

古老师：对，刚开始是不会承认错误的，他会感受到一种错愕："怎么会是这个样子？"被继续指责打骂的话，他的自我感觉是什么呢？——我是一个很糟的人，我是很坏的一个人。所以，他会不会真的去反思自己的错误？不会！那个错误已经不重要了。对他来说，重要的是——我是一个不好的人，我是一个坏孩子。

女学员 W：对，对，自我的整体否定。

古老师：自我的否定很强烈，所以他不会真的去看待自己的错误，他不会去管到底发生了什么事情，他关注的是"我不好"，严重的话，就会产生自卑。更严重的是痛恨自己，更严重的甚至是——我是有罪的。这个时候啊，孩子会被情绪所笼罩，陷在情绪里面。在这种情况下，他是不敢承认错误的。一个心态健康的人，自信的人，才能勇敢地承认错误。不敢去面对自己的错误，说明内心是很弱的。他会担心害怕：万一我要承认错误，那是很痛苦的事情。为了逃避那个痛苦，不会去承认错误。假如我们给他空间——没关系，人都会犯错的——让他想到对方因为他的错误行为所受的伤害，能替对方想想，这样的话，假如是你，感觉如何？

学员：不好意思。

古老师：对，他自然会觉得不好意思，就会道歉。他的不好意思是自己内心自然产生的。不必要求他、强迫他道歉，你只需要像上面说的那样对他就可以。歉意从内心自然产生的时候，他就会自我觉醒，自我调整，自我改变。

假如用惩罚的方式对待他，他就会找理由、找借口，他就会想，就会说"我没有错"。所以，当一个人犯错的时候，记得告诉他，人都会犯错，给他一个空间认知自己的错误，让他自己做调整，这就是人性可爱的地方。所以，怎样把人性好的部分引导出来，才是首先要考虑的；用惩罚、打骂的方式，会把人性可爱、善良的部分扼杀掉，那是很可惜的。

假如各位没有信心的话，不妨去做个实验，好好地去观察一下。我的经验证明，这条路是行得通的。你越是能够宽容他，告诉他"没关系"，他悔悟的力量就越容易出来。记住！人没有想象的那么坏，不要把人想得那么坏，他之所以坏，是我们挤压、逼迫、不给他调整的空间导致的。他要逃避这份痛苦，才走上那条路；你不让他承受那个痛苦，他人性善良的那一面就不会扭曲。

好，我们再来总结一下。责备打骂的后果：

使被责备打骂的人觉得自己很笨、很糟、很坏，无可救药，一无是处；甚至会自卑、自责、痛恨自己，有负罪感；而且容易被情绪支配，看不到自己的过错；严重的会不敢认错，找理由掩饰，或者犯更大的错，从而产生报复、对抗心理。

好，我们来做一个互动游戏，来感受一下孩子犯错以后的真实感受和心理。家里有十二岁以下孩子的学员请站起来，到前面来，两个人配对，面对面，可以站到中间来。

"剪刀、石头、布"，输的人蹲下去，蹲下去的人，你现在的角色是犯错的孩子；站着的是生气的父母。这个时候眼睛开始对视，让自己静下来。

好！现在父母的表情为愤怒，感觉要出来。现在你的孩子已经犯错了，你要骂的话可以骂。（"父母"开始骂"孩子"）

好，暂停。现在"孩子"站起来，请问孩子的感觉是什么？

学员：恐惧、害怕、一片空白、无助！啰唆、烦死人了！委屈、不敢说。

古老师：对！委屈又不敢说，这就是你孩子的感觉。好！请站起来。做"孩子"的，触动特别大的有没有？

女学员F：站在孩子的角度，我觉得我希望爸爸妈妈能抱抱我！我受委屈啦，就是这种感觉。小孩子都希望被抱一下、安慰一下。

古老师：好！很好！还有没有？

女学员M：我是旁观者，但是我感觉到那种情绪的传递，我很难过。

古老师：情绪是会感染的，那种气氛是让人很难过的。

女学员F：我曾经看过一篇文章，上面说，人为什么拥抱？你抱小孩子的话，小孩子能感觉到爱。因为心与心是相通的，就是小孩与大人的心，在一个正常的条件下是这样的。但是，我觉得刚刚的那个游戏，小孩与大人之间产生了距离，小孩子就会感觉非常无助和恐慌，这是我的感受。

女学员E：我觉得大人在使用权威，也许孩子只是犯了很小的错。

古老师：做父母的会这样，背后有原因，小时候经常受到指责，面对威严，都觉得自己很弱小，所以小时候内心有个希望：快点长大，我也要变成这个样子。因为当你没有权威的时候，那是很无助的。所以当你真的长大了，做了父母，你的威严不自觉就出来了，这是一代传一代的。当了父母，内心的那个小孩在作怪，我现在已经长大，已经有权威了，小时候害怕、恐惧的东西，没有满足的东西，这个时候就出来了。

女学员F：我想跟大家分享一下。

古老师：好的。

女学员F：我觉得在我的成长过程，可能汇聚了许多孩子成长过程当中的问题。首先，我从很小就由外婆带在身边，等到我上学的时候，才回到父母的身边。所以，我就跟父母不亲，而且父母也不了解我。我觉得最可怕的是，我从小先跟外婆一起生活的，外婆这个人很通达；后来到了妈妈身边，我的境况突然改变，不光是面对一个陌生的妈妈，而且是非常严厉的妈妈。我觉得我就是从上学那会儿开始受苦受难了。这么多年来，我都是那种感觉。

我妈的脾气非常暴躁，她自己是老师，就自认为她是非常懂教育的，她的教育是没有错的。她就不曾意识到，要去看看别的父母怎么做的呀，或者去了解下孩子的心理啊。她自认为是绝对了解你，懂得教育的：那么多的学生我都教过来了，所以我是绝对没有问题的。而且她会给你心理上很大的压力。所以直到二十多岁，那么多年我一直有很重的负罪感，很大的压力。其实也不能说我父母是不好的。我就觉得我是一个罪人，我一直这么认为。父母还会告诉我什么呢？——天下没有不是的父母。而且，爸爸妈妈，一个是做领导的，一个是做老师的——"我们是最懂教育的，我们更不会有错。"

古老师：对，他们认为一定是你有问题。

女学员F：没错，都是我的问题。而且，因为跟父母不亲近嘛，我跟他们没有话讲。我妈妈一直指责我："你为什么跟我没有话讲？"这又加了一条罪过。我妈妈还有一句很极端的话："你如果对父母都这样子的话，你对朋友的情谊那都是假的。"我是学医的，一直关注心理学。印象最深的是看电影《爱德华大夫》，其中有他描述负罪感的情节，记得当时就觉得，原来世界上还有这样的事情！有这样一个道理在，我的状态才慢慢好一些。

在这之前，我一直很可笑，我跟别人讲，别人可能都不相信——我一直认为自己是一个坏蛋，而且周围的人还不知道我一直潜藏在好人当中的一个坏蛋。我有交往很多年的好朋友，一二十年的好朋友，我一直很恐惧：万一她们有一天识破了我的真面目怎么办。早先父母对我比较粗暴啊，指责啊，挑剔啊，长大之后，不知不觉我也变成这个样子了，特别喜欢挑别人的错。哪怕我有一百个不对，但是我就是善于发现人家一万个不是。

古老师：你有没有发现，你越来越像你妈？（大家笑，鼓掌）

女学员F：特别像！

古老师：是呀，肯定是这样。（笑声持续）

女学员F：而且，有时候想法是非常极端的。我这么些年，极力地在调整自己，去改变自己，也会去看很多的书。可是在自己有了孩子之后，我总是感觉到，父母对待我的方式，经常会在我身上暴露出来，我再转来对待我的孩子。过后我就会很后悔，然后使劲地想改，使劲地掩饰，暗暗地想：我应该怎么做？蹲下来跟孩子讲话，称赞他，鼓励他，确实也有效。但是，一遇到问题突然一下子就又暴露出来了，好像阀门开了似的，根还在那里。接下来，我就特别暴躁，特别烦。我就对自己说：你怎么会这样？你从来就是这个样子！哎哟！从小听到大的一句话对我的影响真的是太大了。

古老师：是的，没错！所以说父母对待孩子的方式会传递的，爱会伤人就是这样，而且那个伤痛是会一代一代地传下去的，很可怕啊！所以做父母的要非常谨慎。我们要重新来学习如何对待孩子，原因就在这里。

女学员F：其实，自己的心灵能从地狱之中慢慢地走出来，是一个特别痛苦的过程。那个时候我非常想学心理咨询，我活过来了，我走出来了，还想去帮助和我有同样遭遇的人，就是这种感觉。

古老师：好啊！很真实的体验，谢谢你的分享。（大家鼓掌）我们现场有很多很真实的、活生生的例子，这比理论更有说服力。

我们中国人有句古话："人非圣贤，孰能无过；过而能改，善莫大焉。"圣贤这句话的意思并不是不允许犯错，而是说，我们不是圣贤，我们是普通人、平凡人，都会犯错。问题是知错就行了，我们在错误里要学到一些经验、一些教训，经一事长一智，这才是最重要的。

我们刚才讲的打骂、责备，再补充一下，用打骂、责备的方式，其结果就是让这个孩子觉得自己一无是处，容易自卑、自责、痛恨自己，甚至有负罪感。昨天讲过了，当我们小时候犯了错，父母会责备我们；等我们长大之后，父母已经不在我们身边了，不再指责我们了，这个时候我们内心还是会有一个声音，自己责备自己，而且责备得很严重。

浪子如何才能回头？

古老师：刚才讲到犯错之后重点不是责备自己，自责不是最重要的，自责有什么用呢？错误已经发生了，你再自责结果还是这个样子啊。自责以后是不是下次就不犯错了？不一定！这里涉及改过的条件，人在什么情况下会改过？

女学员 A：认识到错误。

女学员 B：心平气和。

女学员 C：接受。

女学员 D：得到原谅。

古老师：好！原谅。我们经常讲浪子回头。关于这个道理，我给大家讲一个真实的故事。

有一个家庭，很穷，孩子十几岁时，妈妈就生病去世了。此前为了给妈妈治病，家里欠了很多债，后来，爸爸为了还债，不得不出去打工挣钱。因为没办法照顾孩子，他把孩子托付给亲戚照顾。几年之后，这个爸爸赚了钱回来，把债还了，把孩子从亲戚那里领回来。可是不久他发现，孩子变了，变得会偷东西。这个爸爸很生气，就把孩子打了一顿，孩子仍继续偷，爸爸更气，继续打，结果孩子离家出走。爸爸把他抓回来后又打了一顿。最后没有办法，这个爸爸把刀子拿出来，对孩子说，如果你再偷，我就砍掉你的手。结果孩子冲出家门，再也没有回来。

做父亲的伤不伤心呢？很伤心！最后没有办法，他只好求助电视台。后来，电视台的一位记者在一家宾馆里找到了孩子。这孩子才十几岁，却像大人一样在宾馆里抽着烟，一副吊儿郎当满不在乎的样子，他已经变得很野了。为了帮助孩子，这名记者联络了一个心理训练营，把孩子送进去。刚开始孩子很高兴，为什么呢？因为可以离开父亲。后来他发现在里面训练很苦，就不想待了，可是里面的训练师不允许他出来。刚开始训练师也对他很照顾，让他担任组长，或者负责巡逻等工作，慢慢地他发现这个孩子还不错。训练营的训练快结束的时候，孩子的状态已经慢慢变好了。可是当训练营联络孩子的爸爸时，却找不到他爸爸了。他们担心他爸爸不要他了，就问直接辅导他的那个老师，万一孩子爸爸真的不要他，他愿不愿意照顾这个孩子，收他当干儿子，当自己的孩子那样照顾，那位老师考虑了一下答应了。可是结果这个孩子却跑掉了，还把这位老师的一千多元钱偷走了。

假如是你的话，怎么样？难过吧？生气吧？我们看看接下来发生了什么。这个老师赶紧发动其他人把孩子找回来。找回来之后，他让孩子画自画像，结果发现他画自己很好玩，没有眼珠子。从这里，这个心理学专家就看到，孩子偷跑出去并不是他自己的主意，是受别人的蛊惑。虽然他很向往外面的世界，但是最终是受到另外一个人的鼓动，才敢跑出去的。所以他画的自己没有眼睛，这都是有心理上的原因的。

好，说回那个辅导老师，他付出那么多爱，孩子还是跑掉了，并且偷走了他的钱。但是孩子回来之后，他没有骂孩子，而是跟孩子谈话，说"这件事情让我很伤心，让我很生气，我对你很失望"，只是表达这个心情；也没有打孩子。他是怎么做的呢？捏捏孩子的脸，只是轻轻地捏几下，说"你怎么对我这个样子，让我很伤心"，就是这样。孩子非常感动，知道自己错了，跪下来，跟这个老师说：对不起！这是很感人的一幕。

后来还是把孩子的爸爸找来了，因为孩子几乎已经调整回来了，算是比较正常了，可以交还给他爸爸了。本来这个孩子是很讨厌爸爸的，因为爸爸曾经那么打他。结果很有意思哦，父子再次相见时，两人抱头痛哭。孩子对爸爸过去打他完全不记恨，父亲当然是爱孩子的，现在依然很爱孩子，尽管过去经常打他，但打他的背后也是对他的爱，只是方式不对罢了。

这个故事向我们讲述了一个道理：要让一个人真正改变，其中很重要的一点是你能不能接纳他。只要你讨厌他的行为，你就没有办法改变他。你讨厌他，你就没有办法帮助他成长。

谈到接纳，对孩子，对身边的人，都是一样的哦！你有没有给孩子贴上一个坏孩子的标签，或者给身边的人贴上坏人的标签？那个标签一旦贴上，就等于表明我讨厌你，这样问题就出来了。要做到接纳不容易啊！注意！接纳是对过去的事情不再计较。我们经常看到一个人，就会想到他的过去，其实过去的已经过去，人时时刻刻都在转变，过去并不代表他的现在。所以要学会接纳，就要重新看待一个人。

我们刚才讲的那个故事，真是标准的"浪子回头"，这样的一个孩子已经完全改变了。他改变的原因、力量来自什么？来自人的爱，无条件的爱。所谓无条件的爱，就是不管你多坏，你都是我的孩子，你再怎么犯错，我都可以接受你，我都不会排斥你——这就是接纳。

环境对人格的影响

古老师：刚才谈到碰到孩子犯错，该如何处理。生活对孩子的影响是多方面的，但相对于其他方面，主要是环境的影响。我们来看看环境对孩子人格的影响，这是很大的问题。

我们知道，孩子受环境的影响，尤其在家里受大人的影响是很大的。理想的环境对孩子人格的影响是积极向善的：

——孩子在宽恕包容的环境中长大，就会学到彼此接纳；
——孩子在支持鼓励的环境中长大，就会学到充满自尊；
——孩子在称颂赞许的环境中长大，就会学到喜欢自己；
——孩子在鼓励参与的环境中长大，就会学到积极主动；
——孩子在安全无惧的环境中长大，就会学到互相信任；
——孩子在公平正义的环境中长大，就会学到平等待人；
——孩子在邻里相助的环境中长大，就会学到重视公德；
——孩子在温情友爱的环境中长大，就会认为世界和人生都充满着希望。

古老师：上面是比较好的、理想的环境。如果孩子能够在健康的环境中成长，孩子发展的结果都是我们所希望看到的。反之，不理想的环境对孩子人格的影响是很糟糕的：

——孩子在吹毛求疵的环境中长大，就会学会责怪责难别人；
——孩子在争斗不睦的环境中长大，就会学到恃强欺弱；
——孩子在谩骂斥责的环境中长大，就会学到退缩自卑；
——孩子在恐惧不安的环境中长大，就会学到畏首畏尾；
——孩子在价值观混乱的环境中长大，就会学到嘲讽美德，说的跟做的不一样。

古老师：一个环境、一个家庭对孩子的影响是非常大的，孩子成长的土壤是很重要的。那么，我们怎样创造一个理想的环境呢？我们前面谈到人性基本的需求，人性要的东西是什么？

女学员 L：赞美。

女学员 B：认可。

部分学员：尊重、宽容、理解、关爱、安全、接纳、公平、自由。

古老师：对，这是人性想要的部分。人性不要的是什么？

女学员 E：责骂、批评、冤枉。

小孩 A：（高声地）打骂！

古老师：对！还有呢？

部分学员：讥笑、比较、鄙视、冷落。

古老师：对，在人与人交往的过程当中，如果都能给出人性需要的部分，摒弃人性不需要的部分，人与人之间的关系就和谐了。

沟通最容易踩的"雷"

学会如何沟通

古老师：假如给别人人性不要的东西的话，沟通一定出问题，对方的情绪马上就出来了。我们谈到沟通，经常出现的问题是什么？我们最怕的是什么？如果你说"来，来，我要好好和你沟通一下"，那我们听到这句话，收到的信息是什么？

学员：教训。

古老师：对，你要来教训我，来批评我，甚至会想来改变我。所以，一般人很怕沟通。要记得，沟通不是改变别人，"你必须听我的"，那不叫沟通，那叫下命令！沟通不是下命令。好，我们来看看沟通常出现的问题：

——想去改变别人，"你必须听我的"。

——只有说，没有听。

——常以自己主观的想法，去猜测别人。

——比输赢，争对错。

——批评指责而不说事实。

——谩骂而不说感觉。

——不当面说，在背后说。

古老师：沟通中常见的毛病是：只有说，没有听。沟通应该是有听有说，有来有往，我听你说，你听我说。只有听没有说不叫沟通，只有说没有听也不叫沟通。另外，在沟通的过程中，我们经常以自己主观的想法去猜测别人，猜对还好，问题是经常猜错。（笑声）还有比输赢，争对错；批评指责而不说事实；谩骂而不说感觉；不直接说，在背后说；等等。还有：

　　——一切都是你的错。

　　——我都是为你好。

　　——委屈自己，讨好别人。

　　——应该主义（"你应该……"）。

　　——凡是主义（"你老是……你从来不……"）。

　　——悲观主义（"你今天很漂亮。""我以前不漂亮?"）

　　——说话伤人心，犹如利剑伤人。

　　——说话须谨慎小心，说出的话覆水难收。

　　——沟通若有问题，问题永远在自己。

古老师：在沟通出现问题时，我们经常碰到的惯性思维和说法是——"一切都是你的错"，"我都是为你好"；委屈自己，讨好别人；有些人是应该主义，"你应该……"；有些是凡是主义，"你老是……你从来不……"；有些人是悲观主义，你夸她今天很漂亮，她会想"我以前不漂亮?"还有人说话容易伤人心，等等。

所以说话须谨慎小心，说出的话犹如泼出去的水，收不回来。注意！沟通若有问题，问题永远在自己。

好，前面那句"我做的一切都是为你好"是做父母的经常说的话，他们甚至委屈自己，牺牲自己，来为子女好，这是很严重的事情。真正健康的父母、健康的亲子关系其实是"我不需要委屈自己来为你好，我有我的需求",委屈自己讨好孩子,那已经不对了。所以,要有自己的原则,比如,你很累了,回到家里,不想再陪孩子玩,就要和孩子说"我今天很累了,不想陪你玩",要忠于自己。你真的表达清楚了,孩子也会学会体谅你,学会理解爸爸妈妈。把你的困难、你的隐情告诉他,这样的互动,会形成非常好的亲子关系!不然就变成纵容,最后孩子心中只有他自己,没有办法体谅别人。

此外,"你应该要如何""你应该懂得什么""你应该做什么",这也是沟通中经常碰到的用语。这种句式别人听了会不舒服,把"你应该"改成"我希望","我希望你怎么样",听起来更容易让人接受。

还有我们经常听到"你老是这个样子"——"你老是迟到",其实对方只不过迟到三次而已。我们跟人交流,如果有批评指责,沟通就会出问题,我们经常以自己主观的想法,去猜测别人,且经常大错特错。胡乱猜测阻碍沟通,造成人际关系的疏离。另外,单一价值的沟通,也会出现问题。不肯道歉不肯宽恕,只能加深彼此的疏离感。所以,学会宽恕,学会道歉很重要。心态越健康的人,越容易跟别人道歉。

另外,沟通假如有问题,问题永远在自己身上。遇到事情就怪罪别人,认为别人有问题,这样自己是没有办法成长的,发现自己有问题的时候,则是你成长提升的开始。所以,发现自己有问题并不是坏事,不要怕自己有问题。

再有,不同的人对同一件事会有不同的看法、不同的反应,假如要求别人跟你一样的话,那沟通就会出现问题。要知道人与人之间是有区别的,不要要求别人的看法一定跟你一样,要允许有不同的意见、不同的看法。

沟通的障碍

古老师:我们来看看沟通有哪些障碍:

——比输赢、争对错是沟通的最大障碍。

——每一个人对同一件事，会有不同的看法、不同的反应，若要求别人必须与你相同，即产生障碍。

——怪罪别人，认为别人有问题，自己则无法成长，也会形成沟通的障碍。

——情绪是沟通的障碍。沟通有问题，即产生情绪，有情绪的时候无法好好沟通。

——有批评、指责，沟通即出问题。

——以自己主观的想法去猜测别人，经常大错特错。胡乱猜测阻碍沟通，造成人际关系的疏离。

——单一价值观是沟通的障碍。

——不肯道歉及不肯宽恕只会加大彼此的疏离。

古老师：好，我们先来看看第一个障碍：比输赢，争对错。这是人们沟通的最大障碍，公说公有理，婆说婆有理，比比看谁更有道理，说理说不完还要找第三者来评评理。

我们来回忆一下，我们父母在吵架的时候，他们在做什么事情？他们其实拼命在讲理对不对？极力说服对方，然后说"我没错"，人都不愿意认输，你越否定我，我越要坚持己见。因为人都不喜欢被改变，人都不喜欢被说服。极力想要说服别人，沟通当然出现障碍。因为沟通的目的并不是要去改变别人、说服别人，而是"我想要更进一步了解你，让我们的关系拉近一点，更和谐一点"，是更了解对方，使双方关系更好。想要去改变别人，永远是一条走不通的死胡同。记住，上完课回去，不要再试图去改变你的家人。只要你有所改变，你的家人自然会改变。

在沟通的过程中，我们还经常会用自己主观的想法去猜测别人，是吧？好，人在什么情况之下会开始猜测？当一个人没有安全感的时候就会去猜测别人。猜测的目的是什么？防卫。越猜测，越说理，吵架会吵得越凶，距离越远，矛盾越深。

前面我们讲过，人有理性的部分和感性的部分，假如说我们一直偏重理性，遇事只讲理的话，人与人的距离是疏远的哦！我们再来看看当年谈恋爱的时候我们是讲理还是讲情？讲情。谈恋爱的时候不会讲道理，而是讲感觉，结婚后就开始讲理了。谈恋爱的时候讲感觉，恋人之间的距离就容易拉近；讲理的话，距离就远了。

前面也讲了批评指责的后果。当你非得跟别人说清楚一件事情的时候，记得要说事实；你即使要批评对方，也要说事实，只有事实才能够让人信服。你要处理人家犯错的问题，要以事实为根据，让事实说话最有力量。你只要说事实，甚至不需要批评指责，他自己就会觉得不好意思。

讲到这里，当爸爸的也好，当主管的也好，按过去的经验都是在当判官。过去我们上学时和同学有纠纷，习惯找老师告状，老师就会主持公道当判官，分析说谁对谁错。注意！在一般情况下，两个人都会觉得自己是对的，很少有人觉得自己是错的哦！讲起理来都认为自己很有理，人是很难承认错误的。你当判官，被你判对的那个人，他本来就觉得自己对，不会感激你；被你判成错的那个人呢，他也觉得自己对，还认为你冤枉他了，看看当判官多倒霉，你两边都不讨好！我的经验是，不能当判官。

那要解决纠纷怎么办？好办。把两个人叫到面前来，让他们自己说，到底是怎么回事，你不要说。在他们陈述的过程中，你要注意认真听，甲方说完之后，你要问乙方，甲方说的是不是事实，说的对还是不对。对的话就让甲方继续说，不对的话，一定要让乙方把话说清楚。把事实先弄清楚，这是第一步。把事情的原委弄清楚后，第二步，要回到感觉，回到人性的层面上来。可以对受伤害的一方这样说：这个事情让你觉得很没面子是不是？他这样当众说你，是不是让你很没面子？你是不是受到了伤害？大家想想，告状的一方，他为什么会生气，因为他内心受到了伤害，他没有把受伤的那部分说出来。所以，当你帮他梳理出生气的原因，他会说：嗯，是的。好，然后再问另外一个人：你有没有发现你说的这句话让他很没面子？你有没有觉得你的话伤害了他？记得用问的方式，不要用判断的方式。根据我过去的经验，一般人都会承认他的言行真的伤害到对方了，伤害对方的自尊心了。大家觉得是不是这样？

男学员 A：是这样，这时候不牵扯谁对谁错的问题。

古老师：要讲感觉，讲感觉是没有对错的，现在发现自己伤害了对方，一般人会怎么样？有些人是沉默，有些人会主动说：哎哟！真的不好意思。

男学员 A：其实，说话伤害人的人，他可能也是无意的。你一上来就说他错了，他也不能接受。

古老师：对，不能说他错，只能陈述事实：你说的话让他自尊心受到伤害了。只说事实，不论对错，让他认识到自己对对方的伤害。

女学员 B：老师，你说的是不是让他们双方都回看自己？

古老师：我们的目的是把事实呈现出来，一切回归事实就都好处理。很多事情最怕的是加上了我们的主观想法，把事情本身扭曲了。处理事情要先还原事实：你说过这些话是不是事实？这些话刺伤他了是不是事实？让双方彼此都感受到这个事实。只要让真实的情况呈现出来，后边的事情就好办了。

女学员 B：让他们看到自己的错，是不是这个意思？

古老师：要先把对错的观念拿掉，我们作为第三者，不要有对错的观念，要把对错放一边，只看事实。只是告诉你一个事实，比如你说的话伤害到别人了，这是一个事实！懂我的意思吧？让他认清楚他说的这句话伤害到对方了，这时候，假如你是他，你的内心有何感受？

女学员B：那我就认识到这话我说错了。

古老师：对，你会觉得很不好意思。

女学员B：就是说帮我看到我不对的地方。

古老师：你要说错也可以。

女学员B：我说的不是把这件事情看成是对的还是错的，我的意思是让当事人看到这个错，他才会放下，才会去跟对方承认、道歉，是不是这个意思？

古老师：你非要说对错也行，重点在陈述事实。

女学员B：我不是说这个事情的对错，不是当"判官"这个人给当事人下的定义是对还是错，我是说让当事人自己愿意去看到他的错。

古老师：是的，假如你们两个在争吵，在我这个第三者看来，我是不知道谁对谁错的。

女学员B：是，你也不会去评判我是对的，他是错的。

古老师：对。

女学员B：就是说你用这样的方式让他们去看清自己。

古老师：看到自己的问题。

女学员B：让他们看清自己，发现自己有错，才可以去接纳别人的意见。

古老师：对，让他自己看到自己的问题，看到事实，看到自己的行为造成了什么样的结果。

所以，我们陷入比输赢、争对错的情境之后，谩骂甚至指责别人，而不说自己的感觉，这也是我们沟通中经常出现的问题。怎样才是说感觉呢？"你这样说话让我不舒服，非常生气"，这是在说感觉。那么什么是谩骂或指责呢？"你看都是你……，都是你弄的……"。

沟通经常出现的问题——"这一切都是你的错"。心态不健康的人、自卑感重的人，或者经常以受害者自居的人，遇到事情就会产生"这一切都是你的错"的心理。对一个内心比较弱的人、心态不太健康的人来说，承认错误是很难的，经常被批评指责的人是不容易承认错误的。假如你认定"一切都是你的错"的话，那沟通必然会出现危机。

还有很重要的一点，"还好问题在我身上"。根据过去的经验，我们做过心理咨询，或者在上过这个课程后，到头来都会发现，原来问题都在自己身上。当这个想法出现的时候，恭喜你！因为生活、工作中我们会有很多的烦恼、困扰，很多的问题，假如问题不在我身上，而在别人身上，问题很难办。发现问题在自己身上，我们要感到很庆幸，我只要自己做一些调整、改变，问题就可以迎刃而解。

人活着永远都会有问题，最大的问题是认为我没有问题，都是你们有问题。注意哦！在一个精神病人眼里，他自己是没有问题的，精神病人若认为自己有病，就可以出院了，这就是精神病的特征。认为我有问题，我不健康，这个人已经是某种程度的健康了。我经常感叹，那些我们很希望他来听课的人，他们就是不来听课，因为他们认为自己没有问题。我们作为旁观者看出他问题非常大，他自己却不知道，让人很着急，可是事实就是这样，让人很无奈。今天各位会来上课，表示各位是比较健康的。

越是被允许犯错，越是被赞赏的人，越是自信心强的人，他越容易承认错误。因此，可以承认自己有错，那才是比较健康的人。我是不完美的人，敢于承认我自己的不完美，才算是"完美"的人。（众笑）

还有情绪的问题。情绪是沟通的一大障碍，人有情绪的时候，不能够进行有效的沟通；沟通遇到问题就会出现情绪，二者是相生相克的。所以知道自己情绪不好的时候要格外小心，让自己冷静下来再去处理事情。

此外，单一的价值观也是沟通的障碍。人们在交流沟通中，经常会把人划分为好人和坏人，也就是有个道德标准在，注意哦！我们常常喜欢跟人讲道德。假如你道德标准太高，对人太严厉的话，你的心胸会变狭窄，宽容度就不够了，你这一块土壤就变得很紧了。所以很难哦！没有道德不行，道德标准太高也不行。

学会如何说

——说出客观的具体事实,"我看到你……"。

——说出内心真实的感受,如"我很喜欢你,我很欣赏你"。

——说出意图和需求,说"我希望你……",而不说"你应该……"。

——说"你这次……"而不说"你总是……"。

——说"你今天……"而不说"你从来……"。

古老师: 好!我们来讲沟通的技巧。沟通要学会如何说,如何表达。第一,要说出具体的事实,让事实来说话;第二,说真实的感觉,而不是道理,你要分辨出感觉和道理的不同;第三,说出内心的意图,说"我希望……",而不是说"你应该……"。要记住这三个原则。

首先,遇到问题要说出客观的具体事实,"我看到你如何"。比方说,我们下班回到家里,看到孩子把玩具弄得乱七八糟的。你上了一天班已经很累了,看到这个情况生不生气?一定生气。过去一般怎么处理?对孩子怎么说?

女学员 C: 马上指责,骂他:看你!怎么把房间弄得乱七八糟的?怎么又忘记收了?

古老师: 命令他赶快把玩具收好,说以后再不收的话,不给你买玩具了!这次你不收好的话,下次不陪你玩了!责骂、威胁、利诱都出来了!这是过去的处理方式。好,接下来换新的模式。回到家里看到玩具没有收,撒了一地,第一向孩子描述这个事实,第二说感觉,请问这个时候你的感觉是什么?

学员: 会生气,不舒服。

女学员 C: 我看到地上很乱,让我很烦。

古老师： 好，注意哦！"宝宝，你把玩具撒了一地，看到这个样子，我觉得很烦，心里很不舒服。" 有没有在骂人？没有哦！你可以告诉孩子自己生气的原因："宝宝，你知不知道妈妈为什么那么生气？因为妈妈在外面工作已经很累了，回到家还要替你收拾玩具，妈妈不喜欢做这样的事情，这样让妈妈很生气！我希望你玩完之后能把玩具收好。" 假如你是孩子，听到妈妈这么说，你的感觉是什么？

学员： 受到尊重，感到惭愧。

女学员 C： 会马上收拾的。

古老师： 对！你描述完事实后，特别是你说 "妈妈在外面工作已经很累了。还要收拾你的玩具，我心里会很不舒服"，把你内心真实的感觉表达清楚了，他会感觉愧疚，会懂得去体谅别人。所以，耐心跟孩子说事实、说内心真实的感受，不要用情绪控制孩子，更不要威胁孩子，那些不能根本解决问题，对孩子的心理健康也不利。

说出内心真实的感觉，并说出内心的希望，"我希望你玩完玩具以后，能把玩具收回去"，这是希望和意图。

再如，你先生夜里很晚还没回来，也没有打电话来，对于这个事实，你可以说 "我很生气、很担心"，这是内心感受；然后说出你的希望："我希望你那么晚回家至少打个电话告诉我，不要让我担心。"

把 "你应该……" 改成 "我希望……"。在生活中，我们经常把 "我希望" 变成了 "你应该"，其实那个 "应该" 的真实含义，是我们的希望。比如，"我希望你回家把功课做完再出去玩"，就不要说成，"你应该回家先把功课做完再出去玩"，这两句话听起来是完全不一样的。好，这是谈学会如何说，很简单吧？我再问问大家，遇到事情我们第一说什么？

学员： 说事实。

古老师： 第二说什么？

学员： 说感受。

古老师：第三说什么？

众学员：说希望和意图。

古老师：很简单吧！把握这三个要点就好了，不要搞得那么复杂！

男学员L：假如他不在乎，那要怎么办？

古老师：他不在乎，再说一次！"我刚才跟你说要把玩具收起来，说了一遍你还没有收"，这是不是事实？这个时候做父母的气不气？要说事实："你这个事情让我非常生气！"就是这样表达！要相信人性，孩子肯定会被触动的，你试试就知道了。

男学员L：这种方法我非常认同。但是我有一些疑惑，也涉及前面讲到的打孩子的问题。孩子做错了事，你让孩子认识到他的错误，他也可能纠正自己的错误。犯了错他没有受到惩罚，他肯定会很感激家长，这样和父母的关系会非常好。但另一方面，在他上学甚至工作了之后，他可能会因为同样的错误，或者更小的错误而受到老师或领导的惩罚，那么，他会不会对外人产生愤恨？特别是在他上幼儿园或小学的时候。

古老师：你的意思是说，犯了同样的错误在家里得到宽容，而出去却受到惩罚，他会产生比较的心理，认为外面的人是坏人，对不对？

男学员L：对！特别是老师和领导。

古老师：问题没有那么严重。当一个人受到惩罚的时候，他内心是受到挫折的状态。注意哦！他在外面受到挫折了，假如你跟他的亲子关系很好的话，这个情况，他会不会跟你倾诉？

学员：会！

古老师：对！这种情况他会跟你说的，这是有前提的哦，你和他的关系一定要好，碰到情况他才会跟你说。好，重点就来了。他在外面受到伤害，见到父母就会倾诉，这时候他需要的是什么？他要的是安慰。那么，如何回应呢？第一还是说感觉，共情："你被老师处罚，心里一定很难过吧？你被老师打得很痛吧？"你这样说的话，他感觉怎么样？有没有被理解，有没有一种贴心的感觉？

学员：有。

古老师：这是重点，要帮他把内心的感觉说出来。

男学员 G：委屈，他会哭。

古老师：对，孩子委屈的话，这个时候会哭出来的。所以，这时候把他内心的状况很简单地替他说出来就可以了，他需要安慰、关怀，接下来问"到底是怎么回事"。他会不会说？

学员：会的。

古老师：对，他一定会说。记住，这个时候听才是最重要的；听完之后，假如他有委屈的话，你应当这样安慰他："那你一定很委屈，你一定被冤枉了。"孩子就会把你当作知己，他的情绪就宣泄出来了。如果说老师给的惩罚是有道理的，你也要看情况作出反应，把事实说出来就可以了。

再一次回应他内心的需求，在这个过程中，记住不批评、不指责，假如你再一次批评他的话，那就是又一次的伤害；也不能给意见，因为他要的是安慰，你不需要给他方法，只要表示你理解他、关怀他、爱他就够了。假如他真有错，你可以跟他讨论，听听他的看法。大人一定要很清楚，当一个人在外边受了伤害回到家，他要的是什么？安慰，其他事情都不重要。只要满足他这个心理，他理性的东西必然会出来，放心好了。

女学员 D：古老师，遇到事情，需要沟通的时候，要说事实，说感觉，我觉得这个原则除了家庭关系、亲子关系之外，也适用于各种社会关系。

古老师：没错，只要是人就行。

女学员 D：甚至前面讲到的社会上那种不良分子都可以以这个原则为基础与之沟通，我是有切身体会的。那是半年前的一个下午，我去外地一个中学办事，在返程的车上，半路上来几个小偷，就坐在我附近。我旁边有个女士在那儿打瞌睡，那几个小偷中的一个男子就把这个女士的钱包偷到了，我看到以后就把那个女士碰醒了。她清醒之后，我又示意了她一下，她就开始到处找钱包，我说："你的钱包被偷了。"这时我旁边这个偷东西的男子和五六个同伙就把我包围了，他们用杀人一样的眼神看着我。

古老师：哦，是吗？（关注、担心）

女学员 D：我就想，这个时候我讲道理没用。我大致是这样跟他们说的：我是从外地来这里办事的，今天逛街的时候我也被偷了，我的包不见了，现在我身上只有二十多块钱，所以我感觉特别不好。当时，被偷的女士蛮开心地看着我，我就接着说：所以，我就不希望别人再遇到我这样的事情。

古老师：他们没把你怎么样吧？

女学员 D：然后偷钱包那个男子很生气地说：谁把你给偷了！（师生都笑）言外之意是：这是我们的地盘，还有谁敢在这里把你给偷了。我说：我怎么知道啊，搞得我现在只剩二十多块钱回去，我心里别提多沮丧了！所以，我不希望这样的事情再发生在别人身上。他听了默不作声，然后就叫司机停车，几个人全下去了。（大家鼓掌）

古老师：好，我们来看这位女士经历的这一段，有没有在说道理？

部分学员：没有。

古老师：说什么？

学员：说事实，说感受。

古老师：对！整个过程，从她开口说话起，就是在讲事实，讲感受，说希望，这个过程很有意思吧？假如这个时候她讲道理，有用吗？

学员：没用。

古老师：肯定会让小偷恼羞成怒。所以大家要注意，讲道理不一定能解决问题。

男学员 K：古老师我想补充两句。刚才这位女士，她当时能做到冷静沉着、没有恐惧，什么后果都忘了，她的状态把窃贼给吓住了。

古老师：对，对。

男学员 K：她相当有定力是吧？（大家笑）我想有这个前提，其他的就都打开了。

古老师：没错。她能具备这个的前提，是跟她的成长背景有关系的。她说过她是在父母亲经常肯定、赞扬的很正面的环境下长大的，她的个性是很自信的，关键在这个地方。所以在这种情况下，她才不会恐惧。如果是在权威之下长大的孩子，碰到这种状况，他会不会恐惧？习惯性地就恐惧了。如果家庭环境从小给孩子的都是鼓励、赞美，他长大碰到困难，就自信满满的，不会害怕，这就是好的家庭关系、亲子关系结的果。

学会倾听

古老师：我们前面在讲了解的时候，谈到过听的重要性，现在来谈谈倾听的技巧。听是一门学问，学会听可不容易！虽然我们每时每刻好像都在听，但其实真正听的时间极少，一般人是喜欢说而不喜欢听的。听也是很大的修养哦！那么，怎么叫作"听"呢？有以下三方面要求：

——姿势：坐45度角，身体前倾，目光注视对方，专心，不做其他事。

——心态：真诚想去了解他，关怀他，尊重他。此时此刻你的时间、你的心神，全都是属于他的，世上没有什么人比他重要。

——效果：增进感情，他情绪得以抚平，感觉自己受到重视，他也肯听你说，增加他的自信，引出他真正的想法，帮助他澄清问题，解决问题。

古老师：首先是姿势，这个很重要，你跷着二郎腿，一副无所谓的样子，谁看了都不舒服。所以，你要身体前倾，目光要注视对方，要专心，不做其他事。

其次是心态，要真诚地想去了解他，关怀他、尊重他。此时此刻，坐在你面前的人是最重要的，你不仅要听，而且要专心地听，稍一分神，他讲什么话你就听不到了。听进去后还要懂得他的意思，我们往往听了之后还会误解他的意思。做到专心听不容易；要真听懂，听出他这句话深藏的意思、真实的意思，也不容易，这都是学问啊！听懂对方每一句话背后的意思，你才能深入了解人的心理。因此，不要认为听很容易。

那么，专心听会产生哪些效果呢？能使对方情绪得以抚平，能增进彼此感情，让对方感觉受到重视，他也肯听你说，还会增加他的自信，引出他真正的想法，进而帮助他澄清问题，解决问题。

以前在上海友邦工作的时候，我的秘书觉得很奇怪：为什么一些人气冲冲地去你办公室，谈过之后都很高兴地出来了？第一，任何人进到我办公室，不管职位高低，我首先要给他倒上一杯水。虽然表面上看这是一个小事情，但给人的感觉是什么？

学员：关心、接纳、重视。

古老师：对，受到重视。虽然是很小的一件事情，但他感觉很舒服。然后，我会再吩咐秘书，这个时候电话不要接进来。而且我自己这个时候一定是把手头的事情放一边，即使是重要的事也一样。如果你边处理公事或边看公文边和他谈话，他的感觉是很不舒服的。还有自己坐的姿势也要很注意。

我刚做经理的时候，由于年轻没有经验，我坐在经理的大班台跟手下人谈话，那个椅子是高靠背的，我就这样坐着（做着动作），往后那么一靠，跷着二郎腿说：你说吧！（众笑）我手下的一个经理对我的动作很敏感，后来他给我反映："你这样和我讲话，我心里很不舒服。"我就接受他的建议改进了，知道这样子不行。所以说，连坐的姿势都会影响对方的感觉，姿势不对，会让人家觉得不舒服，感觉你不重视他。还有，平常在家里，我们经常会碰到这样的事，先生回到家里，跟太太说很累了，然后拿起报纸看。这时候，太太就跟你讲孩子怎样怎样，还有这事那事的。你看着报纸，头都不抬，只是"嗯，嗯，你说吧！"大家想想，做太太的心里舒不舒服？

学员：不舒服。

女学员F：不想说啦！

古老师：这些都会影响沟通！为什么？因为会让对方感觉自己不受尊重。所以不只是言语，你的眼神，你的表情，你的一举一动都在显示对人是否尊重，是否赞赏，是否接纳。其实，小孩子都不用你说，看你的眼神就会知道你讨厌他还是喜欢他，你心情好还是坏，小孩子的敏感度比大人的高多了。是不是这样？

小孩A和B：（高声地）是！

古老师：呵呵！所以，喜怒哀乐和内心的东西都会通过脸上的表情反映出来，一举一动都在沟通。注意！你不认真听，表示你不重视对方，尤其是小孩子说话的时候，大人经常没有耐心听，甚至听都不愿意听，小孩子很敏感的，这对孩子都是伤害哦！注意！你不愿意听，对孩子，对任何人都是一种伤害。

把听和说深入下去的方法

古老师：那么如何深入地听呢？学会"问"很重要。要想真正了解这个人，就要学会真正听，更需要懂得如何问。不会问的话就没办法好好地听，所以"听"跟"问"是连在一起的。以下是问的方式、方法：

——开放式的问话：What·Why·How

——中间式的问话：然后呢？还有呢？你的意思是……

——静默式的问话：静默注视，等待回答

——渐近式的问话：客观→主观→意义→启示

古老师：好，我们先来谈谈开放式的问话。什么是开放式的问话呢？——"你说的是什么意思？"（What），"为什么呢？"（Why），"是怎么做到的呢？"（How），你这么一问，他可以说很多。注意不要像法官问原告、被告那样只问是还是不是，那是封闭式的问话、限定式的问话，甚至不能预先设计，设计会影响对方。

男学员 A：诱导你，让你不知不觉卷进去，回不来了。

古老师：对！那是封闭式的问话。开放式的问话是你可以想很多：为什么？原因是什么？诸如此类。居于开放式和封闭式之间的是中间式的问话，中间式就是在听的过程当中插入"还有呢""然后呢"。假如一个人听你讲话，间或问你："然后呢？""还有呢？"你的感觉怎么样？很舒服的，表示他在认真地听。类似的还有"你的意思是？""后来怎么样？""是不是这个样子……"，听到这些，会让人有被重视的感觉。

最后，什么是静默式的问话呢？虽然你不讲话，眼里有一种期待继续听下去的神情。眼睛也会说话，透过你的眼神告诉他：我还想继续听。所以，问问题不光是靠语言，要学会用各种方式提问，这很重要。

要有回应和如何回应

古老师：下面我们来谈谈沟通中很重要的一点——回应。你讲了大半天，对方听了之后没有下文，也不搭腔，你会不会很生气？

学员：肯定会的。

古老师：对，会发火的！所以回应很重要。前面谈到情绪和生气的问题，他跟你生气，你不跟他生气，他会更生气。为什么？

学员：没有回应。

古老师：对，下面就谈到如何回应的问题了。

——说出他的感觉、想法、状况。

——说出自己的感觉、想法。看到什么，了解到什么。

——只说事实，不加批评，不劝告。

古老师：假设对方正为一件事生气。首先，你说出他的感觉，为什么感到生气。知道原因你就说出来。不知道的话，你可以问他："你可不可以告诉我，你为什么生气？我到底什么地方得罪你了？"探索事实真相。但是要注意！千万不能带有批评、埋怨的语气。如果你用埋怨的口气说："你怎么那么生气呢？"那就完了，沟通就终止了。先回应你看到的东西，看到他因为什么事情感到生气或难过，说出所见和所闻。

其次，"看到你这样生气，这样难过，我很想帮你，但是我不知道如何帮你，你这样我也觉得很难过"。说出你了解的是什么，你看到些什么。记往！只说事实，不加批评和劝告。不要说"你应该怎么做"，不要随便给意见，我们前面讲过，你给意见他不见得会听的，有时候还会增加他的负担。因为你给意见或劝告，他会觉得自己很不好，会更加难过；就算用鼓励的方式说，"你看张三碰到事情一点都不难过"，你以为这是鼓励他，其实他下意识会觉得他不如别人。所以在回应的过程中，你只要说出你看到的事实，说出内心真实的感觉就好，切记不给意见，不批评，不劝告。

爱是成长最重要的力量

让孩子自然成长

古老师：我们课程一开始谈到植物是如何生长的时候，讲到要想植物生长得好，需要给它宽松的土壤。土壤太紧的话，植物是没有办法生长的。另外还要有阳光、空气、水分、肥料，给足这些东西的话，植物会自己生长。孩子的成长也是这样，只要你提供宽松的环境、足够的关爱，以及尊重、了解、信任、赞赏、接纳，他会自然成长，并不需要你花那么多时间人为干涉，更不需要你包办。很多家长都忽略了孩子成长的自然性，认为必须像养盆景那样修剪或压条子，人为地整理出一定的造型，才叫教育。很多家长就是像养盆景一样来修整孩子的。好，我们来看看，成长都涉及哪些方面的内容。

——犯错是成长的垫脚石。

——小孩会不断地成长，大人反而不成长。人有复原能力，包括生理及心理。

——想要改变才是你一切美景的第一步。

——没有批判，没有预设的理想与目标（对别人），只有爱的陪伴和探索。

——讲实话，说出事实的真相，发现事实，具有成长性。

——自觉，让生命不断地成长。

——没有反思，就没有成长。

——如果我要帮助别人成长，我自己也必须成长。

——没有接纳，就不能成长。你不能接纳哪一部分，哪一部分就不能成长。

——评价自己或评价他人（自赞毁他或自贬捧他），对成长毫无帮助。你没有权力说他好或不好，好坏的价值由他自己决定。

——视他为正在成长的过程中，而非已成型，确认他还有许多成长的空间。

——我促成他人如何成长，也是我个人的成长。

——假如我对协助他人成长有兴趣，我自己也会成长，且更能发挥自己的潜力，延伸自己的能力。

——我们因相同而有所相连，因相异而有所成长。

——成长是相互的、互动的，相互改变，相互调整。

古老师：我们知道，成长通常是对于有生命的生物而言，包括动物和植物。当然人是其中最有灵性的生命，其生命的成长变化又是很微妙的。我们来看看成长的第二部分内容：

——生命不断变化，永远是过程，不是结果，永远向前，不断有成长的空间。

——成熟是能站在别人的立场，为别人着想。

——成长的条件（环境）：真诚地关怀、接纳、了解。

——除非你尝试错误，否则不会成长。

——成长的过程，需要宽容以及进一步抚慰。

——自觉是成长的开始。

——成长的过程是痛苦的，痛苦的时候就是成长的时候。

——成长是不断地把生命的幻象打破，去面对生命的真实。

——听与接受是生命成长的基本要素。

——爱是促使生命成长最重要的力量。

古老师：我们的课程到这里进行得差不多了。成长既包括我们已学过的内容，同时又是一种观念。把我们所学到的综合起来，这样你就有了一个成长的理念。

女学员 X：古老师，我的孩子一岁多，刚学会走路，经常跌倒。有人说孩子跌倒了应该扶起来，有人说让孩子自己爬起来，我不知道该怎么办，怎么才有益于他的成长？

古老师：谈到跌倒，不知你们发现没有，一般情况下，小孩子走路摔一跤，他是不会哭的哦！大家可以好好观察一下，他会爬起来，继续跑，他不当一回事的。但是他为什么有时候会哭呢？他一跌倒，大人就惊慌失措：哎呀！你怎么样了？你哪里摔痛了没有？小孩子本来是没事的，看大人这么当回事，就"哇"的一声哭出来了！还有，在幼儿园里，小孩子跌倒了本来不在意的，就是碰破皮受了点伤都没事的，但是家长来接的时候，他就"哇"的一声哭出来了。(众笑)

还有些更绝的父母，只要看到小孩子跌倒，就会跟他说："勇敢！没事！别哭！"小孩子本来是可以不哭的，可是他故意要哭一下，等大人说"你不要哭，要勇敢"他就不哭了，接着，大人会说"哇！你好勇敢"。他为什么要故意哭？他要得到肯定、赞美。

女学员 Y：我看到资料说，孩子跌倒以后，不同的国度，不同的人，采取了不同的做法。

男学员 A：有所谓的三种做法：第一种，扶起来，这是中国父母的普遍做法；第二种，自己站起来，这被公认是西方国家培养孩子独立性的典型做法。(停顿片刻)

女学员 Y：那第三种呢？

男学员 A：第三种就是别急着让孩子站起来。第一种做法容易使得孩子变得脆弱、独立性差、过分依赖父母。

女学员 Y：我就见过孩子绊倒了，妈妈朝着地出气，"这地真坏，看妈妈怎么打它"，（笑声）以此来安抚孩子。

男学员 A：第二种做法我在欧洲生活那段时间经常碰到，在公园或超市玩，小孩摔倒了，父母都不去扶起他，让他自己爬起来，不娇惯他，能培养他的独立性。第三种做法是当孩子跌倒的时候，先别急着让孩子站起来，不妨让孩子看看是什么绊住了自己，只有找到摔倒的原因，才能不重蹈覆辙，避免更大的伤害。这样孩子将来遇到失败、挫折时，不容易被吓倒。

古老师：（向女学员 X）你知道该怎么办了吧？

女学员 X：嗯，知道了，谢谢！

父母的担心

女学员 G：古老师，我的问题涉及我们夫妻两个在小孩同一个行为上两种完全不同的态度。我们都在听课，也一直在找原因，不知道是我理解得不透，还是他理解得不透，还是我们两个都有问题。是这样的，我孩子一直以来排斥洗脸，他可以接受洗嘴巴，就是排斥洗他眼睛的部位，每次擦完脸都把毛巾扔在地上。

古老师：你的孩子几岁？

女学员 G：两岁半。我给他擦脸的时候，他就扯毛巾，扯过来就扔地板上。以前我跟他爸的态度是一致的，当然是告诉孩子不能扔。我现在仍然坚持这点，因为我担心他今天扔毛巾，明天摔杯子，后天把电视给我推了。（众笑）我就跟孩子说："不能扔，毛巾是为你服务的，你扔在地上会把它弄脏的。"现在我这样讲的时候，他爸爸就说："高兴就扔，没关系，扔！我儿子高兴怎么样就怎么样！"（众笑）可是这样怎么行啊？我说："你课是白听了！"他说："你昨天没有听到吗？古老师说了，孩子高兴怎么样就怎么样，不要管。"（众学员爆笑）他说小孩子扔毛巾是他的自由，就是说他可以决定自己的行为，我现在如果不让他扔的话，等于我剥夺了他扔东西的自主权。我觉得这种爱就是纵容——你今天扔毛巾，你高兴你扔吧！明天你要把锅掀了，你高兴那你掀吧！后天觉得把房子点着了你更高兴，那你点吧！我们两个人现在产生分歧了。其实我觉得我坚持的也是您的理论，但他觉得他坚持的也是您的理论。

古老师：哈哈！公说公有理，婆说婆有理。

女学员 G：但是我觉得我是对的，因为应该掌握个度，但是我不知道应该怎样来掌握这个度，让它维持我们之间的平衡，小朋友也能愉快地不再扔毛巾。

古老师：大家听了有没有什么想法？

女学员 H：古老师说，可以生气，但是不能骂人，扔东西是比骂人有过之而无不及了，这个肯定是不行的，因为你爽快，你让别人不爽快，那是不好的。你可以试着把他的玩具扔一下，他最喜欢的玩具，然后问他：你扔毛巾的话，那毛巾疼不疼？你要不要像对待你的玩具那样爱惜它？每个东西是不是都要去珍惜？看看有没有用。不愿意洗脸，看看是不是毛巾不舒服？

古老师：不是这个原因，不是毛巾的问题。

女学员 H：我不觉得扔毛巾是个坏事，我觉得他不让你洗眼睛应该是有原因的，可能是什么东西让他太难受了，如果你找到他扔东西的真正原因，就不会有矛盾了。

古老师：好的，（向女学员 G）你同意吗？

女学员 G：可是我不能不给他洗脸，不洗脸怎么行啊？

女学员 H：不是不洗脸，你在洗的时候问他，你为什么不愿意让我洗眼睛？

女学员 G：他自己说水滴到眼睛里不舒服。

古老师：等一下，他会说水滴到眼睛里不舒服，他这个感觉真实不真实？

女学员 G：洗脸的时候，水滴眼睛里当然是不舒服了，但很多事情……

古老师：等一下，我们这个课程，第一强调的，是不是要重视感觉？小孩的感觉重不重要？

学员：重要。

古老师：大人要不要听？要不要当一回事？他已经说了水滴到眼睛里不舒服，对不对？

女学员 G：对。

古老师：真实不真实？在他的世界里重要不重要？

学员：重要。

古老师：那现在父母亲有没有重视这个问题？

学员：没有。

古老师：注意哦！孩子已经说了，水滴眼睛里不舒服。父母有没有重视这个问题？小孩子的声音父母有没有听到？没有重视，没有听进去。这个时候孩子会不会生气？

女学员 A：会。

古老师：必然生气嘛，表达生气的一个行为就是摔东西：这个毛巾让我很难受！他又不能打父母，（众笑）这时候他发泄的方式是什么呀？摔毛巾。

女学员 G：表示他的不满。

古老师：对。

女学员 G：那以后也不能用水洗了，只能用湿毛巾来擦。

古老师：你要不要重视他的感觉？

女学员 G：要啊！

古老师：孩子告诉你，水滴进眼睛不舒服，这时候这句话假如父母听进去了，"哎哟！水弄你眼睛里一定很痛哦，那妈妈把毛巾拧一下来擦好不好？"跟他沟通，"宝宝这样吧，妈妈把水拧干，让水不要滴进眼睛里，这样给你洗，好不好？"你试试看，他一定会说好的！清楚吧？

女学员 G：清楚了，谢谢！

女学员 A：古老师，前两天我儿子回来说，他们班有一个漂亮的小女生……

古老师：你孩子几岁？

女学员 A：四岁半。他说他们班有一个很漂亮的小女生亲他，（众笑）第二天他要戴很帅的帽子去上幼儿园，我们应该怎么回答他？

男学员 A：早恋。（众笑）

古老师：（向女学员 A）你现在是担心，对吧？

女学员 A：倒不是担心，就是不知道要怎么回答他，这种情况要怎么引导他？他还觉得很高兴。（众笑）

古老师：等一下，我要问你，你为什么跟我提这个问题？

女学员 A：我不知道该怎么回答他。

古老师：他问你什么问题？

女学员 A：没有啊，他就说这事。

古老师：他没有跟你提问题吗？

女学员 A：没有。

古老师：那你为什么要跟我提问题？（众笑）你就是有担心嘛！

女学员 A：因为我有回应他。

古老师：你是怎么跟他说的？

女学员 A：我跟他说，不要亲……（众笑）

古老师：（大笑）哈哈哈！你担心什么？你担心你儿子爱上那个女生，担心他早恋，是不是？不然为什么叫他不要亲？你还是有担心嘛！

女学员A：担心他过早……

古老师：过早——发生男女关系？（众笑）

女学员A：没有，就是说……

古老师：我跟你讲，这个问题还不严重。生活中，一个两三岁、三四岁的女孩都会说（模仿小女孩的腔调）："我要跟爸爸结婚，我要嫁给爸爸！"

女学员A：我儿子前天就跟我说："妈妈，我想跟你结婚。"（笑声）因为我平时对他很好。

古老师：那你怎么办？

女学员B：小丸子就说她要跟妈妈结婚。

古老师：对呀，小丸子想跟妈妈结婚，而且她要嫁给爸爸。

女学员A：而且他（孩子）是趁没其他人的时候，单独跟我说的。

古老师：唔，还单独说的！（全场爆笑）

女学员A：趁爸爸不在的时候。

古老师：趁爸爸不在的时候说，你看看，那他这么说你怎么办？你不吓死了？

女学员A：我就说：妈妈已经跟你爸爸结婚了。

古老师：对，你这个妈妈回答得非常好，很诚实，而且没有欺骗，这是非常标准的回答。

女学员A：但是我也有点担心，就是小孩子以后……

古老师：没那么恐怖！（众笑）这个年龄过了就好了，没事的啦！你放心好了。

女学员A：嗯，是的。

古老师：你的问题解决了吗？没事了吧？

女学员A：没那么严重。

古老师：那就好。

对孩子讲真话

男学员F：古老师，我有一个难办的事，十二三岁孩子的性教育问题。我觉得我们中国人都比较好面子，有时候会避而不谈，或者说得太委婉，到最后导致许多误会，不知道该怎么办。

古老师：好！第一次谈，你觉得不好意思跟他谈的话，可以用间接的方式，比如买书给他看，现在有这方面的书嘛。他会有兴趣的，他会看懂的。（大家笑）所以，这不是个大问题。

男学员W：我有一个问题和这个蛮相似的。孩子会问我"傍晚太阳为什么没了""月亮为什么变成镰刀的形状"，这些问题我解释的肯定不完全正确，我能不能告诉他太阳公公下班了，月亮被云挡住一部分了？

古老师：不可以！

男学员W：那我也讲不明白啊！

古老师：这和我们讲如何沟通是一样的。碰到这种问题，要据实回答，给孩子讲真话。不能用什么"云遮住了"忽悠他（笑声），他会当成真的。注意哦！在他的世界里，你说的所有话他都会当真，所以不能乱忽悠他，清楚吧？

男学员W：嗯，明白了。

古老师：好！假如你不知道的话，就跟他说实话："我也不知道。"

但是，我们可以去查资料，翻书。很多问题在书中有答案的，比如《十万个为什么》等，这类书内容很丰富，能解答一些问题。假如孩子有兴趣的话，你买一本相关的书给他，这个问题不是大问题。

学员：还可以上网去查。

古老师：对，这也是一个办法。

男学员 A： 网上也不是都靠得住。

男学员 G： 对于太小的小孩，比如说我女儿，老是问太阳公公哪儿去了啊，我就说他回家睡觉了。（大家笑）老说不知道也不好，还是用一些想象性的语言回答比较好。

女学员 H： 随着孩子年龄的增长，他自然就懂了的。

男学员 G： 在她的世界里什么都是真的，甚至看电视她都认为里面是真的，我就很担心她把我说的都当真。所以我始终不知道该怎么回答她。

古老师： 我们可以用简单的东西，比如说用球给她打比方。一个球就是太阳，可以跟她讲太阳是怎么动的；另外找个球，跟她讲这个是我们的世界，告诉她地球是圆的，是会转的……你可以形象地跟她讲。

男学员 G： 三岁以下的小孩听不懂怎么办？

古老师： 没有关系，你只要很简单地跟他讲，不要以为他是小孩子就不懂。

男学员 G： 是以事实为依据，不要凭借想象随便讲。

古老师： 对！对！真实很重要。

余老师： 我们大人知道的东西也是有限的，不知道的却又怕承认不知道。其实，孩子对你的不知道，不会有太多想法。孩子很单纯的，他不会因此看不起你。但是，只要我们愿意和孩子一起去了解，共同去收集资料，共同去探索就好。正因为我们不知道，才能带领孩子一起去探究那些未知的东西。所以，对于自己的不知道，我们不应该有这么多的恐惧。

古老师： 我们大人对于不知道是有恐惧的，所以不说不知道。

女学员 R： 古老师我想说，刚才谈到跟孩子讲科学，我觉得现在整个的趋势，大家的脑袋里出现的都是科学、科学，反正什么都是科学，这在一定程度上会挫伤孩子的想象力。真的，因为我自己的孩子就是。他看到钢琴，不是想去弹个曲子，而去研究每一个键的功能和键与键之间的区别。(师生大笑）他对天文的东西也是非常感兴趣，他做事就特别理性。

古老师：你要知道，想象的空间和科学之间是不同的东西。现在的科学家研究人的大脑，左脑是非常理性的，右脑是比较感性的，比较有想象力的。有个国际知名公司的高级管理者，他思考很有逻辑性，想象力也非常好，富有艺术才华。逻辑思维和形象思维这两个能力在他身上都很强，他很好奇，就去研究脑的结构。他发现任何人逻辑思维跟形象思维都同时具备，不同的只是你哪边更发达一些而已。两方面同时发展的也有。需要强调的是，逻辑思维和形象思维并不矛盾，不是说这边有了，那边就没有了，二者是可以同时并存的，现在的科学研究结果就是如此。

好，我们回到刚才 R 女士谈到的问题，研究科学、研究事实，和想象力并不矛盾。对孩子来说也一样，可以有事实的东西，也可以有想象的东西，这就看你对事情如何认知了。

女学员 Y：我有个朋友，他从小就爱问很奇怪的问题，很有探索精神，这也未尝不好，不要担心这个。

另外，刚才余老师说的，我觉得很有道理，孩子问问题的时候，你不知道，就说不知道，这是其一；其二，一定要带着孩子一起去探索这个问题，不能光说不知道，一敷衍就完了。我姐姐的女儿，她四岁多了，她有什么问题，我姐姐都尽量回答她；但是我姐夫就都说不知道，也很少主动跟她讲。结果小孩就说：妈妈，爸爸怎么什么都不知道啊？还是你好！(大家笑）所以，光是说不知道也是有危害性的。你必须跟他一起把答案探索出来，要不他以后有什么问题就不问你了，就不跟你沟通了，这是很可怕的。

古老师：你补充得很好！对待孩子的问题要很小心、谨慎，但是不回答、不理他也不对。生活中，经常听到随便跟小孩子开玩笑，小孩子问你："爸爸妈妈，我从哪里来的？"很多爸爸妈妈会怎么回答？

学员：捡来的。

古老师：你是捡来的。不要随便跟小孩子开玩笑！我上次谈到这个问题的时候，有一个朋友说：哎呀，你说的对，我小时候爸爸妈妈说我是捡来的，我就想要跳楼自杀。所以随便跟小孩子开这种玩笑，有可能给他造成心理阴影的。

有一个小孩子，四五岁，一天他爸爸带他到了办公室。要开会了，爸爸跟那些叔叔都去开会了。一段时间之后，叔叔们回来了，他的爸爸因为老板找他有事，还在谈。小孩子看到其他的叔叔都回来了，爸爸还没有回来，自然会问：我爸爸呢？其中一个叔叔就跟他开玩笑：你爸爸不要你啦，你跟我回家吧！小孩子会怎么样？马上就哭出来了，大人说的他都认为是真的。所以，记得不要随便跟小孩子开"爸爸妈妈不要你了"这种玩笑，这会对孩子造成伤害。

共同成长

古老师：有一次，我辅导一个企业家，除了企业管理之外，连他的家庭一起辅导，综合在一起。有一天，他们全家到我们家来做客，他的孩子本来是很不喜欢到别人家里去的，结果这次很喜欢待在我们家里。我家的狗很可爱，小孩很喜欢跟狗玩。他的小孩变得快乐了，而且也喜欢到别人家里去了，这个过程很有意思。

这个爸爸经过我们的辅导，他改变了许多，还主动问两个孩子和太太："你们说说看，爸爸哪些地方做得不好？"哇！这一问，孩子高兴得不得了！我很佩服这位爸爸的勇气，因为他过去不是这个样子的，经常摆出父亲的权威指责孩子。这一天他突然自己愿意去改变，拿掉了权威，孩子能不高兴吗？孩子也跟着改变了，这就说明我们可以允许不完美的。

这个课程最早是因为我工作的关系，因缘际会，跟几个人一谈，他们觉得"孩子出问题，都是因为家长有问题"理念很新。后来发现大人出问题会直接影响到孩子，而小孩有问题也会影响大人的情绪和工作，这道理是相通的，就开了这样一个课，对家长来谈怎么样带孩子。结果呢，很多人听完课之后，工作方面受益了，亲子关系理顺了，夫妻关系和谐了，孩子也好了。对工作也好，小孩也好，家庭也好，效果都是一样的。

上次去广州讲课，一位媒体界的朋友说他父亲之前老管他，动不动就训他，他很苦恼。听了课之后，他学着理解爸爸，找到合适的沟通模式，慢慢地两个人关系发生转变了。所以说，成长是互相的、互动的，互相改变、互相调整。

其实这两天的课程，我们没办法讲很多的，这只是一个开始而已。还有，不要以为学到这点就可以解决一切问题，没那么简单。我先声明啊，这只是给大家打开一扇窗，让各位知道、了解我们做父母的本身有很多不足，自身有很多问题，让我们从这里开始，走向我们希望的目标。孩子需要成长，父母也需要成长，怎样做一个好父亲好母亲才是最重要的。我们讲的很多都是原则性的东西，其中还有很多细节一时没有办法讲，牵扯的东西太多，我们的课程只是初步的学习而已。

成长需要宽容和关爱

男学员 1：我有一个案例。我是教书画的老师，遇到过不少小朋友有多动症，会影响其他小朋友，家长也很苦恼，学校的老师也不一定有很好的办法。有一次，一个小朋友在幼儿园不好好吃饭，老师竟然罚他到厕所里蹲到马桶边去吃。当然这个老师问题很严重。但是在学校里很少有老师有足够的耐心对待这些"无法无天"的孩子。再加上学校是集体授课，一两个孩子动静太大，会影响到其他小朋友。这时候老师如果处理不好，孩子会容易受伤，作为家长一定要去安慰孩子。但是如果老师有问题，你让家长跟每个任课老师去沟通，这样的话要费很多的精力，我感觉这需要从孩子身上抓。

古老师：你说对于多动症的孩子？

男学员 I：嗯！是的。

古老师：孩子患多动症大多是因为 0—6 岁成长的过程中，性格被扭曲了。

男学员 I：孩子的这个问题出现了，我们应该怎么样去救助？我感觉很困惑啊。

古老师：要解决儿童多动症的问题不是那么容易，这是很头疼的问题。

男学员 G：正好说到这个问题，我在家也碰到过，因为我孩子也是不肯收玩具，也很有个性。遇到这种情况，我会说：你把玩具丢得到处都是，我很生气，你把玩具都收起来。说实话，我不是太在意，生气的情绪是没有的，在我看来小孩子顽皮一点没有关系。只是希望他将来做人做事要有章法，所以这个事情必须提醒他，但是我发现这么说没有效果。

如果我强迫的话，就会跟他关系紧张，情绪就变得不好了，所以我认为没有必要非得强迫他不可，但是每次我都会说：爸爸非常希望你把玩具收起来。他实在不收也没有关系，但我要让他知道：你这么做我很不高兴。实在看着不舒服就自己收拾，因为我坚持过，坚持到最后，彼此产生情绪上的对抗，都很紧张。有时候我来情绪了，动真格的了，他怕我，于是就收了。我知道这样不好，是不是这个事情没有那么重要呢？

古老师：这就是你在训练孩子，这是要从小就要养成的习惯。一开始有没有要求？

男学员 G：起初，我们心里都不太在意。

古老师：对！因为你不太在意，他必定就不收，大人不在意、无所谓，小孩子也就无所谓啊，必然如此。他原来没有收拾玩具的习惯，不可能一下子就改过来的。

男学员 G：而且，我们大人自己得先改，光要求孩子改也不行，我们觉得家里乱一点也正常，随便啰！

古老师：对呀，这就很清楚了，你要随便就随便啰，孩子、大人，大家都无所谓。（大家笑）其实，那也没有关系。

男学员 G：是不是就一定要孩子改？

古老师：没有标准答案。你要知道，每个家庭的模式都不一样，有的家庭要求整整齐齐，干干净净；有的家庭不整齐，不经常打扫，照样过日子。家里不整齐也可以很愉快地过；有些人家里很整齐、很干净，但他们不一定高兴、愉快，从这里可以看到很多事都是没有标准答案的。

但你也要注意到，假如你孩子没有收拾整理的习惯，自己的窝经常乱七八糟的，有一天他（她）跟别人结婚了（大家笑），你的儿媳或女婿习惯家里整整齐齐、干干净净的，那么，这个时候问题就出现了，甚至矛盾、争吵、烦恼都出来了。

女学员 F：生活习惯不一样，肯定发生矛盾。

男学员 G：不用到结婚，他去别人家里一次就知道了，肯定会有这个问题。所以，我主要考虑的是这个，就我自己来讲，整齐不整齐都行，要收拾整齐的话我也能干，就是我的性格比较倾向于随便。

古老师：我知道你的意思。假如你这个样子的话，在你家是没问题的。但是孩子结婚或到别人家生活怎么办？是会有问题的。

男学员 G：那还是要改。

古老师：那看你啰！（笑声）那就是你面临的问题啰！

女学员：那就找生活习惯一样的。

男学员 W：这里面还有很多矛盾的。就我本身来说，我穿西服还是穿夹克，我都可以穿出去，基本就无所谓，不太在意的，除非特别正式的场合，我不太在意朋友或同事的看法。但是，我老婆就很在意。因为她觉得我穿得不合适，别人会怪她，她也没有面子（大家笑）。父母是孩子最好的老师嘛，本来我们两个在这一点上就有矛盾了，即使能妥协，但是达不到一致，这样怎么面对孩子？孩子也会摇摆？

古老师：当然会啦。

男学员 W：很奇怪，为什么我爸爸、妈妈、哥哥都很整洁，而我就是……（大家笑）

古老师：这都有可能啊，很正常。

男学员 W：那么，没有什么好的办法吗？

古老师：就是宽恕、体谅和接纳哦。你也可以体谅她，可以去改变，没有标准答案。不过，人都希望别人变，自己不变，对吧？这就是人！

女学员 P：我有个问题。往往我越忙的时候，孩子越是来黏我，比如我打电话的时候，他就过来跟我讲话；有客人或是我在做事，都是这样。其实，找我也不是有什么特别的事，就是要你跟他讲话。

古老师：总是这样子吗？

女学员 P：他在我们家两个多月了，总是这样。所以，我们打电话的时候，只好躲到旁边去。

男学员 R（P 的丈夫）：他四岁，来我们家两三个月了，我们不是他父母。

古老师：啊？不是你孩子。

女学员 P：嗯，对！是我侄子。

古老师：那他的父母是怎样的父母？

女学员 P：他父母对他就是高兴的时候抱一抱，自己忙的时候，就不管他，让他自己玩。

古老师：哦，忙的时候不管他，高兴的时候抱一抱，就是把孩子当宠物。（大家笑）高兴的时候逗逗他，玩一下；不高兴的时候，"你别来烦我"。注意！这是很严重的伤害。假如你是小孩，你的感觉是什么？

学员：就是玩具，玩具娃娃。

男学员S：这给孩子的感觉是不正常的。大人的心理、行为，孩子都能感受到。就算是狗，你对它不真诚的话，它也不会理你的。还有，我曾经碰到过几起吵架，很激烈。虽然是不了解的人，但是你真诚地劝他，他知道你想帮助他，他不会跟你急的。所以，我觉得沟通最重要的就是古老师讲的真诚。

古老师：很好！真诚很重要。回到P女士刚才的提问，那个孩子为什么在你特别忙的时候去找你，我现在大概了解他的状况了。他来到你们家是很快乐的，对不对？

男学员R：主要是我们管他，他父母不管他。

古老师：我猜这孩子到你们家，感觉很舒服，心情一定很好，你同意不同意？

女学员P：起初很开心，后来不开心了，因为我们家有规矩，他就不乐意了，因为在自己家的时候没有人管他嘛。

男学员R：我们对他有约束，但同时我们也会关注他。他可能满足的感觉居多，但他下意识又排斥约束，比如不让他吃雪糕之类的东西，这方面让他不舒服。但是我们毕竟会关注他整体的感受，他这方面满足程度比较高。

古老师：所以，我感觉这个孩子在你们家，心里可能会比较舒服一点，得到的关爱会多一点，在这种情况下，他自己的东西就出来了。你要知道任何人都是需要被重视的，来到你们家，他会感觉到他被重视了。好，这又引出个问题，他在原来的家庭里面，从现在的状况看来，从他的感觉来看，他有没有受到重视？是没，对吧？

女学员P：是的。

古老师：他来到这个新家，觉得受到了重视，这个时候他就要去测验了。在他原来的家里，当父母很忙的时候，他是被推开的，所以当你们很忙的时候，他会去找你们，真正目的是要测试你们是不是真的爱他——你把我推开的话，就说明你不是真的爱我。当你忙的时候，我去找你，你没有把我推开，就能证明你是真的爱我的。

男学员 R：是的，我也感觉到了。有时候我打电话时他过来，我会继续通话，用手势告诉他别讲话，然后摸摸他的脑袋。有时候他会很乖，抱着我的腿就站在那儿。我下意识做这个动作，其实就是接纳了他，没有把他推开，今天才把它的作用总结出来，但我当时没有考虑这么多。

古老师：这是小孩子的心理，小孩子都很敏感，他虽然说不出来，但是他本能的行为会有表现。通过这个事例，我们就知道，孩子的成长最需要大人的宽容和抚慰。

男学员 U：我说一下。我觉得孩子的成长是一个过程，人生就是一个过程。每个人经历更多的事情以后，他生理和心理的成熟会更快，因为在家里父母亲可能给他更多的是保护。孩子总要长大，总要面对社会，要适应环境，如果非常平顺地在家庭中成长，我认为也不一定对他的成长有利，有适当的挫折啊、压力啊，我觉得更有利于小孩子的成长。

小孩子出生后，和父母在一起的时间可能只有他一生的三分之一、四分之一或者更少，更多的时候他就得学会跟周围的人沟通，包括同学、同事。他在沟通的过程中，会接受很多的思想，会形成自己的性格。当然可能会受父母的影响更大一点，还有遗传因素的关系。每一个人都面临着各种竞争，都要面临成长、成熟和衰老，如果说都能早点适应挫折和压力，可能更有利于孩子的成长。

古老师：我来总结一下，你的意思是说，给孩子一些挫折对他是有帮助的，是有利于他成长的，是吗？

男学员 U：对。

古老师：其他人有没有别的意见？

女学员 K：我的看法不一样。咱们来听课是为什么？肯定是带孩子过程中有问题。两天课下来，我有很大的一个转变。刚才这位先生讲的，我全能理解。但是我觉得孩子成长中最大的问题还是父母，我们父母的问题不要带到孩子身上，我们是有压力、有困扰，但是我们可以给孩子什么？这个竞争压力是随着社会来的，你没有办法抗拒，但关键是我们怎么面对问题，面对家庭，怎么和孩子相处。我们为什么要把压力带到家里？我们在家里是怎么处理的，就会给孩子什么样的影响，将来孩子处理问题肯定就会模仿我们。

古老师：对，是这样。

女学员 K：我刚才为什么要强调是我们的问题，假如孩子从我们身上得不到安全感，他就没有信心，就像你和我下意识地就觉得孩子做不到，对他没有信心，你说他将来能面对所有的问题吗？为什么父母重要？父母是给孩子亲情的，重要的并不是你能陪他更多时间，而是你很赞赏孩子，你相信他，他肯定就会成长得好。（热烈掌声）

古老师：还有没有其他人要说？

男学员 K：我说两句。

古老师：请讲。

男学员 K：昨天那个模拟活动中，我扮演孩子。当你蹲下来的时候，你会觉得父母是高高在上的。其实我们家长没有察觉，自己在家里无意识地扮演了一个更高层次、更高地位的人。在小孩的视野里，你是高大的，他觉得你比他厉害，比他强，他就想讨好你，其实他是很敏感的。

古老师：对，小孩子是很敏感的，好，接下来。

男学员 S：我跟刚才那位先生（男学员 K）的想法一样，我小孩子两岁多，我就感觉到他对父母，对大人，有一种讨好的行为。他很希望做些事情能得到你的认可，不管好坏，你只要认同他，他就很高兴。当我在外面遇到不顺心的事，心情不好，这时看到孩子做一件事，本来是无关紧要的，我却会骂他。其实就是迁怒。有时候，他做同样事情，你心情好的时候说他好，心情不好的时候说他不好，孩子很茫然，无所适从。所以，大人受情绪左右，随意对待孩子，不利于孩子成长。

古老师：这让我突然想起一本书里有个女孩是这样描写爸爸的，她写了一首诗："爸爸爸爸真奇怪，有时好来有时坏。好时让人真喜爱，坏时无人去理睬。他曾让我流眼泪，他曾让我乐开怀。"这就是孩子心目中的爸爸，有时候好，有时候不好，心情好的时候就赞美孩子几句，心情不好的时候就骂孩子几句。我们大人很容易迁怒孩子的，要特别注意。

女学员O：古老师，我还有一个问题想问一下。孩子为什么要讨好爸爸妈妈？就像我现在对父母，有时候在工作中也是这样，为什么要这样？为了迁就，没有了自我，很多事情形成恶性循环了。现在孩子为什么没有主见，生活不能自理，因为什么都是父母安排好的。父母的心理是：什么都不用你管，你只要成绩好就行。孩子却不自觉地就丧失了自我。

古老师：没错，你的问题很好，这就是我们这两天课要探讨的。

男学员N：我觉得这个问题在工作中同样存在。父母现在一直这样，小孩怎么办？领导也是一直这样，那么下级应该怎么办？

古老师：假如父母很权威的话，孩子一定很弱小；领导很强势的话，下属一定很弱小。领导的权威摆在那儿，我属下是很弱小的，这个时候就需要讨好。一方非常权威的，一定会导致另一方的讨好，他为了生存不得不如此——我不讨好你，我的日子就很难过。

男学员N：那就必须讨好了？

古老师：为了生存，没办法，只好如此，这是生存的规则。你上面有权威，下面自然就讨好。

男学员P：除非上面的人很开明，否则下面人只好拍马屁。

古老师：对啊，把权威真拿掉的话，就不需要讨好了。

男学员 S：关于这一点，我很有感触，因为我们单位以前的一个领导非常专制，专横跋扈，下面的人就争着讨好他，整个单位都乌烟瘴气的。后来这个领导被抓了。（众笑）结果，单位的气氛一下就宽松多了。

女学员 X：好领导下面才会有好员工；家长和孩子之间也是这样，只要家长做好了，孩子不需要讨好你。

古老师：对。我们前面谈到过这个，因为这个课程，我最早不是针对家长和孩子的，而是针对领导和管理方面的。但因为对象都是人，所以道理是一样的。

女学员 D：古老师，我有个问题。如果孩子在公共场所哭闹，影响到别人，让别人觉得很讨厌，这该怎么办？我曾经带小朋友们去医院打针，在小朋友哭的时候，我会跟周围的人解释说：对不起，妨碍到你们了，小朋友很痛，肯定要哭的，他只能用这种方式来表达，我只能跟你们说对不起了。我是用这种方式来解决的，我可不能把孩子抱得远远地，或者是把孩子的嘴捂起来，或者不准他哭。"会吵到别人"他根本就不理解。

古老师：好，注意啊！假如你们当时在场，听见她的小孩子打针的时候哭闹，她向你们解释、道歉，你们会不会接受？

学员：会！

古老师：能不能理解？

学员：能理解。

古老师：要知道，人没那么恐怖哦！一般人是能够理解的。但是真碰到问题的话，问题经常不是出在周围的人身上，关键是在谁身上？

男学员 C：自己身上。

古老师：对，在自己身上，在妈妈的身上。

男学员 C：为什么不是爸爸呢？

古老师：啊？哦！对对对！（众笑）

爱是促使生命成长最重要的力量

女学员 C：古老师，我可以问个问题吗？

古老师：好，你说。

女学员 C：我孩子经常跟我说，她特别喜欢余老师，我有时候去某个地方，她都会问余老师在不在。我跟一个老师关系很好，她说她也很喜欢那个老师。感觉我没有具备他们身上这些东西，我对孩子来说没有偶像感，我感觉自己很惨。（众笑）

女学员 L：没那么严重！

古老师：事实并不是这样。

女学员 C：我是将心比心啦，我自己也希望父母是余老师这样的。

古老师：哦！你也喜欢她这个样子啊（指余老师），你喜欢的话送给你好不好？（众大笑）

女学员 C：她非常有耐心，还非常有爱心，我觉得我自己做不到。

古老师：我告诉你一个事实，一般来讲啊，人都会对老师，对前辈或者对什么名人，有一种幻想式的崇拜，对我啊，对余老师都一样。认为古老师什么都好，其实不是那么回事！不要忘了我也是人，是很平凡的人。发生在你们身上的事情也同样会发生在我身上，你们犯的错，我也一样犯过，甚至我犯的比你们还多，我们都是这条路走过来的。人们通常只看到对方闪光的一面，而不了解另外一面，所以才会产生这种幻想式的崇拜。你的孩子对我们也是幻想式崇拜。

女学员 C：我觉得对她来说肯定也是一种需求，这方面我给她的就是比较少。

古老师：在你身上，她找不到她想要的这个东西，也有这种可能。

女学员 W：这不是最重要的，但有一条要记住，就是对 12 岁以下的孩子来说，任何人都不能代替母亲，收买也好，利诱也好，他所需要的其他什么的，包括电脑啊，他最喜欢的玩具和食物啊，你要跟他换妈妈，他都不会换。但是 12 岁之后就不一定了。（众大笑）。

男学员 A： 12 岁之后为什么不一定？

女学员 W： 12 岁之后有辨别力了，特别是经常用语言教训孩子的家长，经常说假话、骗孩子、恐吓孩子的家长，孩子发现你恐吓我的都是假的，你不敢真对我怎么样。于是，家长的形象在他心目中转变了。当他发现原来你不是真爱我，你是为达到自己的目的而爱我，是在爱自己的欲望，这个时候就很危险了。在我那里接受治疗的一些有问题的孩子，有叛逆心很重的，有的甚至很渴望家长出车祸，"这样你就管不了我了"，这样的孩子很多。当然，这都是年龄偏大的，12 岁以上的一些孩子。有些单亲家庭的孩子，那就更过分了。

但是，说实在的，没有什么能代替母爱。前几天，我还跟古老师说："这些孩子倾诉家长对他们的伤害的时候，反省的时候，感受到无论家长怎么伤害他们，都不想换掉妈妈，我很感动啊！"他们倾诉完之后，我就代家长向他们道歉。我们这些家长的伤害是以爱的名义进行的，有的不是有意的，就算是有意的伤害，孩子最终都是能原谅的。

有一个孩子，一出生她爸爸就跟别人走了，她妈妈发现她爸爸走了，没多久就把她甩给她外公外婆，也走了。这孩子很苦，她 14 岁以后妈妈才来找她，母女相见很尴尬。"她说她是我妈妈，她说她是我妈妈。"（众笑）女孩反复跟我说。我说："你爱不爱她？"她说："我感觉了一下，我坐在她和姨妈身边，她和姨妈的感觉是不一样的，看来她真的是我妈妈。"说明姨妈还是不能代替妈妈。她还说："不管我多大了，她来找我，我觉得她是我妈妈，我还是愿意和她在一起睡。"就是多少年见不着，一见，哎！就是不一样，你是我妈妈，好像那个气息是通的。

所以，不要担心，就算是我们做得不好，孩子也不会从心底里厌弃我们。孩子很容易原谅大人所犯的错误，大人真的要生惭愧心，包括我自己。所以我经常代家长向孩子们道歉。当我给他们鞠躬的时候，孩子满脸是泪，他们内心在诉说：我不是渴望家长去改变，不是的，请妈妈了解我，我不是那样的人……孩子的呐喊声啊，我都不敢听，他们真的是被伤透了，心痛得很，很难过。可是他们没有想换掉我们，反而是我们常常会说"我不要你了"。

有些父母出于不同的动机想甩掉孩子，但是孩子想甩掉父母的几乎没有，就是青春期反叛的时候想甩掉，也只是暂时的——你管我太紧了，我甩开你一下，当我需要你的时候我又乖乖回来了。所以，C女士你不要担心、忧虑，好吗？

女学员C：谢谢！

女学员W：比如我的孩子啊，有一次他说："哎哟！妈妈，我同学的妈妈真漂亮哦，那种江南美女，高高瘦瘦的像模特一样。"他又说："看看可以，妈妈你千万不要像她那样瘦，你像她那样瘦的话，我一抱就可怕。"然后又一想："妈妈你太胖了，能不能减减肥啊。"他心里总这样矛盾，我就说："妈妈就像气球啊，气多一点就鼓起来了，气少一点就瘪回去。"他想想又说："哎！你还是这样吧！"（笑声）对他那个恍惚状态不要太在意，没关系的。他虽然羡慕别人的妈妈，但并不是厌弃自己的妈妈，不是。

男学员A：但是他有失望。

女学员W：会的，一定会的。

男学员A：我有一件刻骨铭心的事，那是孩子在上学之前。有一次，我带女儿到我们家南郊的水库去玩，正赶上水库清淤，水已经基本抽干了，里面有条排水沟，就像涓涓小溪，水里有一些小蟹、小虾。我女儿急不可耐地想进去玩，我当然支持她了。当她跨越小沟的时候，一不小心踩到淤泥里了。她妈妈前一天才给她买的一双崭新的白色旅游鞋变成黑的了，她妈就很生气："哎哟！你这孩子没长眼啊？真没用！"然后"啪"地打了她的屁股！孩子愣住了，瞬间就扑到我怀里。我一看这情形，赶紧把母女俩隔离开。我就让她妈在这边歇着，我带她去里边玩，反正鞋已经脏啦，毕竟我带她来就是捉蟹捉虾的，对吧！我拉着孩子说："走，爸爸带你去玩！"后来她边走边蹦，说："我的愿望不能实现啦！我想要一个懂音乐、会跳舞的妈妈，你怎么给我找这样的妈妈。"（众大笑）

我就一下子明白了。她想要个幼儿园老师那样的，会跳舞、懂音乐的妈妈，说明在她心目中幼儿园老师会唱歌、会跳舞是最好的，而她妈妈这些都不会，但平时，她还不会表达出来，妈妈一旦刺伤她，把她推到了极端，突然间她就说出来了。

我当时就说："噢！是吗？现在先别说这个，爸爸带你去玩。"然后她就很投入地捉鱼捉虾去了。到了晚上，我问她："你下午告诉我，你想让我给你找一个懂音乐、会跳舞的妈妈，是真的吗？"她一看我："嗯嗯！"（众大笑）然后又说不要了。又过了三天，她说："还是我妈妈好！但是，那一会儿我真的不想要她了。"其实，就像刚才 W 女士说的，小孩子的心理很复杂，她内心深处渴望什么呢？刚才 C 女士说，她的女儿看到余老师就觉得亲切，孩子觉得余老师慈祥、温柔、有智慧，让人很想亲近、很崇拜，是吧？

但自己妈妈身上又没有这种东西，我感觉孩子是很矛盾的，很徘徊的，对吧？看到别的妈妈苗条漂亮或幼儿园的老师能歌善舞的，"哎！我妈妈要这样多好啊"！但是呢，那个能歌善舞的，也不能给她母爱。她又转过来了，她就来回这么找，一直到找到这个理性为止。我是这么认为的。（众学员掌声不断）

古老师：好啊，两位帮我们诠释得好，补充得很好啊！所以，你真正去了解孩子的话，越了解他，你会越欣赏他，爱他。我们往往就是不了解孩子，不懂孩子啊！总是用我们的想法去想孩子，我们经常在干这种事情，对吧？

女学员 W：是我们自己自卑啊。中国有句古话"子不嫌母丑，狗不嫌家贫"，真的！只要我们跟孩子的心相通，什么问题都没有。

男学员 A：对，孩子那种理想化的东西啊，都能很快放下。

女学员 L：其实，不要想太多，去爱他就好了。

古老师：但是爱不是那么容易的啊！

男学员 A：所以，母亲的责任重大。

女学员 L：我们就是来学如何爱我们的孩子的嘛！

女学员 K：古老师，我儿子被人欺负以后吧，偶尔会有生理上的反应。他说他本来好好的，同学欺负他后，他肚子就会疼。我担心他会一直有心理阴影，尽管他现在比以前开朗乐观了许多。

古老师：现在还会肚子疼吗？

女学员 K：现在好一点，上个月还跟我说过这个。

古老师：肚子疼是被人家打的？

女学员 K：不是被打得肚子疼，是别人欺负他后的生理反应。

古老师：那他肚子疼就是受情绪的影响。

女学员 K：我带他去过医院，医生说没事的，肚子疼可能是受天气、情绪的影响。

古老师：还是情绪的影响，因为他跟你说过他被人家欺负以后就不舒服嘛。

女学员 K：嗯，对。

古老师：这才是真正的原因。他被人家欺负以后身体不舒服。现在问题来了，作为父母，你们怎么对待这样的事情？

女学员 K：他爸爸蛮心宽的，跟我说："没关系，让他自己去面对、调整。"他还说，把这件事告诉班主任是不对的，孩子会自然成长。

古老师：注意哦！小孩子被人家欺负，这事重要不重要？

学员：重要。

古老师：爸爸说没关系。

女学员 K：他爸没在他面前说，是跟我说的。

古老师：小孩子都很敏感的，都会察言观色，一看就知道大人的态度。小孩子碰到这种事情，父母的态度是最重要、最关键的。作为妈妈你是怎么看的？

女学员 K：我很关心啊，他被打的时候，我甚至说：你打回去呀！

古老师：还好有你这个妈妈，不然孩子会受伤。

女学员 K：这对他成长不会有太大的影响吧？

古老师：记得及时给他疗伤，人生难免会有挫折、伤害，但受伤了需要疗伤。人会受伤，也会复原，只要他得到足够的关爱、足够的重视，他就会复原。

女学员 K：嗯。

男学员 W：古老师，我觉得如果说的这种事会给孩子造成什么影响，恐怕是孩子以后记得的是——那时候爸爸妈妈没有支持我，是这个。

古老师：你说得对，重点就在这里。

男学员 W：其实，我们小时候一天到晚打架，从很小的时候开始，一直打到上高二，关于这方面我最有经验和体会，重点不在于别人打没打你。

古老师：补充得很好，继续说你的经验。

男学员 W：打不过我还要打，我要得到的是什么呢？是妈妈的支持。我不恨跟我打架的人，那个人把我打得鼻青脸肿，把我摁在煤堆里，我一点都不记恨他。后来我遇到他，他在市场卖猪肉，(笑声) 我一点都不气他，但我气我妈妈。因为妈妈那时候没站在我这边，没有保护我。所以说起阴影，我认为是父母造成的，不是别人造成的。所以，(向女学员 K) 你不要担心孩子。(掌声)

古老师：谢谢你的发言！从他的经历我们可以看出，外人的因素都不重要，最重要的是父母。

女学员 K：所以，不管是被打还是打人，只要父母给以足够的关爱就不会有太大的问题。

男学员 S：老师，我有个切身感受。我以前跟我的婶婶关系不怎么好，有一次在菜市场里，隔壁班一个同学的妈妈说我如何欺负他儿子，说我怎么不好。刚好我婶婶走过来了，就站出来维护我："你们怎么能这么说他呢？"回到家她很关切地问我事情的来龙去脉，我一下子就感觉婶婶很亲切。(师生笑声，掌声)

古老师：好，记得内心的感觉是最重要的，不要给方法，我们常常忽略这方面。

儿时的回忆

古老师：我们前面讨论了了解、沟通、赞美，等等，那么你们彼此之间了解不了解？起码了解得不是很够，对吧？人是希望被了解的，要学会多了解别人；人是喜欢被赞美的，我们也要学会去赞美别人；我们要学会沟通，懂得怎么说，怎么听，怎么问，怎么回应。这些东西我们都讲过，都要学会。

那么，现在要开始运用了。我们分组来做一件事情，介绍自己小时候的家庭状况，我的父母亲是怎么样的，他们怎么对待我的。回忆小时候什么事情让我最快乐，什么事情让我感觉最温馨，什么事情让我最伤痛。小时候有没有受过冤枉？在什么情况下我是很紧张、很害怕的，有没有让我很愤怒的事情？每个人都说说这些成长过程中的小故事。一个人在说的时候，其他人要做什么事情？

学员：听。

古老师：对，要学会听。要不要问？要不要回应？

学员：要。

古老师：要不要表示理解？还有，假如有好的东西，要不要赞美？

学员：要。

古老师：在这个过程中学会如何回应，如何去赞美，如何去了解对方，好吗？注意！再补充一下，回忆儿时的状况，具有疗愈的效果。

女学员 B：哦！疗伤。

古老师：是的，我们以此为主题（指回忆儿时的状况）是有原因的哦！它的治疗效果是经医学界证实的。

（各个小组进入热烈的谈话中，不时传出爽朗的笑声。以下是游戏结束后大家的感悟发言）

古老师：刚才的游戏活动大家一定有些感触吧，谁愿意说说？

女学员 A：通过聊天我发现我们小时候都会做一些冒险的事情，都会犯很多错误。正是从这些错误当中才学习到东西。真的，真的很感人。

古老师：非常好！还有没有别的要分享？

女学员 K：我们这一桌在讲愤怒的事情，不愉快的回忆，讲出来之后被大家接纳的感觉非常好。到今天为止，愤怒就没有了。

古老师：非常好！讲出自己的愤怒，然后被大家接纳。愤怒被接纳的感觉很好，然后愤怒就怎么样？

女学员：降低了。

古老师：降低了，非常好！还有吗？

女学员 C：我们这一桌分享了一下小时候的趣事，比如偷东西。（众笑）

古老师：哦！偷东西的乐趣。

女学员 C：被追着跑。

古老师：哦！被追的乐趣，你们女孩子也会？

女学员 D：是被人家带坏的。

男学员 A：应该说大家小时候多多少少会有一些去偷东西这样的经历，那没有影响我们长大以后的人格。

古老师：我们犯的错没有影响我们长大以后的人格哦。还有没有要分享的？

女学员E：我们都认为，父母对我们的影响很重要。所以，我们对待孩子，要把我们父母那一辈好的留下来，但是父母那些做得不好的，不要用在自己孩子身上。

古老师：父母对我们的影响好的我们留下来，不好的部分我们要调整过来，父母这个影响很大吧？这边还有要分享的吗？

男学员B：小时候有一些印象深刻的事情，这些事情到现在还会影响我们。

古老师：注意哦！小时候那些事情，我们到现在都还会受它们影响。

男学员B：还体会了分享的快乐。

古老师：哦！分享过程也是很快乐的，什么意思？

男学员B：大家的喜怒哀乐，分享完之后会增加认同感，沟通过程中我们会站在别人的立场替别人考虑。

古老师：非常好！这边呢？

男学员Q：前面差不多都提到了，在大家互相交流的过程中，像一些伤痛啊，冤屈啊，小时候觉得难以接受的事情，现在比较随意地说出来之后，或者说实际上自己在回忆述说的过程中，已经消化掉了。我们可能在各个年龄阶段对同一件事情的理解是不同的，但是我们可以换位思考，我们的孩子还很小，他碰到某些事情，我们要从什么样的角度去跟孩子沟通。

古老师：当我们讲自己小时候的伤痛时，让我们也学会换位思考，这个时候更能了解小孩子的状况，是不是这个意思？

男学员Q：对。

古老师：在谈自己儿时的痛苦的时候，也能够去体谅自己的孩子，非常好。

结束语

夫妻关系好才是最重要的

古老师：最后，我要跟各位谈谈爸爸、妈妈、孩子，这三位一体的三角关系。在你的家庭里，你认为爸爸跟孩子关系比较好的请举手。（场内部分人举手）

好，请放下。认为妈妈跟孩子关系很好的请举手。（举手的很多）

好，妈妈跟孩子关系好的比较多。

那么认为夫妻关系比较好的请举手。（大家笑了，举手的人比较少）

请问，爸爸跟孩子的关系，妈妈跟孩子的关系，还有丈夫跟妻子的关系，这三种关系，哪个最重要？

学员：丈夫跟妻子。

古老师：请诸位千万记得，丈夫跟妻子的关系才是最重要的，爸爸跟妈妈好才是最重要的，这里出问题的话，孩子就会出问题。

女学员A：这不是又给我们多一个难题吗？（众笑）

古老师：哈哈哈！要记住哦！夫妻关系好才是最正常的家庭关系，这样的家庭才是最健康的家庭。夫妻感情好，孩子的心理才会健康，否则孩子会用尽各种手段，想尽各种方法，让你们的关系变好。他会生病啊，功课不好啊，或者出什么乱子啊，来引起你们的注意，让你们一起来讨论他的事情。孩子会做很多努力哦！为了他，你们的关系必须好起来。记得，夫妻关系才是最重要的。

各位来这里上了两天的课，不仅要把所学的用到孩子身上，更要用到夫妻相处中，甚至用到与自己父母的相处中。这个课程的重点是帮助大家了解人性，课上所讲的只要是对人就有用。最后祝福各位家庭幸福，生活美满！创造出你理想中的家园！